El alzamiento

PILAR URBANO

EL ALZAMIENTO

Crónica de la manipulación de un pueblo

Planeta

Av. Diagonal, 662-664, 08034 Barcelona
www.planetadelibros.com

Iconografía: Grupo Planeta

Primera edición: abril de 2023
Depósito legal: B. 4.441-2023
ISBN: 978-84-08-27117-8
Preimpresión: J. A. Diseño Editorial, S. L.
Impresión: Egedsa
Printed in Spain – Impreso en España

Índice

A todos los que han descubierto que convivir
con quienes piensan distinto, sienten distinto,
son distintos, amplía la mente y enriquece el espíritu.

El primer drama del catalán consiste en el miedo a ser él mismo. Pero hay otro todavía más grave: el catalán no puede dejar de ser quien es. Ante un problema de dualismo irreductible, todavía no se ha inventado nada más cómodo que huir. El catalán es un fugitivo. A veces huye de sí mismo y otras, cuando sigue dentro de sí, se refugia en otras culturas, se extranjeriza, se destruye; escapa intelectual y moralmente. A veces parece un cobarde y otras un ensimismado orgulloso. A veces parece sufrir de manía persecutoria y otras de engreimiento. Alterna constantemente la avidez con sentimientos de frustración enfermiza. A veces es derrochador hasta la indecencia y otras tan avaricioso como un demente, a veces es un lacayo y otras un insurrecto, a veces un conformista y otras un rebelde.

JOSEP PLA. *Observador. Periodista. Historiador*[1]

Entiendo que haya *una buena parte* de la población catalana que desee la independencia de Cataluña, pero no puedo evitar ver el proceso soberanista como una especie de cortina de humo y de engañabobos, propiciado por los partidos nacionalistas.

JAVIER MARÍAS. *Escritor. Académico de la RAE*

Los hombres no somos islas; formamos parte de un continente. La vida del otro me afecta, la muerte de cualquier ser me disminuye. No preguntes por quién doblan las campanas: están doblando por ti.

Exlibris que Ernest Hemingway tomó de John Donne para su obra *¿Por quién doblan las campanas?*

Hoja de ruta a ninguna parte

Carruseles de feria, atracciones de altura, velocidad de vértigo con sensación de riesgo, subidas, descensos en picado, *loopings*, giros casi de vuelco, emoción en cada bamboleo como de oleaje, pánico en las oscilaciones del laberinto, a punto de derrapar, pero girando en seco un milímetro antes de llegar al tope, adrenalina, sudor frío, miedo y euforia a la vez, ¡agárrate, que aún falta la sorpresa!, dice uno, y de repente la sensación, increíble y real, de estar suspendido en el aire a diecisiete metros de altura y boca abajo. Luego, muy lentamente, empieza a aminorarse la marcha, van cesando los gritos y los aullidos de horror, se sofocan las risas histéricas, alguien se ha mareado, alguien quiere bajarse, alguien lloriquea con miedo… Suenan todavía las carcajadas de los valentones sacapecho. *¿Echamos otra?, M'ha valgut la pena. Jo ho tornaria a fer.*

La Nube XXX, el Límite, el Martillo, el Booster, el Tirachinas, el Revolution… llegan uno tras otro al punto de partida. Exactamente al mismo punto de partida, junto a la caseta donde venden los tiques, los boletos. Allí descargan al pasaje. Señoras y señores, han sido quince minutos, quince inolvidables minutos, de viaje a ninguna parte.

Parábola de colores estridentes, músicas *zumbazumbazumba* y luces cegadoras. Pero parábola casi fotográfica de unos sucesos verídicos, que duraron no quince minutos, sino quince años. Desde noviembre de 2003, la ensoñación de cambiar la historia, el estimulante ejercicio de decidir lo que queremos ser, el riesgo de marchar a contraley hasta tener nuestra ley, el sueño de alcanzar una quimera. Y gratis. Todo está pagado. Todo, prometido y comprometido en los programas electorales. Ponga usted su persona revestida de estelada, un wasap, *Pásalo,* convoque a su parientes, amigos, colegas y vecinos, ¿abuelos y niños?, *també, és clar! O no són catalans?* Será un safari pacífico, civilizado y sin pérdida: hay hojas de ruta. Un sinfín de hojas de ruta: la del Libro Blanco de Artur Mas, la de Junts pel Sí, la que cabía en la agenda Moleskine de Jové, mano derecha de Junqueras y *transcriptor* de las reuniones conspirativas, la del documento *Enfocats*, la hoja de ruta manuscrita día a día en la libreta de Puigdemont, la de Carme Forcadell llevando la batuta del Parlament, la de las entidades secesionistas Òmnium y ANC, buldóceres removedores de masas… Hojas de ruta hacia la transición nacional catalana, hacia la desconexión, hacia el soberanismo, hacia el paraíso de Cataluña República Independiente. Y hojas de ruta, como la del carrusel Booster, alto voltaje, presión de *sputnik,* despegue acelerado, y rumbo… ¿hacia ninguna parte?

En eso se afanaron durante quince años. No en gobernar, no en ejecutar obras, no en prestar servicios, todo se les fue en redactar papeles. Proyectos de Ley. Normativas de futuro. Estructuras de Estado. Hasta diecinueve, perfectamente diseñadas y listas para inaugurar en su hora cero más uno. Estatutos renovados de la A a la Z. O la zancada que deja atrás los estatutos: una, dos, tres constituciones catalanas sin estrenar, que podrían tutearse con la francesa, la alemana, la noruega, la sueca... Sobre el papel, claro, y el papel lo aguanta todo. «Sí, pero los catalanes no improvisamos, somos gente seria, *treballadors, obstinats,* capaces de construirnos la casa donde queremos vivir nuestro futuro. Y antes que la casa, hacemos los planos. *Somiem, però dormim amb un ull obert.* Nos fiamos de los números, que no engañan. Si cuando bailamos contamos los pasos de la sardana, ¿cómo no íbamos a contar, euro a euro, lo que nos adeuda el Estado español? En números redondos, 76 000 millones de euros. Y nosotros a España, 19 000 millones. Raya, resta y el resultado desnudo es tan claro como brutal.»

Quince años de revolución larvada, silenciosa, críptica, conspirativa. Y en ciertos momentos, establecidos desde la cúspide dirigente, unas movilizaciones multitudinarias del respetable público convertido en masa. Las Diadas 11S, las Uves esteladas, la Vía Catalana desde El Pertús, punto final francés, hasta Vinaroz, punto inicial valenciano, cordada humana, medio millón de catalanes *mi mano en tu mano,* atravesando su territorio. Las marchas cívicas, amarillas como campos de girasoles andantes, por calles, plazas, carreteras y autopistas. ¿A dónde vamos? *Tú tira p'alante, ¿no ves que vamos? Pero aquí falta gente.* ¡Pues allá ellos!

Masas embravecidas amotinándose ante edificios oficiales o acudiendo a votar, DNI en mano, el 9N y el 1O. Y el Tsunami Democràtic (TD). Y los Comités de Defensa de la República, los CDR, incendiando contenedores en las Ramblas... Peligrosa pirotecnia para un pueblo que, al terminar la travesía, se ha quedado perplejo y decepcionado. Las promesas, rotas. Las urnas, teatro de engañifa. No sirvieron para nada. El jefe, huido y sin despedirse... *Ya te decía yo ¿a dónde vamos?* y *aquí falta gente.*

Y todo ese trajín, ¿para llegar a ninguna parte? ¡No! Menos en el carrusel, que no se mueve de su parcela de feria, siempre se llega a alguna buena o mala parte.

Y aquí también se llegó. Unos, la media docena de líderes fugados, llegaron al incierto estado de «búsqueda y captura», que ellos tunearon con la vitola «exilio». Quedaba más heroico. Mantenidos por la caja de resistencia del partido, o por algún mecenas de los que pasan factura y piden cuenta de resultados. Otros, que dieron la cara, esposados y en furgón de presos a una peregrinación por las cárceles de España. Sin libertad, llenando de aire el tiempo huero... Luchando con el temor a ser sustituidos, amortizados, olvidados. Y sin abandonar su adicción a la quimera. Tiempo después, fondearían en prisiones catalanas donde las autoridades, trampeando con el Reglamento Penitenciario, abrían la mano: un régimen más liviano, algunas salidas, permisos laxos...; cada tres noches, debían regresar al trullo. Y pronto, muy pronto, tras la mesa de la negociación, la mesa de los prodigios, todos absueltos, todos inocentes, todos a la calle. ¿La sentencia? Papel mojado. Lo dicho, el papel lo aguanta todo, desde el agua hasta la trituradora.

En esa mala parte de arribada, el paisaje no podía ser más desolador: una Cataluña partida en tres: el 41,3 % a favor de la independencia. El 48,8 %, en contra. El resto, ambigüedad taimada: no saben, o saben, pero no contestan y... a verlas venir. En cada bando, una historia diferente para susurrarla en voz baja, porque ¡a saber qué piensa el vecino de enfrente!

Al descomunal descrédito político se sumó la mediocridad de los dirigentes de reemplazo. Causa-efecto: estampida de empresas al galope, retracto apabullante de inversores, créditos cancelados. El dinero es cabrón y cobarde, busca seguridad. Números rojos. Europa baja la persiana. «Reservado el derecho de admisión.» Y también «Hoy no se fía». Cataluña se desploma.

Otrosí, el descontento respondón destapa corrupciones de escándalo, la ingente fortuna amasada y evadida durante veintitantos años por el icono del nacionalismo, Pujol, familia y edecanes cómplices. Con vergüenza, muchos tuvieron que ponerse de perfil como en las monedas de antes y mirar a otro lado mientras el *Molt Honorable President* abandonaba la escena por el foro.*

No era un viaje a ninguna parte. Era el viaje a una Ítaca imposible. Ni hojas de ruta ni historias, el GPS no la encontró, la Ítaca ni siquiera figuraba en el mapa. El carrusel de las emociones fuertes descarriló. Un obús calibre 155 fue su *stazione termini.* **

Pero ir ir, ¡es claro que iba a donde estaba empeñado en ir! Llámese Ítaca, llámese Cataluña República Independiente de Europa, llámese Cataluña confederada con Euskadi, llámese Cataluña país *offshore,* nueva Suiza protegida por Rusia...

No, en este libro no se cuentan como logros lo que, a fecha de hoy, solo son intentos —caros intentos— de ciertos oligopolios de Occidente, frente a otros intentos de ciertos poderes económicos y políticos del Este. Pero las intenciones no tienen crónica, porque todavía no son historia. Eso sí, importa encender la linterna de alerta. Prevenir a un pueblo, tan ambicioso como cándido, un *oscuro objeto de deseo* manipulable y al que se puede engañar.

---

* Jordi Pujol i Soley gobernó Cataluña omnímodamente como *president* de la Generalitat durante casi veinticuatro años, desde abril de 1980 [Real Decreto 775/1980, de 28 de abril] hasta el 20 de diciembre de 2003.

** Real Decreto 944/2017 - BOE.eswww.boe.es 27 oct. 2017 y Boletín del Senado número 166 de fecha 28/10/2017.www.senado.es › senado › bocg › Boletín Oficial de las Cortes Generales. BOCG_T_12_166

Ellos mismos lo han dicho sin recato: «Esto no ha terminado». Hay piezas que aún no se han aclarado en el fielato de la Justicia y reclaman luz.

Todo ese *viaje a ninguna parte,* si tenía sus hojas de ruta era porque había un destino a donde llegar y ese destino pasaba por la ruptura con la metrópoli. Y si tenía sus constituciones, su Libro Blanco y sus leyes para desanclarse y también de transitoriedad, era porque iba a constituirse en nuevo Estado.

Todo estaba pagado, porque había un mecenas, o un oligopolio de mecenas, que soltaban los millones de dólares y de euros... La Operación Atlantista angloamericana era el motor y la madre nutricia del carrusel. Y esto está contado aquí. Peligrosamente contado. Busque, estimado lector, en el índice onomástico: Soros, Gates, Bezos, Rockefeller, Zuckerberg...Y más adelante, busque y lea la tentación ofrecida a Puigdemont en el último momento, la Operación Antiatlantista, el juego de los rusos con los catalanes, Voloh, las mafias de negocios y las redes de espías que obedecían, informaban y cobraban de los aledaños del Kremlin: oficiales de los servicios de inteligencia civiles FSB —el antiguo KGB— y militares GRU —el servicio de espionaje e inteligencia militar de Rusia—, en tránsito o fondeados en Barcelona; agentes comerciales, abogados y diplomáticos actuando en misión de servicio como tanteadores o como emisarios de Vladímir Putin, porque poner una pica en Cataluña y sustraérsela a la OTAN era para Moscú tanto o más valioso que recuperar Crimea o el Donetsk.

Tan poco honesto hubiese sido ocultar las interesadas inversiones de Soros, Gates, Bezos, Zuckerberg, Rockefeller en Cataluña, con el fin de seccionarla de España, como esconder las ofertas en *bitcoins,* en armas y en créditos blandos del zar Vladímir

Putin a un Puigdemont pensionista de quien le costeaba Waterloo y funambulista en el alambre enjabonado, sin amarre donde apoyarse y necesitado de que alguien estipendiara, protegiera y dirigiera su presente y su futuro... En estas páginas se han dado pistas, y más que pistas, de hechos ciertos.

Lo que hasta ahora han sido intentos, si llegan a cobrar cuerpo de realidad lograda, tendrán su relato. Si lo tuviera, por un tiempo se entregaría en custodia. Y el custodio que lo biencustodie, buen custodiador será.

Más no debo decir.

Cuando se tiene una hoja de ruta, una sola, pero cierta, y un GPS con datos, nombres, fechas y lugares, sin escenarios quiméricos, entonces los viajes sí llevan a alguna parte.

1

Tres, dos, uno… cero

Empieza la cuenta atrás

Diciembre, 2018. Nueve y cuarto de la mañana. Sentado a su mesa de despacho, el magistrado Manuel Marchena tiene a la derecha una taza de café ya mediada y delante, unas fichas tamaño octavilla y un folio con una especie de organigrama trazado a mano. Contiene recuadros con nombres de departamentos: Protocolo, Policía, Prensa, Gerencia, Oficina Judicial, Técnicos TV… Toma distraídamente un sorbo de café y anota algo en una de las octavillas. Lleva así un rato. Está enfrascado en su solitario de fichas, escribiendo puñaditos de palabras en una y en otra, con letra rápida y menuda. Suena el teléfono. La luz del piloto que se ha encendido le dice que es la línea interior. Antes de descolgar, otro sorbo de café. La voz suave y agradable de Susana Díez de la Lastra anuncia:

—Buenos días, don Manuel, es el vicepresidente, don Ángel Juanes…

—Gracias, pásemelo, pásemelo… ¿Ángel?, ¿has visto mi mensaje de anoche? No te localicé. Es que voy a invadir tus dominios en la biblioteca antigua, ¿para esta mañana, tienes algo previsto ahí?... Ah, pues me alegro. He convocado una reunión de responsables de varios departamentos... A las diez, ¿podrías venir?... No, nada del otro jueves. Te lo cuento en píldora. Verás, se echa el tiempo encima y voy a dar el toque de bando, es menos floreado pero más apremiante que el toque de diana, para que se pongan en marcha todos los equipos... Hombre, claro que hay trabajo adelantado, porque llevamos ya con esto septiembre, octubre y primeros días de noviembre; pero en noviembre, al estallar el tsunami de mi nombramiento, ante la posibilidad lógica, de cajón, de que Martínez Arrieta asumiera mi puesto y la ponencia del *procés*, me pareció que lo correcto era quedarme quieto, echar el freno, también en el pandemónium de la organización material, y dejarlo en *stand-by* para que ya él... Aunque, bastante antes del tsunami, en cuanto empezaron a llegarme rumores de que se manejaba mi nombre y tal..., yo tenía muy serias dudas entre aceptar o dejar pasar ese tren. Eso tú lo sabes. Y Fernando Grande-Marlaska también, porque quise que lo supiera por mí. Pero, una vez eliminado el tsunami, ¡afortunadamente!, yo sigo en mi puesto y hay que recuperar esas semanas de parón y meter la directa a todo gas... ¿Cómo?... Eso es evidente, tú estás fuera de plazo, como Carlos Lesmes, pero si los políticos no se ponen de acuerdo y no hay renovación del Consejo, tenéis que seguir tirando del carro y no hay más cáscaras. Por cierto, creo que a la reunión de hoy viene también Ana Murillo... ¡No!, ¿qué va a importarme? Al contrario, así ella misma tendrá a Lesmes informado casi en directo... Exacto, es lo que hay que cuidar con las bicefalias y los cargos dúplex de estas casas. Bueno, Ángel, si puedes, haz un hueco y vente. Me gustaría que estuvieras.

Sin colgar el auricular, Marchena pide a Susana que le ponga con el magistrado Martínez Arrieta. Mientras, ordena las fichas rápidamente, dobla el folio del organigrama, se lo mete todo en el bolsillo de la chaqueta y apura el resto de café que queda en la taza. Sigue sonando la señal en línea.

Arrieta es el miembro más veterano de la Sala Segunda de lo Penal y el que llegó más joven a magistrado de sala del Supremo. Carrera de *sputnik,* pero sin ningún aupador: por méritos de solidez jurídica. Un riojano muy trabajador, sobrio en sus gestos y parco en sus palabras. Tiene encomendada una de las tareas más *top secret* del Supremo: conocer las actividades de los servicios de inteligencia, CNI, para denegar o autorizar sus investigaciones según afecten o no a derechos fundamentales de los ciudadanos. Y entre sus compañeros lo llaman «el espía de los espías» y bromean intentando sonsacarle «a qué alto personaje le van a hacer un seguimiento y un registro integral». Entonces se cierra como una ostra: «Quita, quita, con esas cosas no se juega».

Al otro lado ya, la voz de Martínez Arrieta.

—Andrés, ¿qué tal estamos?... ¿Frío? ¡Hombre, en pleno diciembre...! Que eso lo diga yo, que soy canarión, ¿pero tú, criado con inviernos bajo cero? Mira, te llamo para confirmar si seguís todos conformes con que, mientras dure el juicio, comamos aquí... Sí, de dos a cuatro, aprovechando el receso de la comida. Yo voy a tratarlo hoy con María José Garijo, la gerente, a ver ella qué soluciones nos ofrece. Es lo que os comenté. Hay una primera razón de seguridad, porque salir a comer fuera día tras día y por esta misma zona durante cuatro meses puede ser muy expuesto. El juicio atraerá la atención de gente de todo tipo, curiosos, críticos, folloneros, fans de los acusados y fans de los acusadores... Unos querrán un autógrafo o un selfi y otros querrán bronca o soltarnos cuatro barbaridades de provocación. Y, como dijo el otro día uno de vosotros, «por vergüenza torera, yo no salgo a la calle con blindaje de escoltas, más el refuerzo policial que nos imponga el comisario Ayala».

»Otro motivo, no menor —prosigue Marchena—, es de tiempo y comodidad: aunque yo levante la sesión a las dos en punto, entre salir del Salón de Plenos, quitarnos las togas, ponernos los abrigos y bajar hasta la puerta de la calle son ya y cuarto. Llegar al restaurante, por cerca que esté... Y calcula otros quince minutos para la misma operación al regreso. Ahí se nos va media hora. En el lugar donde tengamos mesa reservada, piensa en las esperas mientras el camarero pasa nota a cocina de la comanda de todos, nos sirven, nos cambian los cubiertos... Y así, primero, segundo, postre y café, bueno, transcurre más tiempo que la hora y media que nos quedaba, y encima comiendo al atragante.

»Hay también una razón más sutil y más interesante, que tú vas a comprender perfectamente: comer juntos, con sosiego, durante los cuatro meses que durará esto, puede venirnos muy bien a todos, porque será el único rato en que convivamos de verdad. En la Sala estaremos atentos, callados, sin cruzar entre nosotros ni una palabra, ni una mirada, ni un gesto... Como dicen mis alumnos, "con cara de jueces". Pero en la comida podemos charlar distendidamente, cambiar puntos de vista, opinar, contar una anécdota, hablar de fútbol o de cualquier cosa, relajarnos de la tensión del juicio, relacionarnos, conocernos..., ¡chico, convivir! Y es importante, cara a la puesta en común de la sentencia, que incluso para discrepar exista entre nosotros un buen *feeling*.

Marchena escucha atento lo que le comenta ahora Martínez Arrieta. Cabecea asintiendo. El otro magistrado está de acuerdo.

—Pues ya os diré qué solución me da la gerente. Ella me dijo que a base de sándwiches y pizzas no podíamos estar cuatro meses

—mira su reloj y casi da un respingo—. Andrés, perdóname, te dejo, que tengo ahora mismo una reunión y voy ya pillado.

No suele usar el ascensor, prefiere estirar las piernas. Baja por la escalera desde la cuarta planta hasta la principal. Aunque va deprisa, su pensamiento es mucho más veloz. El tsunami. Desde que lo mencionó de pasada hablando con Ángel Juanes, el suceso no ha dejado de picotearle en el cerebro. Cosa molesta. Hace un mes, el 12 de noviembre, después de mucho tira y afloja para renovar el Consejo General del Poder Judicial (CGPJ), al fin PSOE y PP llegaron a un pacto. Se trataba, en crudo, de repartirse los veintiún sillones de ese gobierno de los jueces. Veinte vocales y un presidente. En sustitución de Carlos Lesmes, que ya había agotado ampliamente sus cinco años de mandato, Marchena fue designado *in pectore* nuevo presidente del Tribunal Supremo y del Consejo del Poder Judicial, la doble cúspide de la magistratura. El ochomil de un escalador intrépido y tenaz. Y sin haber movido un dedo en busca de padrinos. Marchena estaba feliz en su tresmil, como presidente de la Sala de lo Penal, y trabajando la ponencia del juicio al *procés*. «La verdad, dedicarme a nombrar jueces, cubrir vacantes, barajar ascensos y destinos, depurar responsabilidades disciplinarias de compañeros... no es algo que me emocione especialmente. A mí lo que me hace feliz es ponerme la toga, sentir que ahí dentro de ese ropón nos quedamos a solas la ley y mi conciencia, ¡y juzgar!»

Al minuto cero más uno de anudarse el pacto entre el ministro de Justicia saliente, Rafael Catalá, y la ministra entrante, Lola Delgado, se filtró que la candidatura de Marchena era el naipe aceptado por socialistas y populares. Y justo desde ese instante, sin siquiera haberse votado ni aprobado en las Cámaras, se desató en círculos judiciales y en alguna asociación de magistrados un ácido pimpampum de críticas y maledicencias que durante cinco días fueron apareciendo en las columnas de ciertos periodistas «fáciles», taquimecas al dictado.

Encima, los senadores y diputados del Partido Popular, aunque habían perdido la mayoría, armaron su marimorena, disconformes con que en el reparto de los veintiún puestos del Consejo «solo» les hubiesen correspondido diez: nueve vocales más uno, pero ese uno con asterisco de oro: el presidente propuesto por ellos, Marchena; mientras que el PSOE gobernante obtenía once vocales rasos. Para calmar el vocerío, el senador y portavoz del PP Ignacio Cosidó, como oficiante de primera mano en las negociaciones, remitió a sus 146 compañeros del Senado un wasap tan extenso y sobrado como imprudente. Explicaba paso a paso a sus levantiscos cofrades que un acuerdo inicial atribuía diez vocales al PP y diez al PSOE, dejando la presidencia como «trofeo» aparte. Pero como el PSOE tenía mayoría, parecía lógico que nombraran ellos a un presidente afín, de su propia escudería. Después de muchos cambios de cromos habían llegado a una fórmula satisfactoria para ambos partidos. Cosidó decía en su wasap:

> El PP hubiera tenido 10 vocales y el PSOE 10 vocales + el presidente = 11. Con la negociación, el PP tiene 9 vocales + el presidente = 10; y el PSOE, 11 vocales. En otras palabras, no obtenemos lo mismo numéricamente, pero ponemos un presidente excepcional [...], gran jurista, con muchísima experiencia en el Supremo, que prestigiará el TS y el CGPJ [...] y con capacidad de liderazgo y *auctoritas* para que las votaciones no sean 11-10, sino próximas

al 21-0. Y, además, controlando la Sala Segunda desde detrás y presidiendo la Sala 61. Ha sido una jugada estupenda. Nos jugábamos las renovaciones futuras de 2/3 del Tribunal Supremo y centenares de nombramientos en el Poder Judicial, vitales para el PP [...] Este reparto al 50 % para los próximos años supone más de lo que nos correspondería por el número de escaños [...] En fin, un resultado esperanzador.

El mensaje íntegro era reiterativo en sus explicaciones aritméticas, como si los senadores populares fuesen gente obtusa. En efecto, sobrado. E imprudentemente obsceno, al dejar a la vista las intenciones utilitarias del PP hacia el sanctasanctórum de la justicia. Y ofensivo para el presidenciable Marchena, que en ese texto quedaba como un magistrado manejable y manejador, capaz de arrastrar los veintiún votos del CGPJ por la senda que él indicase y dispuesto a controlar «desde detrás» la Sala de lo Penal del Supremo, la única competente para enjuiciar a aforados: miembros del Gobierno, diputados, senadores y altas magistraturas; y que tenía ya en puertas el juicio al *procés català*. Y junto a todo eso, el plus de presidir la Sala 61, una de cuyas atribuciones es la de ilegalizar partidos políticos anticonstitucionalistas y antiespañoles, como hizo con Herri Batasuna, y que ahora podría ilegalizar formaciones secesionistas tipo ERC, Bildu, la CUP y otras de ese corte perturbador.

Ignacio Cosidó envió su wasap de grupo el sábado 17 de noviembre por la noche, a las 21:30. Al día siguiente, estaba en todos los periódicos. Sin embargo, tres días antes, el jueves 15, en un desayuno del flamante ministro del Interior, Fernando Grande-Marlaska, con periodistas, Marchena ya había pinchado el globo de las especulaciones diciendo «tengo mis dudas y no estoy nada seguro sobre si debo o no debo aceptar esa propuesta». El wasap de Cosidó, sembrando brumas sobre la imparcialidad y la independencia exigibles a un magistrado —sin querer, sin querer, sin querer, pero con una torpeza garrafal—, despejó de un golpe todas las vacilaciones de Marchena. Con la imparcialidad de un juez ocurre como con la castidad de la mujer del césar, que no basta serlo, también ha de parecerlo.

El lunes 19, en un comunicado con membrete oficial, firma y rúbrica, y después de dos precisiones —«Jamás he concebido el ejercicio de la función jurisdiccional como un instrumento al servicio de una u otra opción política para controlar el desenlace de un proceso penal» y «mi trayectoria como magistrado ha estado siempre presidida por la independencia como presupuesto de legitimidad de cualquier decisión jurisdiccional»—, Marchena zanjaba la cuestión adelantándose al hecho de su nombramiento: «Anticipo públicamente mi decidida voluntad de no ser incluido, para el caso en que así fuera considerado, entre los candidatos al puesto de presidente del Tribunal Supremo y del Consejo General del Poder Judicial».

Minutos antes, había enviado a sus compañeros de la Sala Segunda un wasap con su pizca de humor, pero antípoda del de Cosidó: «Lo siento. Me vais a tener que seguir aguantando». Un *beau geste* de doble renuncia, raro de ver en el paisanaje de las alturas.

En el rellano de la escalinata de la Reina, se encuentran Marchena bajando y el comisario Ayala subiendo de dos en dos los escalones. Llega apurado.

—¡Tranquilo, Jose María! Vamos bien, aún faltan cuatro minutos.

—Vengo de la Audiencia Nacional y teníamos cinco detenidos…

—Me alegro de que hayamos coincidido antes de la reunión. Como no creo que ahí dentro vayas a abrir la caja de Pandora y tú y yo tenemos que tratar unos cuantos asuntos, me gustaría que te pasaras luego por mi despacho, si puedes... Esta reunión no va para largo. Es más bien poner en hora los relojes.

—Hecho, presidente. Al terminar aquí, me subo a la cuarta.

La biblioteca antigua da a la plaza de la Villa de París. No es la moderna, informatizada, con un fondo de 35 600 volúmenes y un vastísimo archivo documental de temas jurídicos. Esta es más bien una sala de lectura con dos enormes mesas de estudio, solo visitada por historiadores del derecho. Un cofre donde se conservan 1 148 monografías anteriores a 1910 y colecciones de libros antiguos, ejemplares raros y únicos. Muchos proceden de la desamortización del primer ministro Mendizábal, por la que el Estado expropió numerosos bienes de la Iglesia para afrontar los gastos de las guerras carlistas. Así llegaron al palacio del Supremo los fondos bibliográficos de varios conventos cercanos, entre ellos el de las Salesas Reales. También se recibieron bibliotecas privadas como la del marqués d'Olivart y otras donaciones particulares de alto valor. Una de las joyas mejor custodiadas es el *Códice en pergamino de los Reyes Católicos*.

Alrededor de las dos mesas se han acomodado doce o trece personas. Los convocados.

—¿Podemos empezar? ¿Falta alguien por venir...?

Varios se giran a un lado y a otro, intentando localizar a algún compañero, mientras Marchena rastrea los rostros presentes porque él sí sabe a quiénes ha citado. Con un arqueo de cejas saluda a distancia al vicepresidente Ángel Juanes. A su lado, la fiscal Ana Murillo, jefa del Gabinete del presidente Lesmes. Marchena le dedica una sonrisa que ella agradece y devuelve. Cerca, José Asenjo, jefe de Comunicación, y Camilo Sigmal, de Protocolo, ambos estrenando cargo. En el asiento inmediato, un hombretón joven, bien trajeado, que es un mando operativo de la empresa privada de seguridad. Y junto a él, dos letrados de la Sala Segunda.

En otro costado de la mesa, lo que cabría llamar «Oficina Judicial»: la letrada María Antonia Cao, flanqueada por sus dos bastiones, Fernando García y Paco Sandoval, cuya calva recubre un prodigioso cerebro informático. Se alegra Marchena, y no lo oculta, al verlos ahí; como le sorprende ver a María Antonia jugueteando con un boli y no parapetada como suele tras una muralla de legajos.

Más sonrisas de buenos días para Maite Cunchillos, jefa de Prensa, con su *tablet* ya abierta; y para la gerente María José Garijo, que domina las entretelas del Supremo: lo mismo encarga el saneamiento de dos magnolios de un patio interior que establece el día y hora para que la unidad canina de la Policía husmee por las cloacas de este palacio. Por su mesa pasa todo, desde la factura de unas bombillas hasta las nóminas de los magistrados.

Retranqueado al fondo de la biblioteca y mirando hacia la puerta como si no quisiera perderla de vista, el comisario Ayala. Bajo su mando, una comisaría especial, semejante a las de Zarzuela, Moncloa, Congreso de los Diputados, Tribunal Constitucional..., con un importante contingente de policías a sus órdenes. Quinientos.

—Bien, parece que no falta nadie. Empecemos. Estáis todos al cabo de la calle: el juicio del *procés* se va a celebrar aquí. ¿Y? Y... que no estamos acostumbrados a tener juicios con presos, ni con tanta expectación, ni de tal envergadura jurídica, ni con una repercusión política de alto voltaje, por mucho que queramos ignorarla, ni con tal volumen de personas: doce acusados; los letrados de sus defensas, que no serán doce sino veinticuatro o más, porque cada defensor suele venir con uno o dos abogados de su equipo; las acusaciones, particular y popular, los cuatro fiscales, los siete jueces, varios letrados de la Sala; testigos… 522, ¡un batallón!, y veintidós de propina; intérpretes, traductores; prensa, según me dijo ayer Maite Cunchillos, ya han pedido acreditarse unos seiscientos; invitados, autoridades, familias de los acusados, público, los técnicos de la transmisión televisiva, los funcionarios de la casa, los policías, los de seguridad… Es evidente que toda esa muchedumbre no cabe ni a presión en la Sala de lo Penal. Por excepción, será en el Salón de Plenos. Y ahí hemos de centrarnos. Tenemos que hacer un esprint. Todos. Vamos escasos de tiempo y sobrados de trabajo. La situación es nueva para esta casa. No hay experiencia. Surgirán problemas y sobre la marcha habrá que repentizar soluciones creativas, eficaces y rápidas. Es fundamental que trabajemos en equipo, codo con codo, como una piña. Compenetrados, sin perder paso y al mismo ritmo. Yo estoy a vuestra disposición para cualquier consulta, por nimia que sea.

—Perdón, don Manuel —levanta la mano y habla Fernando, de Nuevas Tecnologías—, ¿no sería conveniente que, entre nosotros y solo para esto, formásemos un grupo de Whatsapp?

—¡Buena idea! Para transmitirnos indicaciones, ir todos a una, coordinados y sin interferir en lo que estén haciendo otros. Fernando, encárgate tú mismo de organizarlo. Pero cuidado con lo que escribáis ahí. Los wasap de grupo facilitan la comunicación, pero son de doble filo. Quien más quien menos tiene experiencia… reciente. —Marchena está sacando en ese momento el paquete de fichas del bolsillo de su chaqueta, percibe murmullitos y cruces de miradas—. Sí, de pronto a uno se le escapa un wasap, o alguien lo filtra…, y la has *pifiao*. La red es tierra de nadie. Fernando, mira a ver algún modo de encriptarlo. ¿Qué pasa,

María José? —Marchena ha visto que la gerente fruncía el ceño, contrariada.

—Pasa que... tengo móvil, pero no tengo wasap... Nunca he querido tenerlo, porque roba mucho tiempo.

—Pues instálatelo. No se lo des a nadie y, cuando pase este ciclón, clic, lo desinstalas. Pero si en esta operación alguien tiene que coordinarse con todos los demás, esa eres tú. Bueno, aunque luego iremos viendo aspectos puntuales con cada responsable, ya os adelanto que empezaremos el juicio en la primera mitad de febrero y ha de terminar antes de verano, sí o sí. Por tanto, recarguemos baterías porque, desde que nos metamos en faena con los preparativos y hasta el «visto para sentencia», hipotecamos, secuestramos, no ya la Sala de Plenos, sino las distintas estancias de este edificio que habrá que reconvertir para el uso equis, y zeta... Trasladando muebles, poniendo pantallas, extendiendo cables, haciendo mudanzas, no podemos incordiar, ni mucho menos invadir, a los más de cuatrocientos empleados, funcionarios y magistrados que trabajan aquí. El juicio al *procés* es muy importante, ya lo creo, pero hay más vida en el Supremo. Y no se puede colapsar. Incluso los miembros del tribunal del *procés* seguiremos a la vez con otras causas, otros recursos, otros juicios.

Toma una de las fichas. Y se dirige a María Antonia Cao.

—No me extiendo ahora, María Antonia, porque tú y yo seguiremos en contacto. Pero aprovechando que están aquí Paco y Fernando, os recuerdo que buena parte de la agilidad en la vista, especialmente en la fase probatoria y en la exhibición de documentos, depende de la Oficina Judicial. Vosotros. No sé cómo lleváis la tarea de seleccionar, digitalizar, escanear, numerar, etcétera, los documentos de la causa y tenerlos a punto para visionarlos en sala, en cuanto los pidan las acusaciones o las defensas.

—En eso estamos —responde María Antonia—. No podemos correr lo que desearíamos, porque ¡a saber qué pruebas van a pedir unos y otros!, eso no depende de nosotros. Yo estoy al habla con los fiscales, los letrados y las abogadas del Estado, para que me den sus listas del material que van a reclamar. Pero como son 522 testigos, ahí podemos estar hasta el siglo que viene, solo con que quisieran proyectar una prueba documental para cada uno. De momento, les pido que me digan «cuánto tiempo necesitas para el interrogatorio del teniente coronel Baena, cuánto para tal guardia civil, para la votante de Vic, para el que imprimió las papeletas de votación...». Y según sea una hora, diez minutos o un cuarto de hora, ya voy ajustando tantos testigos por sesión... y tales o cuales documentos a exhibir por testigo. O ninguno. Nuestro objetivo es cuadrarlo y que se adapte al tiempo de sesiones.

—¡Una machada imposible! —se le escapa a Maite Cunchillos.

—Ya lo sé, Maite, pero vamos a intentarlo. Estoy dándoles la vara y atornillando mucho los tiempos para cada testigo, sean de los defensores, sean de los fiscales; y poniéndome dura con el tema de los vídeos, porque los representantes de los acusados piden y piden...

—Los vídeos —tercia Marchena— tendrán su momento; pero no vamos a hacer charcos, estancos, interrumpiendo las declaraciones con sucedáneos de careos: «En esa escena tú viste eso, pero yo vi esto otro». ¡Ni hablar! Cada cosa a su hora. Y tú, María Antonia, que no eres novata en esto, al cuadrar los tiempos de los testigos, insísteles a los interrogadores en que no se recreen en la faena e intenta que en cada sesión entren los más posibles; pero sin hacer venir a los que no van a poder declarar. Y calcula que además de la testifical están las declaraciones de los peritos. Mira, yo no puedo meter prisa ni al que pregunta ni al que responde. Solo puedo, y debo, zanjar una pregunta o una respuesta no pertinente con lo que se está averiguando o reconducir una declaración si el testigo intenta colocarnos una soflama política aprovechando su cuota de pantalla. Lo único que está en nuestras manos es agilizar la exhibición documental, teniéndola muy a punto en cuanto la pidan. Y «atornillar», como acabas de decir, para que acusadores y defensores se ciñan a los tiempos apalabrados con cada testigo.

Del paquete de fichas, Marchena selecciona tres. Mira a Camilo Sigmal, de Protocolo, y a José Asenjo y a Maite Cunchillos, de Prensa. Luego se gira hasta localizar al de seguridad privada, que cambió de lugar y fue a sentarse junto al comisario Ayala.

—Aquí hay varios temas: credenciales e invitaciones, control de seguridad, control de protocolo, ubicación de la gente, cautelas para evitar actitudes incorrectas, grescas, provocaciones, pitotes... Decid vosotros y luego yo también diré algo.

—Protocolo tendrá un estand dentro, en recepción, con las diversas tarjetas credenciales, plastificadas con cinta para periodistas, traductores, intérpretes, que van a asistir de seguido. Otras en cartón simple, para un solo día: invitados, familia, allegados y público; algunas nominales y algo más cuidadas para autoridades e invitados vip. —Camilo recita su retahíla. Y al llegar a este punto se detiene—. No hemos impreso ninguna, porque estamos a la espera de tener datos más concretos.

—Bueno —dice Asenjo—, por parte de Prensa ya podéis ir imprimiendo, hay seiscientas y pico peticiones. Europeas, americanas norte y sur, países del Este, rusas, incluso una o dos teles de Japón, Al Jazeera...

María Antonia Cao, con cara de asombro—: ¿Y qué demonios les importará a esos de Al Jazeera el *procés* catalán?

—Aquí no se discrimina a nadie —responde Marchena—. Otra cosa es tener el control. Con Policía y Seguridad establecerémos los accesos por grupos. En los escáneres de entrada, que se van a instalar de nuevas, habrá un miembro de seguridad, para el registro físico; y un policía, para verificar los datos de identidad. En principio, el público accederá por Marqués de la Ensenada. Las autoridades invitadas, por la puerta del centro de la fachada principal, como los jueces y los fiscales del juicio. Entrarán en sus coches, que luego se retirarán, para dejar sitio. Los presos llegarán antes, en furgones o vehículos policiales y por la puerta de carruajes, la que está en la parte de atrás. Abogados, periodistas e invitados no vips tendrán su entrada por una de las puertas de la fachada principal, la de la esquina lindante con la calle de General Castaños. Y también por ahí, los tres acusados que están en libertad provisional, Carles Mundó, Santi Vila y Meritxell Borràs. —Marchena se dirige ahora al de Seguridad, que toma notas en una libretilla—. Esa zona requerirá atención y vigilancia discreta, porque ahí se pueden montar follones: gente que jalee o insulte a esos tres acusados, que llegan por su pie y sin escolta; y gente que jalee o insulte a los letrados de Vox. Es también un punto propicio para que los periodistas, con sus micros y sus cámaras, intenten cazar impresiones rápidas, valoraciones, el gran titular, antes y después de una sesión, y se formen remolinos de grupillos. Es su Jauja. Como seguiremos despachando *face to face* sobre cuestiones concretas, termino ya con un par de advertencias ante posibles incidentes dentro, en la sala o, mejor dicho, en la antesala. Y me dirijo a Protocolo, Prensa y Seguridad: qué podéis tolerar y qué no. ¿Lazos amarillos, de solapa o de corbata? Sí. ¿Esteladas que se pretendan enarbolar o llevar encima? No. ¿Chapas, o emblemas de esos de *merchandising,* con mensajes escritos visibles? No. ¿Camisetas tuneadas con rótulos alusivos al *procés*, a la independencia de Cataluña, a los «presos políticos», o injuriosos contra España, el rey, la justicia? Rotundamente no.

—Imaginemos que el diputado Gabriel Rufián o el cantautor Lluís Llach, convocados como testigos —pregunta Camilo, de Protocolo—, se presentan con una chapa bien visible donde pone, por ejemplo, *Ho tornarem a fer* o *Resistim,* o llevan una camiseta con mensajes impresos de ese tipo...

—Pues, antes de dejarlos pasar al Salón de Plenos, se les dice con toda cortesía: «Señor Rufián, o señor Llach, por favor, quítese esa chapa. Si quiere ponerse un lazo amarillo, no hay inconveniente». O «Lo siento, caballero, pero con esa camiseta no puede usted pasar». Y punto.

Marchena se pone en pie para concluir la reunión. Echa una mirada en trávelin a su alrededor y ve una docena de rostros atentos y motivados.

—Amigos, este encuentro no pretendía ser ejecutivo ni resolutivo. Tenía dos claras finalidades: una, que nos viéramos las caras los que vamos a involucrarnos, y a destajo, en la puesta a punto del engranaje de muchas piezas, que hará posible que el juicio, en lo que es el montaje material, funcione como un reloj. Y otra, no quiero ocultároslo: una llamada a rebato, porque el tiempo nos pisa los talones. Desde este momento, empezamos la cuenta atrás.

Antes de salir, hace una seña al comisario Ayala, que observa desde el fondo de la biblioteca. Luego, dándose unos toquecitos en la esfera del reloj, un gesto a María José Garijo para recordarle que tienen una cita.

Sube de nuevo por las escaleras, hacia la planta cuarta, donde tienen sus despachos otros magistrados. El de Marchena, por ser presidente de Sala, es algo más amplio. Sencillo, cómodo, funcional, con mobiliario de serie. Una mesa grande de trabajo, ordenador, impresora, cajas muy bien ordenadas repletas de legajos y la librería, ocupando varios metros de pared y sin un hueco libre entre códigos, colecciones encuadernadas de jurisprudencia, libros de consulta, diccionarios de varios idiomas... En otra de las paredes, el retrato oficial del rey Felipe VI. Un sofá y dos sillones de cuero, para atender visitas. Nada del otro jueves. Eso sí, toda la pieza bien ventilada por dos ventanales. Da uno de ellos a una azotea plana, desierta y vacía. Al fondo se divisa la cúpula de la iglesia de Santa Bárbara, sus dos torrecillas rematadas por unas cúpulas bulbosas y un conjunto de tejados rojizos, como un *patchwork*. Por ese ventanal, orientado al oeste, escampa Marchena su vena «contemplativa». Es un artista incógnito de la fotografía. Sabe ver. O mejor, sabe vislumbrar. Si el trabajo de la tarde le deja un resquicio de pocos minutos, abre el ventanal y captura con su máquina la puesta de sol. Le atrae esa belleza que se escapa. Y la roba como un ladrón furtivo. Ha podido ver cientos, miles, a lo largo de su vida, en distintas latitudes. Siempre le sorprende que no haya dos iguales. Enmarcadas en soportes muy simples de metacrilato hay varias fotos de puestas de sol diseminadas por las baldas de la librería. Es el único toque personal en todo el despacho.

«En el Supremo no hay calabozos»

Al comisario Ayala se le resiste el precinto del botellín de agua mineral. El magistrado Marchena hace amago de ayudarlo, pero al ver que el otro ya lo ha conseguido sigue removiendo con parsimonia el azúcar en su taza de café, la cuarta o quinta de esa mañana.

Ya están metidos en harina. La conversación es un «punto y coma, decíamos ayer». Viene de meses atrás. Como tantas veces,

Marchena se ha sentado en uno de los sillones de cuero de su despacho, el que está orientado hacia el oeste. Y Ayala, en el sofá.

Desde septiembre, el comisario ha estudiado su campo de acción policial en la «Operación JP», juicio al *procés*: los puntos conflictivos, los momentos que pueden requerir más alerta y control, el número de agentes que deberá desplegar dentro y fuera del edificio del Supremo. Puede echar mano de un buen grueso de policías, los quinientos con que cuenta la Comisaría Especial a sus órdenes y, si hiciera falta, el grupo de la UIP, la Unidad de Intervención Policial.

Pero hoy van a hablar de los presos. Conducirlos, custodiarlos, atenderlos y vigilarlos, desde que pongan un pie en el Palacio de Justicia a primera hora de la mañana y hasta que se vayan a última hora de la tarde, ya anochecido. Doce horas, tres o cuatro días por semana, durante cuatro meses.

—Antes que se me olvide, presidente —el comisario tutea a Marchena, pero se dirige a él por su cargo de presidente de la Sala Segunda—, un problema despejado: la protección del perímetro exterior, toda la plaza de la Villa de París y las tres calles que rodean este inmueble, General Castaños, Bárbara de Braganza y Marqués de la Ensenada. María José Garijo, no me preguntes cómo, se ha agenciado del Ayuntamiento de Madrid un montonazo de vallas metálicas, de esas amarillas que usa la Policía Municipal, más las que tenemos aquí.

—Hombre, ¡estupendo! Mira por dónde, le hemos dado al tema un giro de 180 grados. Acuérdate de que la alcaldesa Carmena quería montarnos ahí un set permanente de TVE y, «para que no hubiera discriminaciones», otro tenderete al lado de la TV3 catalana... O sea, feria, verbena, *show* y *Sálvame Deluxe* a la puerta.

—Voy con lo de los presos. No incluyo a los tres procesados que están en libertad,[2] porque esos vendrán por su cuenta cada día y después de la vista se irán también por su cuenta al hotel donde residan aquí en Madrid. Presos: siete varones y dos mujeres, que a mí me llegarán desde prisiones diferentes y en condiciones también diferentes. Conozco bien el percal.

»Oriol Junqueras, Raül Romeva, Joaquim Forn, Jordi Turull, Josep Rull, Jordi Sànchez y Jordi Cuixart vendrán de Soto del Real. Tienen que madrugar. A eso de las seis y cuarto, en pie. Asearse, vestirse, tomar un café o algo rápido y enseguida presentarse en el control de salida para que les tomen las huellas, los cacheen, pasen por el escáner y el detector de metales y firmen lo que les hagan firmar. Allí mismo, les dan un tentempié para el camino, meten sus pertenencias en una bolsa de plástico verde con el logotipo de la Guardia Civil y, esposados, suben a un furgón en este caso serán necesarios dos por seguridad: tres reclusos en uno y cuatro en otro.

»Los furgones tienen las lunetas entintadas. No ven el exterior en todo el trayecto. Conducidos por guardias civiles, adelantando coches y camiones por la carretera con los pirulos de las sirenas sonando a todo volumen y a una velocidad brutal, como si estuvieran en un *rally* o como si trasportaran sacos de patatas en vez de personas. Y los de dentro del furgón, bamboleándose esposados en el cajón oscuro... Un rato malo, malo, malo. Y luego, por Madrid, lo mismo, abriéndose paso a lo bestia y saltándose semáforos porque sí. El tentempié para el camino, ni abrirlo, claro. Se lo tomarán cuando paren. Y la primera parada es en la Audiencia Nacional, a pocos metros de aquí. Ahí los recibe mi gente. Es el protocolo de cambio de manos: la Guardia Civil nos los entrega y quedan bajo custodia policial.

»Bajan aturdidos, lívidos por el miedo que han pasado o porque se les ha puesto el estómago al revés, algunos con sudor frío y otros vomitando del mareo... No exagero, presidente. Ya te digo que conozco el percal. He visto llegar a muchos así. Es penoso. Beben agua. Respiran. Se asean un poco, o se limpian la vomitona, se ponen la corbata y ya más tranquilos toman lo que les dieron en Soto del Real: el bocata que los catalanes llaman *l'entrepà* y una pieza de fruta. Ahí, en la Audiencia, se hace el papeleo de registro y les damos unas bolsas de plástico negras con el emblema de la Policía para que vuelquen lo que traían en las bolsas verdes. Estos del *procés* no van a declarar en la Audiencia, pero allí se encontrarán con sus compañeras de lucha política, las presas Dolors Bassa y Carme Forcadell. Al ser solo dos, y mujeres, vendrán en un coche, esposadas, por supuesto, desde la prisión de Alcalá Meco. También a ellas, a las siete y cuarto, después de cachearlas y tomarles las huellas, antes de salir del centro les habrán entregado su tentempié para que se lo tomen cuando puedan. Esposados de nuevo, ellas y ellos, los trasladaremos en otras furgonetas hasta aquí. Son muy pocos metros de distancia, pero no pueden venir por la calle a pie y con las esposas. Perdona, presidente, te cuento esto con detalle porque...

—Bien, bien, sigue, me interesa, porque están bajo mi jurisdicción.

—Las furgonetas entrarán por la puerta de carruajes del Supremo, en Bárbara de Braganza. Como serán varios vehículos y el garaje es corto y angosto, se harán turnos.

—Y una vez aquí, ¿tienen que seguir esposados?

—En cuanto pongan los pies en el suelo del garaje, se les quitan las esposas, les entregan sus bolsas negras y empieza el traslado por el interior de este recinto.

—José María, anótatelo: a través de sus abogados, o por el canal reglamentario de prisiones, llegado el momento y si los reclusos del *procés* lo necesitan, convendrá que pidan unas grajeas de Biodramina o algo similar, para que no nos lleguen hechos unos zorros.

—También me apunto, para que lo solucione Gerencia, que ese garaje habrá que limpiarlo, quitar trastos que andan por medio estorbando y encalarlo. Nuestras furgonetas se retirarán y volverán por la tarde al término de la sesión para hacer la misma operación, pero a la inversa: conducir a los presos, esposados de nuevo, a la Audiencia Nacional, entregarlos allí a la Guardia Civil y que ellos los lleven a sus respectivas cárceles. Por cierto, cuando se organicen los horarios de las vistas, hay que tener en cuenta que no pueden acabar más allá de las siete de la tarde.

—Hummm, hummm, eso mismo me ha llegado por algunos abogados defensores. Les he dicho que la hora de empezar se puede y se debe establecer; pero la de terminar, no. El desarrollo de una vista no es predecible, no es matemático; a veces un interrogatorio se encasquilla, o un testigo revela algo nuevo de interés, y hay que echarle más tiempo. ¿Qué pasa si algunos días nos demoramos hasta las ocho y media?

—Es cuestión de sumar los tiempos. Sacarlos de aquí en coches o furgonetas, ya esposados y por turnos, hacer la escala técnica de la Audiencia Nacional, devolverlos a la custodia de la Guardia Civil, papeleo, cambio de bolsas, cambio de esposas, cambio de vehículos, atravesar Madrid en hora punta y llegar a Soto del Real ellos y a Alcalá Meco las dos señoras... Todo eso supone una hora y cuarto. A las mujeres les guardan cena en una mesa caliente que hay en cada comedor. Pero si los reclusos no llegan a la hora, se quedan sin cenar. Y hay que pensar en cómo estarán a esas horas, el tute del viaje, dando tumbos dentro del furgón y esposados, las sirenas, la tensión acumulada de todo un día de juicio... Llegarán rotos. Hasta Romeva, que es como un atleta de *fitness*.

—Vale, lo tendré en cuenta y a ver si logramos levantar la sesión en torno a las siete. Pero me gustaría que viéramos, si lo habéis pensado ya, contando también con los de Seguridad, cómo será la estancia aquí de los presos, cómo trasladarlos por el interior..., porque de eso quiero decirte algo.

—En torno a las ocho de la mañana ya estarán aquí. Escoltados por agentes de policía, de un modo no excesivo ni agobiante, recorrerán unos largos corredores en la planta cero y subirán a pie dos pisos, a la planta entresuelo y a la planta primera. Las escaleras están bien iluminadas y limpias, aunque son bastante empinadas y mucho más estrechas que la escalinata de la Reina en la zona noble. Son trayectos largos. Descartamos el ascensor. Es arriesgado y puede ser peligroso. Habría que hacer cuatro o cinco viajes. La cabina es un reducto pequeño para dos presos y dos policías. Supongamos un movimiento raro... Estarían cuerpo a cuerpo, en igualdad de fuerzas: los presos con manos libres, sin esposas; y los policías no dispuestos a usar las armas de fuego así como así. En esa planta primera llegarán a la Rotonda, una sala de presentaciones para actos culturales, cursillos de estudio o eventos de ese tipo. Esa será su estancia de espera y su comedor. Es un sitio agradable, espacioso, sin elementos ornamentales, salvo un retrato de Alfonso XIII. En ningún momento esperarán en calabozos, cosa que en la Audiencia Nacional y en casi todos los juzgados es lo normal.

—En el Supremo no hay calabozos. ¡Y aunque los hubiera! Aquí existieron en el siglo XIX, pero después del incendio de 1915, cuando se reconstruyó este palacio de arriba abajo, no los rehicieron.

Pasado un tiempo, varios presos del *procés* reflejarán en sus diarios y en conversaciones carcelarias, cristal por medio, con alguna visita, aquella primera impresión:

> Escoltados por agentes policiales, ya *desemmanillats*, nos hacían caminar rápido, muy rápido, sin detenernos a mirar por dónde íbamos, sin saber a dónde nos conducían ni por qué tanta prisa, si eran poco más de las ocho y cuarto y hasta las diez no empezaría el juicio. El patio de carruajes estaba en el sótano, aunque ellos lo llamaban «planta cero», que sonaba mejor. Primero recorrimos un corredor larguísimo de mármol blanco, que parecía no tener final. Luego otro igual. Escaleras de peldaños muy altos. Al llegar a un rellano en la entreplanta, l'Oriol Junqueras y la Dolors Bassa necesitaron pararse unos segundos y retomar aliento. «¡Sigan, sigan, no se detengan!» Seguimos, claro. Subimos otro piso. Más pasillos. Más recodos. Más escaleras. Se hacía interminable, porque desconocíamos cuánto trayecto nos quedaba aún.
>
> Al fin, llegamos a una sala amplia en la planta primera, llamada «la Rotonda de abajo». Desorientados, sin saber dónde nos habían metido. Nos mirábamos de reojo y veíamos en el otro, en la propia Carme, siempre tan valentona ella, *no por, no, però si una mica d'acolloniment.*[3] Todo nos resultaba extraño, incierto. Era simplemente eso, el no saber uno dónde está retenido, ni qué tocará hacer ahora, ni quién manda aquí. Aunque nadie te diga una palabra molesta ni te mire por encima del hombro, hay algo que te hace sentirte un pelele a merced de todo ese sistema. Después de hora y media sin saber qué, nos enteramos de que justo arriba estaba el Salón de Plenos donde íbamos a ser juzgados. Y que todo aquel tiempo de retención era para preservarnos del público, los invitados y los periodistas que iban llegando al Supre-

mo. A partir del día siguiente, lo desconocido se fue convirtiendo en rutina. Tediosa rutina.

—José María, yo pongo la mano en el fuego porque el trato de tus hombres hacia los presos va a ser correctísimo, incluso extremando la cortesía. Pero diles que hay situaciones, y esta es una, en las que sin perder la autoridad y sabiendo estar cada uno en su sitio, más vale naipe de más que naipe de menos. A mí lo que realmente me preocupa es que, el tiempo que permanezcan aquí, queden absolutamente salvaguardados sus derechos a la intimidad, a la imagen, a la comunicación con sus abogados... Y aunque esos abogados intentarán hacerlo, que no puedan elevar quejas ante el Tribunal Europeo de Derechos Humanos por trato humillante o vejatorio o por haberlos expuesto a «la pena del espectáculo» mientras estaban en la gran casa de la justicia.

—A esa cuestión le hemos dedicado muchas horas, presidente, viendo planos de este inmueble con los de seguridad de la empresa privada. Como ellos operan solo en el interior, se conocen el Supremo como la palma de su mano. Han buscado itinerarios alternativos, de modo que la procesión de los acusados no entorpeciera las tareas de los ochenta y tantos magistrados de otras salas, ni distrajesen a los cuatrocientos y pico empleados, auxiliares, funcionarios, letrados..., que trabajan aquí. Y a la vez, que los presos no fuesen elemento de exhibición para el público, las familias, los periodistas y los abogados, que irían llegando a esa misma hora. Nos centramos en el trayecto de los presos desde la Rotonda, planta primera, hasta el Salón de Plenos, planta segunda. Para evitar que los distintos grupos de asistentes se mezclen en algún cruce de galerías o de escaleras, como no cabe tabicar esos cruces, hemos pensado en colocar mamparas, pero no transparentes, porque estaríamos en lo mismo. Que María José Garijo te diga, porque iba a encargar unos biombos separadores, muy anchos y muy altos, de modo que impidan fotografías, selfis y cualquier irrupción, incluso verbal, en la intimidad y en la serenidad de los presos cuando estén pasando por esa zona. Creo que son biombos gruesos, tapizados y opacos. La gente que vaya por el otro lado a los presos ni los ven.

—De eso se trata. El Supremo no puede ser escenario donde se estigmatice a nadie. Ni tampoco donde se heroifique a nadie. Como personas, sujetos de derecho, respeto máximo; ahora bien, no son presos políticos. Son políticos supuestamente delincuentes... presos.

—Ese traslado bajo custodia se realizará seis veces cada día que haya vistas.

—¿Seis?

—Seis: entrada y salida en la sesión de la mañana, ídem en la de la tarde, y de nuevo salida y regreso en el receso de mediodía. Se hará sin que los medios de comunicación puedan verlo, precisamente por los biombos o los separadores que se instalen en ese circuito de los pasillos que dan a la sala de vistas.

—Y los de prensa protestarán por el «apagón informativo».

—El «apagón informativo» apenas durará unos minutos, los suficientes para que los presos suban por la escalera interna y ocupen sus asientos en la nave central de la sala de enjuiciamiento. Cuando los periodistas, las familias, los invitados y el público general lleguen al Salón de Plenos, los acusados ya estarán sentados de cara al tribunal. Los nueve presos y los tres de libertad provisional, que ya se les habrán incorporado. El escuadrón de los doce. Y si ellos quieren girarse y saludar a sus familiares y amigos, o a algún periodista conocido, ubicados detrás, al fondo, ¡allá ellos! Pero nadie podrá sacarles una foto, porque en el registro les harán dejar cámaras, *tablets*, móviles...

Marchena asiente. Parece convencido. Anota algo en una de sus fichas.

—¿Habéis pensado en la comida de los acusados reclusos?

—Sí. Hablé con Instituciones Penitenciarias a ver qué suelen hacer ellos, porque en esto tienen bastante experiencia. Me dijeron que habría un servicio de cáterin, a cargo del Ministerio del Interior. Comerán el menú del día, en recipientes calientes: a elegir entre varios primeros, segundos y postres. Lo sirven en bandejas individuales y aquí le pondrán un mantelillo a cada uno, recubriendo la mesa. Eso se le ha ocurrido a María José, para que esté más agradable la presentación y compense que los platos, vasos y cubiertos sean de material desechable. El Reglamento Penitenciario prohíbe que los reclusos usen vasos de vidrio y cubiertos metálicos, por si intentan agredir a alguien o autolesionarse. Aunque con estos no es el caso, mantendremos esa norma. De todos modos, en la puerta de la Rotonda por la parte de fuera pondré cada día al menos tres policías turnándose para vigilar.

—¿Y qué tal es ese cáterin? ¿Rancho cuartelero?

—¡No, qué va! No debe de estar mal porque... es el mismo que le llevan a Rodrigo Rato a San Fernando de Henares, donde se sigue la vista de lo suyo. Esto del cáterin ya se hizo cuando el juicio del 11M, con los yihadistas, en la Casa de Campo. Se ve que a los de Interior les va bien así y les sale económico.

Tiempo después, ya metidos en el juicio, sabrán que ninguno de los presos del *procés* pidió menú de régimen. No hubo tiquismiquis. Les gustaba, incluso varios repetían la ración. Solo Carme Forcadell, la expresidenta del Parlament, indicó ya el primer día a un agente: «Si ustedes quieren, desde mañana pueden ahorrarse mi pan; yo no me lo voy a comer y es una pena tirarlo».

El cáterin de los jueces

El comisario Ayala y la gerente Garijo se cruzan en la puerta del despacho. Bromeando, Ayala se cuadra marcial, da taconazo y «¡Ya llegó la mujer orquesta!».

Tiene razón; por su mesa de directora gerente y «gobernanta» del presupuesto pasan desde las nóminas de los magistrados y de todo el personal del Supremo hasta las numerosas piececillas de un engranaje oculto, la maquinaria física que nadie ve, pero es la que ha de lograr el portento de que el juicio, en lo que necesariamente tenga de puesta en escena, de drama judicial, de vista pública, funcione día tras día hasta el más mínimo detalle.

Y por su mente activa y perspicaz también pasa el trajín entre bambalinas para preparar un evento insólito en esa casa, pues allí —como Marchena se encarga de recordar— no se celebran juicios con presos: allí se tramitan recursos; y en las «causas especiales», los excelentísimos o ilustrísimos señores aforados sometidos a juicio gozan de libertad, no llegan ni salen esposados, no ofrecen pan y circo a la curiosidad popular. Por eso, con el juicio al *procés* todo será distinto, todo imprevisible, una *performance* en directo y cara al público. Sin embargo, al margen de cómo transcurra el juicio, compete a María José Garijo que nada empañe la solemne liturgia judicial del Supremo y que hasta los asientos de terciopelo granate de los acusados parezcan más sitiales de canónigos o de académicos que banquillos de conspiradores sediciosos o alzados en rebelión. A Marchena le corresponde el rigor procesal al enjuiciar el fondo de la causa. A Garijo, la intendencia material, la pulcritud en la forma escénica de la vista de la causa.

Antes de sentarse en uno de los extremos del sofá, y Marchena en el sillón como suele, María José ha sacado del bolso un bloc y un boli diminuto.

—Cosas varias —anuncia.

—Cosas varias, muy bien. ¿Las vemos por orden, o…?

—Mejor por orden. Antes, en la biblioteca, dijiste que nos centrásemos en el Salón de Plenos. Todo tiene que resolverse ahí… Y es lo primero que tengo en mis notas.

—Apúntate —Marchena baraja sus fichas y entresaca una— que hay que colocar delante dos mesas pequeñas. Si es posible, que no sean iguales: una, donde declararán los acusados, centrada frente al Tribunal; y la otra, más lateral, para los testigos. También delante, cerca del estrado, dos pantallas donde se proyectarán los documentos. El sitio exacto que lo indiquen los de la televisión, porque las cámaras tienen que poder captar esas imágenes. Paco Sandoval te dirá dónde se situará él con los documentos muy a mano y el proyector. Lo lógico es que esté en un extremo del tribunal y cerca de María Antonia Cao, porque han de actuar en equipo.

—Vale. Lo apunto… Ya me dirás o me dirán cuántas personas, además de los siete jueces, estarán habitualmente en la sala en un lugar concreto: abogados defensores, fiscales, acusadores…, para calcular el número de frascos de agua. He visto en Zara Home unos de línea bonita, sencilla, de cristal fino. Compraré cantidad, porque habrá que reponerlos con cierta frecuencia.

—No se me había ocurrido, frascos en vez de botellines de plástico. ¿Cuántos…? Así, contando de memoria…, treinta y dos, más los doce acusados cuando pasen a declarar. También habrá que poner agua a cada testigo.

—Piedad, como auxilio judicial, las cambiará cada vez que se retire un acusado o un testigo. Y en los recesos, puede reponer agua fría en todos los frascos de la sala.

—Sí, en los recesos, no durante la vista. María José, sobre el aire acondicionado —Marchena busca una anotación en la ficha que está manejando—, a ver…, sí, aquí está: ¿se puede climatizar el Salón de Plenos de modo que haya temperaturas diferentes por zonas, o graduándolas a lo largo de la jornada? Te explico. Me dicen que los presos vendrán con frío, con mal cuerpo, sin haber comido nada caliente desde la noche anterior. Y tensos. Durante la vista estarán sin abrigos, obviamente. En cambio, los del tribunal, los fiscales y los letrados llevamos la toga sobre el traje y solemos pasar calor.

—A las ocho y media de la mañana tomarán la temperatura en el Salón de Plenos. Les diré eso a los calefactores, para que busquen un equilibrio de temperaturas y las regulen varias veces al día. No es complicado. Se puede.

—Ah, me ha comentado José María, el comisario, que hay que pintar el garaje de la puerta de carruajes, por ahí llegarán los presos.

—Lo he visto. Hará un siglo que no se usa, porque está de pena, desconchado, el cemento de las paredes a la vista, y por los suelos cubos, bidones, una goma de riego, bayetas, trastos… Lo apunto y me encargo. ¿Seguimos ya con los presos? La Rotonda de abajo. Habrás estado ahí, ¿no?

—Sí, claro. La sala de seminarios, presentaciones de libros…, que van a destinarla para los presos.

—Eso es. Comedor y tiempos de espera. Tiene una mesa muy grande rectangular, color tabaco oscuro, con las esquinas redondeadas, hueca en el centro, con cabida para veintidós o veinticuatro escritorios y asientos individuales, en sesiones de estudio. Como los acusados son doce, suponiendo que se les unan para comer con ellos los tres en libertad provisional, he hecho una distribución situando tres en cada frontal y tres en cada lateral. Doce. De ese modo, habría espacio libre suficiente junto a cada uno por si sus familias, que vienen de Cataluña, quieren visitarlos un rato o se traen su táper y almuerzan allí a la vez. Si esto se les puede autorizar, que no lo sé, durante los recesos y después de la comida, en esa misma sala podrían encontrarse también con sus abogados defensores para cambiar impresiones...

—Sí, en este tipo de cosas que no afectan a la marcha del juicio ni son de Reglamento Penitenciario, tratad a los presos con la mayor comprensión, con humanidad y... con cierta manga ancha, siempre que podamos aliviarles la sobrecarga de un juicio que no es plato de gusto para nadie. Ellos no creen en nuestra justicia, no creen en nuestra democracia, no creen que respetemos los derechos humanos y ven al Estado español como un Estado policiaco y represor. Pero, en lo que esté de nuestra mano, desde que empiece hasta que termine el juicio, mientras estén bajo este techo, que se sientan atendidos, respetados, tratados como merece la dignidad de todo ser humano.

—De todos modos, Ayala me ha dicho que vigilarían, y pedirían a los visitantes o familiares que mostrasen sus credenciales, por si algún observador internacional o algún periodista catalán intentara camuflarse como familia.

Marchena se encoge de hombros, como si dijera «paso».

—Bueno, para terminar con la Rotonda, que por cierto de rotonda no tiene nada, los ventanales son preciosos, pero como van casi del suelo al techo y dando a la calle, los cegaremos cerrando los postigos, para que desde fuera no puedan ver o fotografiar a los presos. ¿Te parece?

—Me parece. En lo de cegar las ventanas coincides con Ayala. Es una lástima, pero algún precio tienen que pagar a cambio del derecho a que protejamos su imagen.

Será algo que acusen los presos, incluso algunos lo reflejaron en sus diarios que escribieron desde la cárcel. Así lo pensó el propio Jordi Turull a lo largo del primer borrador de su libro *Persistim* (2021):

Fueron cuatro meses de *fosc a fosc*, meses de oscuridad, con luces artificiales de bombillas y tubos de neón, pero sin ver la luz del sol desde que antes de amanecer nos metían en el furgón, una caja negra, clausurada y opaca por los cuatro costados, para el traslado a Madrid; hasta que regresábamos a la prisión, bastante de noche, cuando todo el mundo había cenado ya y estaban en sus celdas. Y en esos cuatro meses, horas y horas en el Salón de Plenos, sentados en los bancos de acusados, sin movernos, sin gesticular, sin hablar entre nosotros, sin estirar las piernas. Tedioso, porque no esperábamos sorpresas, era calcado lo que habíamos vivido en la instrucción del juez Llarena, nos sabíamos de pe a pa el argumento y hasta... el desenlace. Un palacio muy elegante, pero todo hermético, cerrado a cal y canto, sin un resquicio por donde se filtrara un rayo de sol o un ventanuco en el techo desde donde ver un trocito de cielo.

Ahí, Turull, fumador compulsivo, consiguió que el propio Marchena le diera permiso para salir a fumar, en el receso de mediodía, a uno de los dos patios del Supremo.

Estaba yo solo, y el policía que me vigilaba a varios metros. Es un patio cuidado, con una fuente en el centro, macetones con naranjos y dos magnolios. Bueno, permiso, permiso de Marchena no tuve; pero el día que se lo pregunté me dijo: «Si Seguridad le autoriza, dígales que por mí no hay inconveniente». Yo dije eso y funcionó.

Marchena ha estado revisando sus fichas. Poniendo aspas en algunos renglones e interrogantes en otros.

—En los puntos donde se entrecruzan los pasillos y pueden coincidir el público y los presos, los de Seguridad cuentan con que se instalen unas mamparas biombo opacas.

—Lo sé, lo sé. Insisten mucho…

—Estamos en el mismo capítulo, evitar la exhibición de los reclusos mientras son conducidos a la Sala de Plenos, que nadie pueda sacarles fotografías o soltarles un improperio, ¡nada que los haga sentirse estigmatizados! ¿Es muy complicado conseguir esto?

—Cero complicación. Tengo las mamparas. Son altas y anchas, plegables para poder transportarlas, opacas, de color verde. Estoy en tratos con una casa de mudanzas…, porque pesan lo suyo. Y para que nadie se salga de su itinerario, marcando las lindes del trayecto a lo largo de los corredores pondré una serie de las catenarias de bronce liso, donde irán enganchados los cordones rojos. Cientos de metros de cordonadura roja…

—¡Pluscuamperfecto! Vamos con la prensa.

—Lo de la prensa se presenta como la marabunta. Al principio, me dije: ¿pero dónde demonios meto yo a seiscientos periodistas, la mayoría de las chimbambas, y pululando por donde les salga de las narices? Es como si de pronto me hubiesen caído encima de golpe cuatro redacciones. Un grueso de periodistas «plumillas», que quieren asistir en directo desde el Salón de Plenos, en la zona de atrás, donde las familias y los invitados. Esos no pueden salir hasta que no haya un receso o se levante la sesión. Tampoco pueden llevar móviles, ni cámaras fotográficas, ni *tablets*, ni portátiles, ni grabadoras ocultas de La Casa del Espía. Su Moleskine o su bloc, el boli y punto pelota. Tienen la ventaja de que verán lo que ellos quieran ver, se fijarán en los detalles que más les molen, y no en lo que las cámaras del *streaming* les den.

»Está la segunda redacción, también de periodismo escrito, pero que quieren libertad de movimientos y poder ir transmitiendo la crónica por móvil a sus periódicos o agencias. A estos he pensado instalarlos en el Salón de Actos. Lo he visto *in situ* con Asenjo y Maite Cunchillos. La cabida no es problema. Lo malo es que no quieren estar sentados tantas horas en butacas de gradas con sus portátiles sobre las rodillas. Necesitan mesa. Pero... mujer orquesta ya lo ha resuelto.

Marchena redobla su atención, como si María José estuviera contándole el final de la serie *Line of Duty*.

—Se trata de montar una macrorredacción seis veces mayor que la del *New York Times* en sus mejores tiempos. En el escenario, dos pantallas enormes donde visionan lo que se está transmitiendo por *streaming*. Y en el espacio que hay entre el escenario y el arranque del patio de butacas, que es un tramo bastante ancho, recubro el parqué con moqueta barata para que no me lo destrocen y coloco ahí seis mesas de dos metros y medio cada una, tableros empalmados sobre caballetes... Dieciocho periodistas en uno de los lados y dieciocho en el otro. Y entre ellos que se turnen y se apañen. Luego está la «saleta aspirina», que la llaman así porque tiene una mesa circular muy grande con una hendidura labrada en el centro, marcando el diámetro. Es interior y muy silenciosa, la convierto en locutorio para los de radio, también con pantallas o plasmas, para que puedan ir siguiendo la vista.

—Y otros, si lo del *streaming* funciona bien —interrumpe Marchena con ironía—, nos harán el inmenso favor de quedarse viéndolo en sus casas o en sus periódicos o en el bar de la esquina.

—Ah, mi cuarta redacción, estudio o como se llame: la televisión. A nosotros, a Gerencia, lo que nos han pedido es que habilitemos un cubículo protegido, para los de realización. Y vamos a ubicarlo, completamente aislado e insonorizado por dentro y por fuera, en la biblioteca moderna. Ahí los ingenieros han de instalar los monitores donde se reciben las imágenes que van captando las cámaras, creo que son cinco y funcionando todas a un tiempo. También el sonido.

María José ha abierto su bloc por otra página, presta a informar:

—Esto que viene, creo que te va a gustar. Resuelta la cuestión de vuestra comida. No es ninguna genialidad. Pedí presupuestos y me ha gustado el cáterin que ofrece un restaurante de aquí cerca, La Flor del Pan. Me hace un precio muy aceptable, de 12,25 a 12,50 euros el menú del día, con primeros, segundos y postres a elegir entre diversas opciones, pan, agua y café. Y dos camareros para servir y retirar. ¿Querréis vino, cerveza, otras bebidas…?

—Ni vino ni cerveza. Todos somos de agua.

—¿Sabéis ya qué días de la semana habrá vista?

—Tres días por semana, martes, miércoles y jueves, mañana y tarde. Como excepción, algún lunes y algún viernes. Yo diré que te avisen con antelación cuándo.

—Sí, Manuel, por favor: cualquier cambio de horario, o que haya sesión un día no previsto, lo altera todo y requerirá tener dispuesto un mundo de cosas: la supervisión de los de seguridad, la unidad canina policial a primerísima hora, la climatización, las luces de la Sala de Plenos, los frascos de agua, vuestro cáterin, avisar con tiempo al equipo de realización televisiva, revisar la sala de togas… No quiero abrumarte, pero es como darle a un botón y ¡tachán!, que se encienda y se ponga en marcha el Circo del Sol.

—Tranquila. ¿Y has pensado ya en qué «cubículo protegido» nos van a dar de comer?

—No sé si te parecerá muy «okupa», pero he pensado convertir en comedor, durante esas dos horas, la Sala de Gobierno.

Silencio. Marchena se queda pensando en el significado y la función de esa sala, desde donde se «gobierna» el Supremo. Llamada también Sala 61, por el artículo 61 de la Ley Orgánica del Poder Judicial donde se fijan su composición, la *crème de la crème* del Supremo, y sus delicadas tareas.[4] Es como una imponente sala de juntas, interior y hermética, una gran caja forrada de madera noble y alicatada con retratos de presidentes del Supremo desde Posada y Soto en 1812 hasta el vigente Carlos Lesmes... No están los 47 que han sido, pero sí una respetable galería que recorre los siglos XIX, XX y XXI hasta hoy. Todos graves, unos con peluca afrancesada, otros con barba espesa y densas patillas, otros bigotudos y todos muy serios y envarados, conscientes de que posaban para la historia.

—Bueno, justo a la hora de comer no entorpeceríamos ninguna reunión que pudiera haber en esa sala. Y si la hubiera, yo mismo tendría que estar...

—Pues, si no hay inconveniente, abriremos la puerta que siempre está cerrada, por donde se va a la Sala de Banderas, para que los camareros puedan tener allí fuera las viandas, que os sirvan y se retiren, mientras coméis y charláis. Como la mesa es enorme, he encargado mantelillos individuales para que podáis colocaros más cerca entre vosotros, en uno de los extremos. ¿Me dijiste que seríais más comensales que los siete del tribunal?

—Sí, nosotros siete, la secretaria judicial María Antonia Cao y dos magistrados de la propia Sala de Gobierno. Seremos diez.

—Pondré uno o dos percheros para que no tengáis que pasar por la sala de togas al salir del pleno... Por cierto, ¿no pensáis hacer un receso a media mañana?

—Sí, a las doce, una pausa de veinte minutos nos vendrá bien a todos...

—Me lo imaginaba. El *break*. Yo he pensado prepararos un bufé de café, infusiones y bollería menuda dulce. Necesitaréis azúcar, café o té, algo que os mantenga despiertos, para aguantar tantas horas atentos, sin pestañear, inmóviles como estatuas y sabiendo además que no podréis ni bostezar porque siempre tendréis alguna cámara chivata encima.

—Muy buena idea. Además, entre nosotros siempre tendremos algo que comentar, siquiera sea informalmente, sobre el desarrollo de la sesión de esa mañana. Y quizá algún invitado se acerque a saludar. Pero ¿solo prepararéis café para el tribunal, o también para…?

—El bufé estará en una mesa corrida, en la saleta contigua a la Sala de Banderas. El mismo para el tribunal y para los fiscales, pero dispuesto de modo que si los del tribunal queréis hablar algo *en petit comité* os quedáis en la Sala de Banderas; y los fiscales, en la saleta donde el cuadro de la emperatriz Sissi y los dos Velázquez, el *Esopo* y el *Menipo*.

—Y si alguno, en vez del café, se va al Patio de los Naranjos, no te ofendas, es que en la opción prefiere estirar las piernas o fumar.

—De todos modos aviso, presidente: estaré allí a las doce como un clavo y en plan inspectora, para que nadie se me escape sin su dosis estimulante de café y azúcar.

Y Marchena está a punto de cuadrarse también como el comisario, porque sabe que la gerente habla en serio.

El botón del pánico

Está al llegar Maite Cunchillos, la jefa de Prensa del Supremo. Marchena lee en pantalla los últimos folios de un recurso de apelación. Cierra el documento. Después, escampa la mirada hacia el fondo de su despacho, sin fijarla en nada. Piensa en esta fase de puesta a punto del juicio. Los equipos de ayuda están funcionando con eficacia. Y él mismo ha conseguido de sus compañeros de tribunal el OK para tres decisiones que pueden no parecer importantes, pero lo son. El cáterin. El *streaming*. Y un pacto de silencio.

—Son decisiones —piensa Marchena— que influirán en cómo se perciba el juicio desde el exterior y en cómo se desarrolle el «protagonismo colegiado» del tribunal, en el interior. Lo del cáterin para los jueces es por motivos de seguridad. A todos les ha parecido muy bien que comamos en el Supremo. Y puede tener un efecto colateral estupendo: convivir cuatro meses a gusto en un ambiente homogéneo de juristas, como en un colegio mayor, favorecerá una comunicación cordial entre nosotros, conocer más de cerca el perfil humano e ideológico de los demás, charlar distendidamente de otros temas, gustos, aficiones, deportes, actualidad, familia... Para mí será muy útil, porque así, de primeras, no es fácil dirigir a un colectivo de magistrados de esas altas categorías, la mayoría más veteranos que yo, que han ocupado cargos importantes en la magistratura y que, salvo alguno, pertenecen a asociaciones jurídicas de signos diferentes.

»Otra decisión, obligarnos a un pacto de silencio entre los siete. Puede ser costoso, pero nos blindamos contra las filtraciones. Ninguno hablará con nadie, ni amigos, ni compañeros de fuera, ni políticos, ni prensa sobre nuestros posicionamientos o nuestras percepciones de lo que vaya ocurriendo en la Sala a medida que transcurra el juicio. Y con un hermetismo más férreo si cabe cuando estemos en vísperas de evacuar la sentencia y la presión de fuera aumente.

»Quizá el inconveniente de ese silencio sea dejar ayuno al mundo de la prensa. Como siempre necesitarán un plus de información, incluso información de adelanto, recurrirán a fuentes que consideren «bien enteradas», porque supongan que tienen contacto con miembros del tribunal. Pero esas fuentes no hablarán con nosotros, o no nos sacarán una palabra sobre por dónde irán los tiros, y a los periodistas les darán sus vaticinios y sus opiniones por mera intuición, o incluso reflejando sus propios intereses, sus sesgos, sus fobias o su hostilidad hacia ciertos magistrados de la sala, o hacia mí. Y en lugar de informar, desinformarán. Es un riesgo que hemos asumido con el pacto de silencio: que esos «enterados» desorienten a la opinión pública al trasladar sus criterios sobre «lo que debería ser», no sobre «lo que es» o «lo que será».

»Y la tercera decisión ha sido televisarlo íntegro y en directo. ¡Transparencia total!

»¿Por qué lo hago? Porque llevo tiempo y tiempo recibiendo cartas de colegios de abogados de las cuatro provincias de Cataluña; de Human Rights; de International Trial Watch, aunque de esta sospecho que es un invento propiedad de uno de los acusados, Jordi Cuixart, donde se integra media docena de pequeñas asociaciones catalanas bajo la escafandra de un nombre en inglés; de Amnistía Internacional; del Consejo General de la Abogacía de Cataluña; de Escocia; Irlanda; México... y de varios países pidiendo «presencia acreditada y protocolizada de representantes y observadores neutrales, para vigilar si en el juicio se producen o no vulneraciones de derechos fundamentales». Como si una vista pública en el Supremo fuese equiparable a un juicio según la *sharía* o bajo el derecho penal de Argelia, Irán, Egipto, Arabia...

»Al principio, me enfadaron esas cartas arrogantes, casi culpabilizadoras, y pensé que ¡ni caso!, «el mejor desprecio es no hacer aprecio». Pero seguían llegándome cartas, y algunos puntazos en prensa... No era mucho, pero sí un goteo pertinaz. Había que estar ciego y sordo para no advertir que poco a poco, en ciertos sectores de opinión, se iba instalando un prejuicio de desconfianza hacia lo que sucediera en el Supremo. Recordé entonces lo que dijo Honoré de Mirabeau ante la Asamblea Nacional de Francia: «Dadme el juez que queráis, parcial, corrupto, incluso mi enemigo; no me importa, con tal que solo actúe cara al público». Y lo que escribió Eduardo Couture sobre la publicidad de la justicia, como garantía y protección del derecho: «En último término, el juez de los jueces es el pueblo».

»Lo hablé con mis compañeros de tribunal. Y, en fin, la suma de todo eso me ha llevado a decidir que el juicio se televise de principio a fin, dure lo que dure. Así, al desnudo, sin trampas ni cartón, se irá mostrando día a día y minuto a minuto que no hay la más mínima vulneración de derechos fundamentales.

El sonido del teléfono interrumpe el soliloquio mental del magistrado. Una secretaria del turno de tarde le indica que «ya está aquí doña Maite Cunchillos».

Menuda y delgada, ojos grandes y muy captadores, sonrisa luminosa, inteligencia ágil. Una profesional de muchos quilates de oro. Contrasta su diminuta envergadura con su capacidad de asumir y resolver trabajos, sin que se estanque sobre su mesa un papel, una gestión, un pósit.

Marchena y la periodista ya han tratado el tema de televisar el juicio en directo. Maite le explica ahora a grandes rasgos cómo funciona el *streaming*, qué es la señal institucional, qué equipo «de la contrata que hace cada año el CGPJ» se encargará de la realización y la emisión.

—Maite, tú me dirás si me equivoco, pero creo que lo de meter cámaras de televisión en una sala de vistas no es nuevo aquí en España...

—No, qué va, no es nada novedoso. Lo venimos aplicando en todos los juicios mediáticos que celebramos en la Audiencia Nacional: 11M, Gürtel, juicios de ETA, Gescartera, Bankia, Fórum, Afinsa, Scilingo, Ekin, Xaki, Gestoras… Aquí en el Supremo, nunca. Pero el juicio del *procés* es bastante excepcional, por el hecho de que se celebre aquí, por su contenido político y penal y por la inflamación mediática que el tema provoca.

—Ya, pero en su realización, en su puesta en escena, en su difusión no quiero que se haga nada que choque por exceso, nada que no tenga una clara justificación y que sea perfectamente equiparable a la retransmisión de todos esos juicios anteriores. Yo no soy un experto en cine como el fiscal Torres-Dulce, pero sí sé lo que quiero y lo que no quiero: un documento filmado de lo que ocurra cada día en el Salón de Plenos. Con otras palabras: transparencia, toda. Espectáculo, cero. Información, toda. Amarillismo, cero.

—Comprendido. No se va a filmar una película de buenos y malos ni un *thriller* judicial de John Grisham. Es una «señal institucional» desde el Supremo. Por tanto, lo que hay que dar es un «documental en tiempo real». Y eso nos obliga a grabar planos generales de la sala de vistas, evitar los primeros planos demasiado cercanos, priorizar las imágenes de todo el tribunal. Ahora bien, una cosa es un documental serio y otra cosa es un documental sin vida, anodino, tedioso…

—Perdona que te interrumpa, Maite. De acuerdo con lo que has dicho hasta ahora. Pero no quiero que se me olvide un asunto y lo acabas de mencionar: al cámara, o al realizador, o a quien corresponda, hay que advertirle que cuando haya que enfocar el estrado de los jueces tiene que verse a todos los miembros del tribunal y no centrar la imagen en mí. Un barrido, un trávelin, lo que sea, pero captando toda la mesa del tribunal, desde

Andrés Palomo en el extremo de la izquierda, según el punto de vista del espectador, hasta Ana Ferrer en el otro extremo. Sin clavar el foco en mí, más que cuando yo intervenga, que ya bastante protagonismo me tocará desempeñar por mi función de presidente. Pero ¡ni un segundo más!

—Ok. Habrá cinco cámaras que estarán activas captando imágenes todo el tiempo. Dos en cada lado y una al fondo. Muy versátiles, podrán hacer picados, trávelin, planos largos, medios, cortos, primeros planos...

—Vale. Y todo ese material, ¿cómo se procesa?, ¿Quién lo selecciona? Porque, al ser en directo, en tiempo real...

—En una zona de la biblioteca grande se instalará la sala insonorizada de monitores y realización para el equipo de *streaming*.

—Ah, ya, «el cubículo protegido».

—Y allí dentro, ante el panel de los monitores, que reflejarán las imágenes captadas por cada cámara, estarán Miguel, el realizador, con Inmaculada Moreno, experta en televisión. La conoces, es de aquí, del Gabinete de Comunicación. Entre las imágenes que envíe cada cámara, ellos irán seleccionando las más adecuadas para cada escena de la vista. Inmaculada le indicará a Miguel sobre la toma o el plano concreto que convenga emitir en cada momento. El quid está en mantener un equilibrio, porque no cabe ni el sensacionalismo ni el *show*; pero tampoco podemos aburrir al público. Los planos generales, asépticos, hay que darlos para que se vea la solemnidad del acto y de la sala; ahora bien, lo importante es captar y darle al televidente los pormenores de lo que se esté produciendo en la sala, sobre todo si son ilustrativos, informativos, y quizá prescindir de otros que pueden ser morbosillos, indiscretos o muy intencionados..., porque eso la gente lo percibe y lo interpreta como una manipulación.

—¿Por ejemplo? —Marchena, embebido en las explicaciones de Maite Cunchillos.

—Pues, por ejemplo, no empeñarse en primeros planos incisivos como en las pelis truculentas, rastreando la piel del rostro de fulano, el parpadeo nervioso o la gota de sudor por la frente de mengano, o una acusada que ni está declarando ni tiene protagonismo en ese momento, pero se la ve nerviosa y mordiéndose las uñas, o uno que bosteza… En cambio, si el acusado equis se ha situado detrás de su abogado defensor[5] y en cierto momento le dice algo al oído, presumiblemente relacionado con lo que un testigo está declarando, esa imagen tiene interés informativo y hay que dar lo que dure la secuencia de ese cuchicheo.

—Sin dudarlo. Y si, mientras un testigo declara, la cámara capta que un acusado aludido mueve la cabeza negando, ese gesto tiene una elocuencia: el aludido disiente o niega. Por tanto, esa imagen dice, esa imagen interesa. Hay que ser honestos y objetivos. Por cierto, delante, a ambos lados del estrado, habrá dos pantallas ligeramente ladeadas, para exhibir documentos: facturas, cartas, *emails*, fragmentos de atestados, planos, fotografías, facsímiles de textos manuscritos… Todo lo que ahí se proyecte es información del juicio y tiene que ser también televisado. Que vean antes desde qué cámara se capta con más nitidez un documento. Dile a Paco y que él proyecte cualquier texto, no de la causa, para que los del *streaming* puedan hacer unas pruebas.

—Manuel, si te parece bajamos, porque los técnicos ya están explorando el salón y cómo juegan las cámaras. El realizador se llama Miguel; el técnico de iluminación, Quique; y el técnico de sonido, Juan, que es de Audiovisuales del CGPJ. Perdona, pero todavía no me sé los apellidos.

Ya en el Salón de Plenos, Quique le informa de que no ve problemas de iluminación. Miguel le indica el juego móvil de cada cámara y sus tramos de enfoque. Y con Juan trata la cuestión del sonido. Cara al juicio, es la que más le importa.

—Señor Marchena, ¿cuántos micrófonos de sobremesa se necesitarán?

—Pues... calcule usted más de treinta. En esta tira de pupitres y asientos del lado izquierdo, dieciocho para las defensas, porque algunos letrados representarán a más de un acusado y suelen asistir acompañados de otro abogado de su equipo. En el estrado del tribunal, los siete de los magistrados jueces y otro para la secretaria judicial María Antonia Cao. Aquí a la derecha, en esta bancada van las acusaciones: cuatro para los fiscales, dos para la Abogacía del Estado y otros dos para la acusación popular, del partido Vox. Más uno en la mesilla donde declaren los acusados y otro en la mesilla de los testigos. Total, 36.

—Buffff... Habrá que advertirles, señor Marchena, que no hablen dos o tres a la vez, para que no se apelotonen las voces.

—No se preocupe, Juan, un juicio no es un debate. Uno pregunta, otro responde... Y soy yo quien da y quita la palabra. Además, debo tener un interruptor para apagarle el sonido al que interfiera sin corresponderle. Antes de que se monte un cotarro de voces, corto por lo sano.

—Sí, tiene usted ese interruptor.

Van hacia el estrado del tribunal. Marchena quiere saber para qué sirve cada uno de aquellos mandos y botones que hay sobre la mesa en el lugar del presidente. Pregunta a Juan cómo funciona su micrófono, encendido, apagado, volumen... Y por dónde van a introducir el cableado de su ordenador portátil.

Estando en esas averiguaciones, Juan le pregunta:

—Señor Marchena, ¿dónde quiere que le coloque el «botón del pánico»?

Marchena lo mira con cara de perplejidad.

—Bueno, me ha dicho usted que el juicio va a ser largo, unos cuatro meses, mañana y tarde. Son muchas horas y muchos días de sesiones tensas, puede suceder algo incorrecto, un altercado, un insulto, alguien que pierde los nervios, un arranque violento... Puede producirse una situación comprometida y que usted estime conveniente cortar la emisión de algo que esté ocurriendo en la sala y que no deba trascender. En ese caso, oprime usted el botón del pánico. Nosotros, desde el control de sonido, recibimos la señal de que hay que cortar esa toma y en ese punto se interrumpe la retransmisión.

—Ah, no, no, no ponga ese botón en ninguna parte. La gente, enseguida, «¿por qué han cortado?», «nos están dando el juicio censurado». No, ni hablar, sería contraproducente.

—Ese botón se usó en otros juicios mediáticos, por ejemplo, el del 11M, con yihadistas —interviene Maite Cunchillos—, para poder cortar imagen y sonido si surgía algún incidente durante la vista oral. Y en varios juicios contra terroristas de ETA...

—Me parece muy bien, pero en este juicio, no.

—Señor Marchena, hacemos un bucle y emitimos en su lugar cualquier recurso de los que tengamos grabados, una panorámica de la sala, un barrido por la bancada de las defensas o de las acusaciones, manos de algunos de los presentes escribiendo... Normalmente esos recursos los tenemos por precaución para insertarlos como «falso directo», un *décalage* por si hubiese que hacer un corte. Eso el espectador no lo advierte ni puede sospechar que se ha interrumpido la emisión directa.

—Se lo agradezco, Juan, pero rotundamente no. Conozco las suspicacias. Y estoy decidido a que los televidentes vean en vivo todo lo que se produzca en la sala, como si hubiesen estado aquí.

—El botón del pánico —Juan vuelve a la carga en el intento de persuadirle— se utiliza en mítines, comparecencias públicas, ruedas de prensa, se pone en el estrado del orador…

—¡Ni hablar! ¡Aquí de botón de pánico, nada! Precisamente mi empeño en que se filme y se emita en tiempo real es porque hemos decidido televisarlo íntegro de pe a pa. La apuesta del tribunal es absoluta y rotunda por la transparencia. Y si se produce un incidente, por desagradable que sea, se emitirá y saldrá por la tele como todo lo demás. Lo hemos hablado los siete en varias reuniones: este juicio requiere una transparencia informativa irreprochable. Y la va a tener. Ni media sombra de censura. Es importante que todo el mundo, dentro y fuera de España, pueda verlo tal como esté transcurriendo, sin maquillajes ni veladuras. Así se enterarán algunos de qué es lo que aquí se está juzgando. Y, por supuesto, nos quitamos de encima el fisgoneo de los «observadores internacionales», no necesitan venir: se lo servimos a domicilio.

Juan mira a Marchena como si mirase a un temerario insensato: «Este sabrá todo lo que hay que saber de derecho, pero no tiene ni idea de lo que es aguantar foco durante más de cincuenta sesiones y los pollos que se pueden montar en esta sala, con tanta gente en escena y siempre en alta tensión. O está muy seguro de que todo va a ir como la seda».

Meses después, ya en pleno rodaje el juicio oral, no faltarían momentos en los que Marchena echase de menos el botón del pánico. Miraba el orden del día, ¿quién testifica hoy? «Uyyy, no hay más que ver lo atestada que está la tribuna de cartel de primera: Mariano Rajoy, Soraya Sáenz de Santamaría, Juan Ignacio Zoido... y encima, ¡propuestos por la CUP! Esto puede ser la de "arde Troya". «O el día que estaban citados como testigos Gabriel Rufián y Joan Tardà, de ERC, para responder a las preguntas de Javier Ortega Smith, el acusador de Vox: "Seguro que hoy se lía". Y se lio. Sin que le oyeran ni su toga ni su camisa, debió de mascullar: «¿Por qué diablos me negaría yo al "botón del pánico?"».

Pero a transparencia bien valía aguantar esos calambrazos de alta tensión.

Maite y Marchena se quedan todavía un rato con el equipo de ingenieros técnicos. Han acudido dos o tres más. Se cruzan las preguntas y las explicaciones, nuevas para el magistrado. Ya a punto de irse, Marchena se fija en el entelado granate de la pared del fondo y observa una mancha grande, de un color granate más oscuro, más vivo. Es la silueta de algo que estuvo ahí en la pared. Algo que debió de estar mucho tiempo, porque el resto del lienzo mural ha empalidecido o se ha avejentado y por contraste la silueta deja ver la tela brocada mucho más nueva.

—¿Aquí había algo...? Creo que..., pero no estoy seguro.

—Aquí ha estado muchísimos años un Cristo, un crucifijo enorme de madera —responde Juan.

—¿Y...?

—Justo ahí tenía que ir la cámara de los planos largos generales, que es nueva. Y al ir a ponerla, se vio que rozaba la escultura. Se lo dijimos a la gerente Garijo. Aquí todos los objetos de valor se tratan y se restauran cada equis tiempo, porque son de Patrimonio; pero ese Cristo no se había movido nunca y le tocaba, la madera se había resecado y necesitaba hidratación. Así que lo quitaron para llevarlo al taller. Para descolgarlo hicieron falta cinco hombres, porque pesaba un quintal...

Marchena ha esbozado una sonrisa incrédula.

—No, no, no es un pretexto con segundas intenciones —le explica Maite—, ni motivos ideológicos ni nada de ese tipo. Y si está a punto y no se cuelga antes del juicio es porque sería peor plantarle delante todo el montaje de una cámara.

—Ahora me acuerdo —Marchena se toca la sien—, sí, es un Cristo muy bien hecho y que tiene una historia interesante: esa escultura la talló un artista republicano, un «rojo», preso de la dictadura nada más ganar Franco. Y lo hizo en la cárcel de Alcalá de Henares.

—Sería un «rojo» creyente —apunta uno del equipo de ingenieros técnicos.

Marchena vuelve a mirar la silueta grana «delatora» y comenta socarrón:

—Se ha ido al taller, pero ha dejado su tarjeta de visita, o el aviso de que este sitio tiene dueño.

Antes de salir, el magistrado saluda al equipo estrechando la mano con brío a cada uno:

—Les deseo un buen *streaming*. ¡Suerte a todos!

—Y a usted, señor Marchena, porque este juicio no va a ser pan comido. No tendrá muy fácil llegar hasta el final.

—Más difícil, pero mucho más difícil, ha sido llegar hasta aquí. Sí, llegar a sentar a doce de los autores principales en el banquillo de los acusados. Hay unos cuantos más, que serán juzgados en otras sedes... Difícil, pero ¿saben por qué ha sido posible? Porque alguien, un ciudadano cualquiera, se presentó un día en un juzgado y puso la denuncia. Ese fue el pistoletazo de salida.

2

No hagan *spoiler* del final

Todas las historias tienen un principio y un final. Conocidos o no, bien o mal fechados, pero en algún momento empezaron y en otro momento acabaron. Los historiadores se afanan en averiguar los orígenes y fijar los términos de los sucesos. Sin embargo, hay historias cuyo inicio se pierde en los bosques del olvido y su final nadie vive para contarlo. Pero han sido.

El *procés* de independencia de Cataluña es una de esas raras historias que, según quién la vivió, quién la preparó, quién la padeció, quién la juzgó, o quién la diseccionó para investigarla, tiene un punto de arranque diferente. Por supuesto, cada cronista ofrece un relato distinto, un momento inicial distinto, unas causas también distintas. Tal vez el auténtico origen sea la integral de todas esas versiones. Y alguna más, aún por desvelar.

Unos se remontan a la identidad carolingia de Cataluña, con su kilómetro cero en Carlomagno, siglo VIII. Nada menos. Otros, avanzan hasta el siglo XIV: la Generalitat creada en 1359, en las Cortes de Cervera. Y cuatrocientos años después, el complejo y mal desentrañado contencioso entre el rey francés Felipe V y el pretendiente austriaco Carlos VI. Felipe inundando de regalías, títulos y privilegios a los catalanes y estos inclinando su vasallaje hacia el rival austracista, sin saber que ya había abandonado su interés por Cataluña. La Ciudadela, como testigo acusador del control de Felipe V sobre los rebeldes de Barcelona. El decreto dominador de Nueva Planta. La resistencia heroica de los catalanes tras el tercer asedio del francés. Y al fin, los nunca demostrados enterramientos en el Fossar de les Moreres, por los fusileros de Felipe V el 11 de septiembre. En realidad, el gran suceso del 11 de septiembre de 1714 fue que Barcelona se rindió a las fuerzas borbónicas y, contra la costumbre de la época, la ciudad rebelde no fue saqueada, antes bien se le entregaron las franquicias del puerto con América. La riqueza empezó a fluir. Pese a las quejas nacionalistas, el siglo XVIII fue próspero y pacífico para los comerciantes del Principado catalán.[6]

Sin desmentir las duras represiones del borbón ni las delaciones de unos catalanes contra otros, sobre aquella guerra se han escrito y propalado muchas desmesuras sin pruebas, se han mantenido puntos oscuros, se han construido mitos... Quizá la deformación más dañina ha sido presentarla como una resistencia contra el absolutismo francés, en defensa de las libertades «nacionales» del Principado catalán. Solo así se puede entender la ofrenda floral de la Diada del 11S a Rafael Casanova, paradigma de los intereses de la burguesía barcelonesa.[7] Tal vez no abunden los catalanes conocedores de que el agasajado Casanova ni fue mártir ni encajó un balazo. En cambio, por sus órdenes —¿heroicas o suicidas?— de continuar la guerra contra el francés en infames condiciones y en solitario, pues el austria Carlos VI ya se había desentendido, muchos luchadores catalanes murieron en una resistencia inútil. Pese a ello, Casanova no fue ejecutado, se respetaron sus propiedades y se le permitió ejercer libremente la abogacía en Cataluña. Murió ya viejo, en su casa de Sant Boi de Llobregat, y en su cama como cualquier burgués.[8]

Sin embargo, muchos miles de catalanes clavan ahí su inquina contra la Casa de Borbón, afirmando una rara contraidentidad. Chocante. Como también es chocante que quienes hoy rechazan la monarquía por anacrónica —y probablemente tengan razón— sean los mismos que, en pleno siglo XXI y en su último proyecto de Estatuto, esgrimen aquellos privilegios naftalinosos y aquellos derechos históricos medievales como aval para reclamarse nación.

En la historia de Cataluña, se ha proclamado la república en cuatro ocasiones: Pau Claris, en 1641; Baldomer Lostau, en 1873; Francesc Macià, en 1931 y Lluís Companys, en 1934. Unas proponían un Estado catalán federado a España y otras preferían una Cataluña independiente. No es desdeñable ese *historical trending*, si bien la mayoría de los estudiosos dejan atrás las telarañas de la memoria —sea gloriosa, oprobiosa o rencorosa— y plantan el mojón de partida en un episodio mucho más cercano. Marcan, como punto de irrupción, el hecho provocador de un estatuto de autonomía que les fue abortado antes de nacer. Y ese suceso tiene una fecha de arranque, 20 de junio de 2010, que conducirá hasta el referéndum del 1 de octubre de 2017. Con palabras del socialista Alfonso Guerra, perito en constituciones, «un golpe lento…».

El hecho es que, se tipifique penalmente el *procés* como golpe de Estado en fase tentativa, como rebelión, como sedición o como conspiración, lo ocurrido fue un concierto de actos políticos de rebeldía contra el Estado español. La pretendida instauración de una República de Cataluña no prosperó, no culminó con éxito. Pero hubo una voluntad, una decisión, un impulso y un empeño. No fue un mero desiderátum mudo, sofocado sin llegar a expresarse. No. Se movilizaron masas humanas, se redactaron documentos con vocación de futuro: una, dos, ¡hasta tres constituciones catalanas! Se debatieron y aprobaron leyes para erigir un nuevo estado al margen del Estado. Se convocó al pueblo a manifestase en urnas referendarias... Y no eran pasos perdidos, inconexos, sin sentido; sino pasos congruentes con el trazado de una hoja de ruta «oficial».

No fue algo improvisado, una erupción instantánea. Ahí se había ido apilando una carga de metralla, unos explosivos y unos detonadores... Todo ello, largamente elaborado. Al historiarlo, se llamará nacionalcatalanismo. Coloquialmente, pujolismo. Un populismo en torno a un hombre: Pujol.

Pujol se fue sin activar el detonador

Jordi Pujol i Soley, el patriarca de la gran familia, no puede quedar fuera de esta historia. Esa gran camada Pujol-Ferrusola, «organización criminal» según el juez instructor De la Mata, tendrá su relato, pero no aquí ni ahora. En rigor, Pujol es inevitable: con él empezó todo.[9] Él fue la dinamo que durante veintitrés años alimentó ese sentimiento de inconformidad, de reivindicación, de una «cívica» rebeldía, paradójicamente más empeñada en rechazar lo que no se quiere ser que en afirmar lo que se es. Quizá eso explique la dificultad y la torpeza verbal de los políticos de Cataluña cuando intentaban exponer el sentimiento identitario del ser catalán y los fluidos discursos con que argüían su reniego del ser español.

Esa metralla y ese explosivo, dispuestos para reivindicar su «ser distintos y superiores», estaban ahí. Y ahí siguen. Lo que no hizo Pujol fue activar el detonador. ¿Lo habría hecho? Tal vez, pero... el poder lo abandonó y la justicia lo cercó. Su nacionalcatalanismo enmascaraba un auténtico pálpito independentista. Pieza a pieza, había ido fabricando un fabuloso imaginario colectivo catalán, con su cultura, sus costumbres y efemérides, su idioma, sus héroes, sus mitos, su historia milenaria, incluso bimilenaria, griegos, romanos, cartagineses, su orgullo supremacista que les permitía creerse la democracia más antigua de Europa y que el *molt honorable* Quim Torra afirmara sin rubor que él era el 131.º *president* de la Generalitat, cuando solo era el 9.º, y de una institución inventada en 1932, durante la Segunda República.

Poco tiempo después de haber salido de la Generalitat, y con el viento judicial soplándole en contra, Pujol le comentó a Felipe González: «Nunca he jugado al independentismo, pero si ahora mismo me pusieran una urna delante, votaría independencia». González se giró sonriendo hacia algunos de los presentes y amagando ironía dijo: «Pues lo inteligente será no ponerle una urna cerca».[10] No era una *boutade*. Por las mismas fechas, hablando Pujol con un viejo amigo, Enrique V. Iglesias, exministro de Exteriores de Uruguay, le soltó: «Soy como un manso cabreado... y eso puede ser muy peligroso».[11] Peligroso como el arsenal de metralla y explosivos que a lo largo de un cuarto de siglo fue entregando al sensato pueblo catalán, al *poble del seny*, preparando esa *performance* colectiva que al final convierte a unos ciudadanos tranquilos en patriotas aguerridos.

Es necesario remontarse a Pujol. Él, más que ganar, arrasaba. *Invictus,* urnas tras urnas. Y, prendido en el forro de la chaqueta, el medallero de sus victorias. Desde que en 1980 Josep Tarradellas le cedió el bastón de mando, siempre estuvo en el podio. Más que presidir, reinó, indiscutido. Se dejó acariciar por el culto a la personalidad. Llegó a ser dentro y fuera de Convergència (CDC), su partido, icono, tótem, símbolo, emblema, patriarca... de algo tan abstracto como la amplia capa de «la catalanidad». Y mandó, mandó, mandó. Demócrata, eso sí, por veredicto de los votos. Hasta que empezó a perder adeptos por sus flancos. Y aun entonces, siguió gobernando en solitario, sin pactar con la izquierda, ni la radical Esquerra Republicana, ni los comunistas del PSUC, ni con la tibia izquierda socialista, sucursal del PSOE. Si necesitaba un puñadito de *diputats*, recurría a la derecha, a los cónsules del PP en Cataluña. Y lo más que les pedía era una simple abstención.

Quizá no quería acumular deudas. Ya tenía bastantes con el agujero de veinte mil millones de pesetas que dejó —que no dejó, pues los agujeros son los huecos de la nada— en Banca Catalana, más la bancarrota que costó al Estado 345 000 millones de pesetas. Juzgado y absuelto, por hache o por be, y porque tuvo la hábil zorrería de envolverse con la *senyera* y lanzar cuatro amenazas a voz en grito desde el balcón de la plaza Sant Jaume, quedó libre de polvo y paja. Con todo, ese caso no está cerrado con candado y de vez en cuando los fiscales Mena y Jiménez Villarejo hurgan en la cerradura.

Fuese por el dinero desaparecido en el agujero de Banca Catalana, o fuese por motivos de nueva entidad, Pujol siempre quiso tener las espaldas cubiertas desde «Madrit». Y cuando la Moncloa no era suficiente, una larga parrafada a solas con el rey en la Zarzuela o en Pedralbes, «tranquilo, Jordi, tranquilo», y asunto arreglado.

Como todo en política, esos respaldos tenían un precio: ser el «socio catalán» del Estado español. Lealtad, toda; pero sin imbricar a sus hombres en las instituciones, aunque les ofrecieran ser ministros o embajadores o presidentes del Senado.

Pragmático, sus pactos —más exacto sería decir «sus apaños»— con los mandatarios de «Madrit» siempre trataban de cosas concretas, tangibles, permutables —«tú me das, yo te doy»— y la palabra bastaba. Nunca habló de ensanchar el Estatuto. «Nos va bien así.» Y aunque el independentismo era su segunda piel desde que llevaba pantalón corto, y más adelante, siendo ya padre de familia, era lo que se respiraba en su casa, jamás se manifestó independentista. Ese fue uno de sus disimulos más logrados. Uno, porque hubo más. Otro, y de alto calibre, fue el del *tres per cent* o *el cinc o el sis per cent* de toda obra pública, recalificación de terrenos o licencia de apertura, de las tantísimas que bajo su mandato se concedieron desde la Generalitat. ¿Quién iba a sospecharlo del *molt honorable*? La cuestión es que él, como don Vito Corleone, no firmaba un «hágase», ni un «vº bº» en el costadillo de una adjudicación ni tocaba un talón o un fajo de billetes. Para eso ya estaban Marta Ferrusola, su mujer, y sus siete hijos. Una cuadrilla imparable y organizados todos a una. Compactos, sin fisuras ni filtraciones, como las mafias crípticas, herméticas. Ingenuamente decía Carme Forcadell, desposeída ya de su presidencia del Parlament y presa en la cárcel de El Catllar, en Tarragona: «¿Pujol? ¿El *president*? ¡No! Pujol no robó nada; él estaba en lo alto, influía, eso sí, y consentía».[12] Dicen que el dinero negro no deja huella; sin embargo, tarde o temprano asoma, sobre todo si es mucho. Son los inevitables signos externos de riqueza. Los reservados en restaurantes caros, la ropa de marca, el fuera borda y la moto acuática con cuota de amarre, las mansiones de descanso en el mar y en la montaña, los descarados lucimientos por Les Rambles en un Lamborghini o un Maserati o un Porsche descapotable. Helicópteros de alquiler para cruzar de la Cerdanya a Andorra. A esquiar, claro. Entre el paisanaje pirenaico escamaban tantos viajes a Andorra en días laborables de meses sin nieve. Y el votante empezó a olfatear que algo olía mal en Dinamarca. Aunque los negocios los hacían bien, buscaban la penumbra y la discreción. No cabe achacar las derramas de votos a ese enriquecimiento familiar a costa del erario. Pujol trabajaba de sol a sol, apenas veía a sus hijos, vestía sobriamente y con trajes abolsados de tiempo atrás. Llevaba un cuarto de siglo con el mantra de *fer país, fer país*. Y lo hacía. Solo que, ambidextro, con una mano enriquecía a los catalanes y con la otra enriquecía a los Pujol.

Algún día, pasado el tiempo, los cadáveres de los ahogados flotan, los Dreyfus demuestran su inocencia, los crímenes perfectos dejan un cabo suelto, los personajísimos inviolables tienen un descuido... Llega un momento —y aquí llegó— en que tal o cual operación rutinaria de ingresar en el BPA andorrano una cantidad desmesurada en billetes de quinientos euros, o unas transferencias también rutinarias a distintas cuentas *offshore*, fueron los hilos por los que los sabuesos policiales de la UDEF acabaron sacando la enorme madeja.

La justicia es minuciosa y lenta, en ocasiones farragosa, pero indefectible.[13] Eso tranquiliza. Al menos, aunque tarde, cerrando contenciosos civiles y penales, va despejando el tablero. Por supuesto, no da carpetazo a la historia. No es misión de la justicia arbitrar problemas políticos.

De Pujol a hoy han ocurrido muchas cosas. Casi toda la épica del *procés*. La visible y la subterránea. Han cambiado los personajes, las estrategias y los *lobbies*. Pero lo cierto es que, a día de hoy, la historia de la cabalgada catalana hacia la desconexión, empezara cuando empezase, no tiene un punto final. Ni se vislumbra. Es una historia abierta. Y que divide en canal. Tendrá que acabar algún día y de algún modo. Lo inquietante es que los intereses enfrentados son antípodas. El consenso se intuye imposible. Cualquier amago de solución negociada o pactada será pan de un día: apaciguará a unos, pero irritará a otros, a millones de otros. La brecha se ha agrandado más y más. Las posiciones mentales se han endurecido, son más berroqueñas. Los que antes discrepaban hoy son enemigos. Y donde no hubo violencia, la zarpa política y el mazo judicial han dejado heridas sin restañar. ¿O alguien cree que la cárcel restaña? A un líder preso lo sustituye otro líder libre. El conflicto no admite un tolerante «pase de página»; más bien se aferra a un pertinaz «sin vuelta de hoja». *Ho tornarem a fer!*

Se ha intentado suturar profundos desgarros con zurcidos bastos. Desde el Gobierno del Estado se ha hecho saltimbanquismo para contentar al corro, equiparando a héroes con villanos. Se ha pretendido liquidar delitos graves con maquillajes legales, remedios de artificio para reivindicaciones sobre las que han llovido cientos de años. Políticos sin oficio, aprendices de brujo, principiantes antisistema se han constituido como comités negociadores sin contar con nadie y chalaneando en nombre de todos.

Entre tanto, la vida nacional se ha detenido a ambos lados de la trinchera sin mirar el reloj. Pero el tiempo pasa. Millones de catalanes y muchos más millones de españoles están a la espera... A la espera y desconcertados, porque los mismos jueces que impusieron severas condenas carcelarias entregaron a los guardianes la ganzúa del artículo 100.2, puerta falsa por donde los presos salían, entraban y volvían a salir como Pedro por su casa.

La vida nacional parada, como un reloj sin pilas. Un Parlamento, cerrado por pandemia, sin legislar. Un Consejo de Ministros gobernando a golpe de decreto y donde mandan más los socios que los ministros. Batiburrillo de siglas y mercachifleo de votos «a cambio de...». Unos jueces paralizados por los tribunales europeos y trabados por las presiones obscenas del Gobierno. Parón. El reloj sin pilas. Y la cuestión pendiente de Cataluña, conservada al vacío en una cámara hermética. Delante, un rótulo: «Peligro. No tocar».

¿Hasta cuándo? ¿Surgirá en esta historia, no ya un puñado, siquiera un solo hombre con estatura de Estado? ¿Alguien pondrá por fin sobre la mesa un pliego de soluciones cabales y... «señoras y señores, vayan pasando a estampar su firma»?

Un tripartito estrafalario

Aunque Jordi Pujol ya no aparece en el *dramatis personae* del *procés*, importa arrancar el relato desde su salida de la escena política, dado que es él quien designa a su heredero sucesor y lo lanza a la palestra sin antes chequear su capacidad, su ambición, su firmeza o su versatilidad.

Desde el otoño de 2000, Jordi Pujol estudia cada oleada de sondeos de popularidad e intención de voto, cara a las elecciones próximas de noviembre de 2003. Va viendo que su medallero ha finiquitado y prepara por pasos el ascenso del sucesor. Así, a dedo del fundador presidente, Artur Mas será nombrado sucesivamente secretario general de Convergència Democràtica de Catalunya (CDC) y, a los tres meses, *conseller en cap* del gobierno catalán, un cargo político equivalente a vicepresidente. Llegada la convocatoria electoral, lo constituye candidato a la presidencia de la Generalitat. No precisa demasiada agudeza para saber que el candidato socialista Pasqual Maragall aventaja a Mas en conocimiento popular. Entre otros registros, la gente conserva las imágenes de los Juegos Olímpicos de Barcelona, siendo alcalde Maragall. Intuye Pujol que Convergència ha tocado su muro y él ya no gobernará. Con todo, aun a riesgo de que se estrelle, lanza a Mas. Se va, pero se queda. Se queda en el puesto de control, por si hay trifulcas internas entre Roca, Duran i Lleida y Mas, los barones. Se queda —«por si tengo algo que decir, o algo que hacer»— como presidente del partido y con los pluses de despacho, sueldo, vehículos, secretaría, ayudantes y *mossos* escolta, más el título presidencial de *molt honorable.*

Su salida del Palau de la Generalitat creó una sensación de vacío y extrañeza. La incertidumbre, más que ante una nueva época, ante un nuevo patrón. Las preguntas mudas de muchos pujolistas, y de muchos empresarios que hasta entonces se habían beneficiado del poder y la influencia de Pujol, era «y ahora, ¿qué?», «y ahora, ¿a quién iremos?». Votar a Artur Mas era apostar a caballo desconocido, del que se intuía poco peso específico como político, falta de carisma y cierta volubilidad. Casi desde que se inició su ascenso, a sus espaldas empezaron a llamarlo «*l'Astut* Mas». Muchos hubiesen preferido a Miquel Roca, «madera de gobernante, incluso de estadista»; o a Duran i Lleida, «tímido, pero tenaz y con criterios de hierro».

Pero nada de eso entró en la historia del *procés.* Ni siquiera el «tapado» que Pujol se guardaba en la bocamanga: su propio hijo Oriol, su delfín. Habría sido un buen naipe de reserva, pero se pringó repartiendo estaciones de ITV a cambio de comisiones ilegales y ahí embarrancó su *non nata* carrera política.

Unos votaron a Convergència por lealtad. Otros, moneda al aire, cara o cruz, y... lo que saliera. Nadie comentó su voto.

Gran sorpresa: Mas quedó mejor de lo que se esperaba. Fue el más votado, pero no lo suficiente como para ser investido *president.* Tampoco el socialista Maragall. Ambos necesitaban un refuerzo. Y fue así como el extravagante personaje Josep-Lluís Carod-Rovira, líder de ERC, Esquerra Republicana de Catalunya, se convirtió en el hombre del momento.

Imaginativo, contundente orador, agnóstico, marxista, independentista, hecho a sí mismo, combativo, con un irresistible magnetismo personal y una experiencia gestora 0/0. Con solo el

16 % de los votos, veintitrés escaños, tenía en su mano la capacidad de dar el poder a la derecha convergente, cuarenta y seis *diputats*, o a la izquierda socialista, cuarenta y dos.

Durante una semana, Carod-Rovira fue el rey del mambo. A puerta cerrada, engolosinó engañosamente a Mas para encelar a Maragall y tenerlo pendiente del teléfono. Desde el minuto 0+1, Carod-Rovira tenía clara la decisión de armar un gobierno de izquierdas. Pero, aun así, negoció como un fenicio con Maragall y rebañó la presidencia del Parlament, seis *consellers* y una vicepresidencia ómnibus desde la que coordinaría todos los departamentos del Govern. Eran necesarios 67 votos para la investidura y los obtuvieron a través de Joan Saura, que aportó los nueve de Iniciativa per Catalunya Verds y Esquerra Alternativa (ICV-EA). Y así, como se liga el *allioli,* se amalgamó el gobierno tripartito. Después de veintitrés años con la derecha burguesa instalada en la Generalitat, el Pacto del Tinell solemnizó el campanazo: en Cataluña mandaban las izquierdas.

Carod-Rovira pisa las líneas rojas

Carod-Rovira, un tipo *echao p'alante*, un sin miedos. Hijo de un carabinero que luego fue guardia civil, desde muy chaval funcionó por libre: guerrillerillo antifranquista, independentista y marxista, «comunista ortodoxo». Nunca le arredró el peligro, más bien disfrutaba pisando las delgadas líneas rojas. Entre 1990 y 1991 negoció hasta conseguir que Terra Lliure, la ETA catalana, abandonase las armas y se integrara en la vía pacífica, en la política democrática. Concretamente, logró afiliar en ERC a buena parte de esos exterroristas. El interlocutor de aquellas conversaciones era Xavier Vendrell, activista de Terra Lliure; más tarde, abjuró de la lucha armada. Este Vendrell ocupó diversos cargos en ERC, fue *diputat* y *conseller* en la Generalitat, cuando Carod-Rovira era vicepresidente. Pero lo que hace necesario mencionarlo es justamente su actuación en el *procés*.

Moviéndose como una lagartija entre las peñas, sin ser notado y sin dejar firma, Xavier Vendrell ha sido el activador de muchas iniciativas de protesta del independentismo echado a la calle entre 2012 y 2020. Presuntamente, el máximo responsable de Tsunami Democràtic, el movimiento que se encargó de organizar las manifestaciones violentas de noviembre de 2019 en Cataluña cuando, en protesta por la sentencia del Tribunal Supremo, ardían coches y contenedores en Les Rambles, se cortaban carreteras y vías férreas, se colapsaba el tráfico, se detenía la vida ciudadana en todo el país... sin que nadie supiera quién dirigía a aquellos CDR, Comitès de Defensa de la República. Vendrell fue pieza clave del *procés*, trabajando en la sombra. Y no solo como estratega del movimiento de masas en las grandes marchas, en los mensajes de agitación a través de los *mass media* o en la utilización de un sofisticado sistema de *software* para el control de sus activistas CDR. No se entendería ni esta etapa política ni la celebración del referéndum del 1 de octubre de 2017 sin su participación. De su cerebro organizativo salieron la logística del referéndum, las papeletas de Unipost para votar y la ocultación de las urnas.[14]

El *procés* y la organización del referéndum se hicieron al ritmo que marcaba Vendrell. Mes y medio antes del referéndum, el 16 de agosto de 2017, Vendrell se presentó en el Palacio de Pedralbes, donde se celebraba, «máximo secreto», una reunión de la cúpula de la Generalitat: el *president*, Carles Puigdemont, el vicepresidente, Oriol Junqueras, el *conseller* de Justicia, Carles Mundó, y la secretaria general de ERC, Marta Rovira, a más de otros altos cargos. ¿Qué hacía Vendrell en ese cónclave? Sencillamente: organizar el referéndum, como mago de la logística, para que todo funcionara.

Mano a mano con Jordi Cuixart, presidente de Òmnium Cultural, organizó en tiempo récord la protesta masiva del 11 de septiembre de 2017, mientras la Policía judicial registraba las sedes de la Vicepresidencia y del Departamento de Economía de la Generalitat. Unas sesenta mil personas rodeando el edificio y calles adyacentes a pie de asfalto durante más de veinte horas. Tiempo después, se hizo cargo también de montar el encuentro de los convergentes Artur Mas, Carles Puigdemont y Quim Torra en Perpiñán. Sin público esta vez, Vendrell jugaba a todos los palos.

Tras minuciosas diligencias de investigación, Vendrell fue detenido el miércoles 28 de octubre de 2020. Tres años después de los hechos del *procés*, la justicia —lenta pero indefectible, ya se ha dicho— llamaba a su puerta.

Volviendo a Carod-Rovira, sus iniciativas y sus amistades. ETA venía atacando a sangre y muerte en Cataluña desde 1975: bombas en Barcelona y en el Val d'Aran, muy cerca de la residencia del rey Juan Carlos; intento de asalto al cuartel de Berga; masacre con veintiún muertos y más de treinta heridos desde un coche bomba activado a distancia en el aparcamiento de Hipercor, en la Meridiana; y en 1991 —el mismo año del exitoso proselitismo de Carod con Terra Lliure—, dos etarras arrojaron por la rampa de acceso del cuartel de la Guardia Civil en Vic un coche cargado de explosivos. Abajo, en la explanada, estaban jugando varios niños, hijos de los agentes. Hubo nueve muertos. Entre ellos, cuatro niños de ocho a quince años.

Carod-Rovira escribió en el diario *Avui* un mensaje a ETA: «Antes de atentar contra España, miren bien el mapa». Y como explicación añadía: «Porque si atentan en Cataluña perjudican la causa del independentismo que dicen querer apoyar». Texto insolidario con el resto de España, que evidenciaba una mente corta y estrecha, de corral trasero, y un cinismo indecente. ETA no le concedió atención. Peor aún, como respuesta, en noviembre de 2000 le descerrajó un par de tiros en la nuca al exministro socialista Ernest Lluch, un hombre bueno que venía empeñándose en el diálogo con la banda para poner fin a sus asesinatos y darles cauce de regeneración por la vía política democrática. Pasqual Maragall estaba también en esa sensibilidad y varias veces se había ofrecido a Pujol para cooperar «con las armas de la palabra» en el cese total del terrorismo de ETA.

Pensando en su logro con los de Terra Lliure, Carod-Rovira se planteó hacer lo mismo, si ETA se prestaba. Movió sus hilos. El encuentro se produjo en secreto. Carod-Rovira se reunió en Perpiñán con dos miembros del comité ejecutivo de la banda terrorista, Josu Ternera y Mikel Albizu. Se vieron y hablaron dos veces el día 3 de enero de 2004. Carod-Rovira actuó sin permiso ni conocimiento de Pasqual Maragall, a sus espaldas, y aprovechando que una ausencia del *president* por viaje oficial lo convertía a él en presidente en funciones de la Generalitat.

Pero sus manejos con ETA y su entorno venían de atrás. Un mes antes, en diciembre de 2003, se había entrevistado en Francia con dirigentes de Herri Batasuna, preparando el encuentro con ETA. Desde 2001 el servicio de inteligencia vigilaba los movimientos atípicos del líder de ERC, pues en enero de ese año había mantenido varias reuniones sospechosas en el País Vasco. Una en Eibar con exmilitantes de ETA. El Cesid captó algunas instantáneas furtivas de sus llegadas y salidas al edificio de esas citas. También en 2001, otro encuentro, este en Amorebieta, con

Arnaldo Otegi, Josefa Álvarez y varios dirigentes de Herri Batasuna. En los primeros meses de 2002, volvió al País Vasco para seguir sus conversaciones con los responsables batasunos. Iba preparando el terreno, pero «por sus pistolas», que diría Cantinflas, y sin tener en cuenta que era el número dos del Govern y debía sinceridad leal a su *president.*

Cuando, por un soplo interesado —un informe que salió del despacho del presidente Aznar, en la Moncloa—, el diario *Abc* lanzó la primicia de la reunión en Perpiñán descubriendo el pastel de los encuentros previos, no habían transcurrido los cien días de gracia del gobierno tripartito.

Aquello cayó como un obús fulminante. Se desencadenó una crisis que ponía al flamante gobierno patas arriba y en trance grave de ruptura. La fiabilidad de Esquerra Republicana, por los suelos. El crédito político de Carod-Rovira ante sus propios militantes, arruinado. La continuidad del recién estrenado Govern, en el aire. Maragall no vaciló en pedirle su inmediata dimisión:

—Josep-Lluís, siento tener que decirte esto, pero... he perdido mi confianza en ti. Lo he pensado bien. No puedes seguir. Has de abandonar el Govern.

Pero Carod-Rovira, consciente de su posición de fuerza, se aferró a la poltrona, negándose a dimitir:

—*President*, si me haces salir del Govern, no me voy solo; conmigo salen también los seis consejeros de ERC, rompemos el pacto y ya te apañarás gobernando a solas.

Ensoberbecido Carod-Rovira, también se negaba a comparecer ante el Congreso de los Diputados y ante el Parlament catalán para las explicaciones que le pedían de sus contactos con ETA. Al fin, de mala gana, accedió, «pero no diré nada de lo hablado ni de lo concluido».

—Me reuní mañana y tarde con dos integrantes de ETA —explicó—. No firmamos ningún papel. No hubo ningún pacto. Hablamos mucho, sí, les expliqué la realidad catalana. Tuve la ocasión y me pareció cobarde no ir, no hablar con una banda que utiliza las pistolas, para explicarles con datos y hechos que la violencia es una vía muerta, que no lleva a ninguna parte. Sí, experimenté la sensación de entrar en un territorio extraño, en una dimensión desconocida. No obstante, volvería a hacerlo, a ir, si fuera necesario. Vi que tenían ganas de hablar de política, que es lo que supongo que no hacen nunca entre ellos.

Tal como lo había anunciado, de lo que habló con los de ETA en aquellos dos encuentros no dijo palabra.

Maragall en la selva del *Estatut*

Apenas cinco semanas estuvo Carod-Rovira en el Govern tripartito, del 22 de diciembre de 2003 al 29 de enero de 2004. Descontando los días de Navidad y Reyes, más otros festivos y domingos, poco tiempo de despacho dedicó a organizar el ómnibus de *conselleries* que pretendía coordinar como vicepresidente. En cambio, aparte sus contactos secretos con los militantes de ETA, su desleal falta de transparencia, su resistencia a dimitir y su prepotente amenaza de incumplir el pacto de gobierno, aún tuvo ocasión de cometer una imprudente falta de respeto que podía ofender a los cristianos. En un breve viaje oficial a Jerusalén, acompañando al *president* Maragall, no se le ocurrió otra bufonada que posar en el atrio de la basílica del Calvario y Santo Sepulcro ciñéndose la cabeza con una corona de espinas. El fotógrafo, muy divertido, era el propio Maragall. La imagen se divulgó por medio mundo. Y, dado que la Corona de España tiene el patronazgo de los Santos Lugares, el rey Juan Carlos llamó enseguida a su confidente en temas de conciencia, el dominico fray Bartolomé Vicens Fiol:

—Tomeu, me están lloviendo quejas, reproches... ¿Qué hago?, ¿qué digo? Más que como rey, como patrono de aquellos lugares...

—No diga nada, señor, haga un gesto... Vaya el viernes a besar el pie del Cristo de Medinaceli, con prensa avisada, claro.

—A eso suele ir la reina, pero yo no voy nunca...

—¡Por eso mismo! La gente entenderá el mensaje.

La crisis del tripartito se resolvió encomendando la vicepresidencia a otro de ERC, Josep Bargalló. Y punto. Zapatero tampoco quería que Carod-Rovira siguiera ni un día más, era como tener una bomba de relojería en la mesa del *Consell de Govern*.

En su investidura, en marzo de 2003, Pasqual Maragall había presentado como programa nudo de su gobierno, no ya «reformar el Estatuto», sino *un nou Estatut per a Catalunya*. Sin adelantar matices ni concreciones. Además, enfáticamente, dijo algo que a Alfonso Guerra le chocó: «Cataluña es una nación, que forma parte de la España plural reconocida por la Constitución». «¿En qué sentido ha dicho que Cataluña es una nación?», se preguntó Guerra mentalmente.

Y a esa tarea del *nou Estatut* se aplicaron enseguida todos los grupos parlamentarios. Unos más lanzados, otros más remisos. El clima de trabajo era bueno y ágil. Con tragaderas, los del PP y los de Convèrgencia i Unió aguantaban los intentos de establecer una Cataluña desacralizada y laica, y no solo en la enseñanza. No armaban bronca, pero se reservaban su voto de objeción. Un ponente de la izquierda soltó un día, como cita de erudición, la frase de los republicanos radicales de Alejandro Lerroux: «La iglesia que más alumbra es la que arde». La sangre no llegó al río. Los pretendidos cambios tenían otra envergadura: más que laicista, iban por el carril político.

Artur Mas, pese a ser el líder de la oposición, no solo se unió al grupo de los reformistas estatutarios, sino que se distinguió dando siempre una zancada más audaz en sus demandas de reforma. Hay políticos especialmente dotados para el camaleonismo. Él quería llegar a *president* de la Generalitat y necesitaba adquirir un pedigrí nacionalista exprés.

Como muestra del buen ambiente de trabajo, los ponentes se hicieron una foto de familia en Miravet, con un castillo templario al fondo como *photocall* natural. Ellos seguían los informes que les remitía Carles Viver i Pi-Sunyer, que había sido magistrado del Tribunal Constitucional y en aquellas fechas presidía el Institut d'Estudis Autonòmics (IEA), dependiente de la Generalitat. Años después, este magistrado fue investigado, juzgado y levemente sancionado, si bien se le consideraba uno, o el más importante, arquitecto del *procés*. La catedrática de Derecho Constitucional Teresa Freixes afirmó que, en reuniones mantenidas con Viver, este le reconocía sin rodeos: «Yo sé que lo que estamos haciendo es inconstitucional. Lo sé yo y lo sabemos todos los que estamos en el asunto, pero vamos a ver si cuela».[15]

Alfonso Guerra: «Aviso: ¡que viene el lobo!»

El socialista Alfonso Guerra, diputado en Cortes desde la legislatura de 1977, la primera en democracia y la que alumbró la Constitución, siempre tuvo un instinto muy sensitivo hacia todo lo referente a España. Cuando se debatía en el Congreso de los Diputados la distribución territorial y competencial de las futuras comunidades autónomas, Guerra, creyéndose solo, o hablando consigo mismo, dijo en voz baja: «Y Ceuta y Melilla, ¿qué?, ¿acaso no son España?».[16] Quizá temía que en el troceo las hubieran olvidado. No era así y ambas tuvieron el rango de ciudades autonómicas.

En 1978, y aunque no formaba parte de los siete padres constituyentes, seguía a pespunte la redacción de la Carta Magna. Discutía, y fuerte, con Fernando Abril Martorell, el omnipotente número dos de Adolfo Suárez en el Gobierno de UCD, siempre con la preocupación de que no se pariera una Constitución escorada a derecha o a izquierda: «Constitución de todos y para todos. Aportando todos y cediendo todos». Y cuando se llegó a un *impasse* por desacuerdos entre los «siete padres», Guerra telefoneó a Abril. En un reservado del restaurante José Luis, cerca del Bernabéu, Gregorio Peces-Barba, Enrique Múgica, Luis Gómez Llorente, José Pedro Pérez-Llorca, Rafael Arias-Salgado, Gabriel Cisneros, Fernando Abril y Alfonso Guerra, en una larguísima noche y hasta las tantas de la madrugada, discutieron sobre los puntos polémicos. Café y cigarrillos. Palabras cortas y tajantes. Mano a mano y mente amplia, más puesta en el futuro que en el presente, lograron desatascar el gran texto, consensuando uno tras otro los veinticinco artículos que habían embarrancado. Al filo de las cuatro de la mañana, allí mismo, ya solos Abril y Guerra redactaron en folios largos y amarillos los textos pactados.[17]

Así que no podía cuadrarle más la presidencia de la Comisión Constitucional del Congreso que se le ofreció en 2004. Justo entonces —por casualidad, por tendencia, por moda o por contagio— varias comunidades se propusieron a la vez reformar o renovar de arriba abajo sus estatutos de autonomía. En julio de 2005 ya existían los proyectos y borradores reformistas de Euskadi, Cataluña, Galicia y Canarias. ¿Qué pedían? ¿Más empoderamiento y menos dependencia del Estado? Extraña petición, dado que España había pasado, en una generación, de ser el Estado más centralista de Europa a ser el tercero más descentralizado del mundo, solo por detrás de Canadá y Australia y superando en autonomía a muchos Estados federales.

Sin haber olvidado aquella duda de marzo de 2003, cuando Maragall en su discurso de investidura dijo: «Cataluña es una nación, que forma parte de la España plural reconocida por la Constitución», Guerra se reunió en Madrid y en Santillana del Mar con varios compañeros socialistas, presidentes de comunidades autónomas: José Bono, Manuel Chaves, Juan Carlos Rodríguez Ibarra, Pasqual Maragall y el presidente del Gobierno, José Luis Rodríguez Zapatero. Quería pulsar cuáles eran sus posiciones.

En el ambiente político, y en la mente de varios dirigentes autonómicos, había tomado cuerpo la idea de una España plurinacional, nación de naciones. El «acuerdo», o al menos el compromiso, después de esas reuniones se sustanció en avanzar en la descentralización del Estado de las autonomías, pero sin quebrar la unidad del Estado, sin atentar contra la solidaridad interterritorial y sin sobrepasar las líneas rojas, los *stops* de la Constitución.

Escuchando a unos y a otros, Guerra detectaba dos tendencias: erigirse como nación, bajo la capa de una España plurinacional; o ir un trecho más allá, pasando del Estado de las autonomías —o de las autonomías del Estado— a un Estado federal, donde esas autonomías se convirtieran en estados soberanos, con la idea posterior de asociarse o federarse en un Estado Federal Español. O ni eso: ir por libre.

Especialmente le preocuparon los textos que se estaban elaborando en el Parlament catalán. Sabía que al final, si se les daba entrada en el Congreso, acabarían sobre su mesa, para ser analizados con lupa en la Comisión Constitucional. Y no podría ser complaciente, si el proyecto presentado desbordaba la Constitución o invadía competencias del Estado.

Alfonso Guerra relató:

> Repetidamente me dirigí a miembros del Gobierno y a su presidente, Zapatero, para avisarlos de que los distintos textos que se estaban aprobando excedían con mucho lo establecido en la Constitución española. Era el momento idóneo para dialogar con los socialistas del PSC; porque, si se esperaba a que finalizaran los debates que estaban sosteniendo en el Parlament, podríamos encontrarnos con un proyecto de Estatuto inadmisible, que ni siquiera fuese tomado en consideración en el Congreso de los Diputados.
>
> Al ver que no hacían ningún caso a mis avisos, decidí advertirlo en público. Di una conferencia en la Universidad Complutense, en el curso de El Escorial. Allí, califiqué como «reformas encubiertas de la Constitución» las que se anunciaban como simples reformas de los estatutos.
>
> Denuncié también que, entre políticos y periodistas, se había ido generando un desequilibrio de legitimidades: «Ante cualquier conflicto entre el Estado y las Comunidades Autónomas, son estas las favoritas, las legitimadas, frente a la denostación del Estado. Hay una tendencia a "detestar" al Estado, a la vez que paradójicamente se pretende que todo lo costee el Estado».[18]

En esa misma conferencia de ¡aviso urgente, que viene el lobo!, y para ejemplificar que no se trataba de reformas puntuales de los estatutos en vigor, o de legítimos aumentos de competencias, sino de la construcción de estatutos de nueva planta, Alfonso Guerra señaló un dato, no una opinión: un número. «El actual

Estatuto de Cataluña lo componen 57 artículos. El proyecto en redacción cuadruplica esa cifra, alcanzando 223 artículos, más 22 disposiciones.» No, no estaban rehabilitando o modernizando un piso: estaban construyendo otros tres más.

También denunció las pretensiones inconstitucionales para fijar la financiación y la fractura del sistema que supondría imponer límites a la distribución de la renta, como proponían los textos catalanes. Cuando corría por Cataluña el eslogan «España nos roba», había que tener arrestos para decir en público y con megafonía:

> El argumento de las balanzas fiscales que esgrimen los ponentes de Cataluña no es más que un pernicioso instrumento de presión política. Se dice a los ciudadanos que están haciendo un sobreesfuerzo fiscal, para que luego otros se apropien de sus impuestos. Eso es tanto como advertir de que los más pobres están robando a los más ricos. Una repetición de lo ocurrido en Italia, la rebelión fiscal del norte rico, la Padania, contra el sur al que desprecian por improductivo. Ese *Estatut* que andan elaborando no parece tener un aliento socialista, antes bien es conservador, insolidario y anticonstitucional. Con la gravedad de que, si el conjunto total de la producción y de la financiación se fragmenta, lo que se fragmenta es la soberanía popular, el Estado.[19]

El buen entendedor pudo traducir que el afán de renovar el *Estatut* de Cataluña, al constreñir la política fiscal y financiera a cada parcela autonómica de las diecisiete de España, rompía la «caja común» de la Hacienda y las Finanzas, se cargaba la solidaridad nacional y —consecuencia de cajón— la unidad del Estado. De prosperar, vendría a ser un «Juan Palomo, yo me lo guiso, yo me lo como». O peor, diecisiete juanespalomos compitiendo por la pitanza.

La conferencia en El Escorial suscitó cierta alarma y el deseo, por fin, de conocer el *Estatut*. El Gobierno de Zapatero se decidió a convocar una reunión en Madrid, en enero de 2005, con los responsables del PSC. El ministro de Administraciones Públicas, Jordi Sevilla, se mantuvo firme en la defensa de que los preceptos del *Estatut* tenían que adaptarse a la Constitución. Al poco tiempo, retiraron a Jordi Sevilla del seguimiento del *Estatut*; y en la remodelación gubernamental de julio de 2007, fue cesado como ministro. «Aunque no puedo apoyarlo en dato alguno —escribió Guerra—, tengo para mí que su cese guardaba alguna relación con aquel intento suyo de conducir hacia la Constitución el proyecto de Estatuto. Tal vez Maragall se lo exigió así a Zapatero.»

Mas a Zapatero: «Quita a Maragall»

En el plano político, incidiendo negativamente con los trabajos sobre el *Estatut*, en febrero de 2005 se había producido un choque dialéctico entre Pasqual Maragall y Artur Mas, durante una sesión plenaria del Parlament.

Se debatía el hundimiento de un túnel en el metro del Carmel, obra realizada durante el gobierno de Pujol y Mas. Por esas mismas fechas se había descubierto un multimillonario pufo de comisiones cobradas a las grandes constructoras, Ferrovial y Dragados entre otras, en beneficio de Convergència y gestionadas desde el Palau de la Música.

Maragall, por asociación de ideas, o porque el asunto de la corrupción de CDC le barbota dentro, se dirige a Mas y le suelta acusador:

—*Vostès tenen un problema, i aquest problema es diu tres per cent.*

Mas se pone en pie y casi se le tira a la yugular:

—*Vostè ha perdut completament els papers!* —le responde furioso—. *O vostè retira immediatament, ¡ara mateix!, aquestes paraules o engega la legislatura a fer punyetes.*

Mas amenaza con romper el consenso que existe entre los dos grandes grupos parlamentarios para negociar con el Gobierno español el nuevo *Estatut* de Cataluña. Maragall reacciona rápido:

—*Accedeixo a la seva demanda.*[20]

Y lo dicho se retira del diario de sesiones. Pero dicho está.

Ese mal episodio provoca un largo distanciamiento entre los dos políticos. Y, de rebote, una pausa larga en las tareas del *Estatut*. Por consejo de Zapatero, Maragall intenta acercar posiciones con Mas. Transcurren cinco meses. Zapatero envía a Barcelona a Francisco Caamaño, secretario de Relaciones con las Cortes, que será el hombre puente cuando el *Estatut* se apruebe en Cataluña y llegue al Congreso de los Diputados. Caamaño se reúne con Maragall y Mas y les explica, casi a modo profesoral, un par de puntos clave para que el *Estatut* logre superar el trámite de admisión en el Congreso:

—Primero: Cataluña, política y jurídicamente, no es nación. Y segundo: el argumento de los derechos históricos, con que los catalanes queréis fundamentarlo todo, es inconstitucional. Un respetable adorno, pero no sirve. Vuestros derechos no nacen de la historia, nacen de la Constitución. Así que ahí tenéis que meter la podadora.

A partir de tal contratiempo común, Mas y Maragall comparten el doble «cate» y reanudan su relación. Juntos encajarán poco después, ya en septiembre, el dictamen del Consell Consultiu de la Generalitat: el *Estatut* contiene diecinueve artículos inconstitucionales y otros 35 que quizá los consideren también así en las Cortes.

Mas aprovecha esa coyuntura, en la que su rol de oposición cobra fuerza, para reunirse varias veces a solas con Zapatero en la Moncloa. Hablan del *Estatut* y del «desastroso engendro del tripartito, un mal experimento». Mas quiere gobernar en solitario; y, si no lograse la mayoría suficiente, en alianza con el PSC. Y esa es la idea subliminal que traslada a Zapatero en cada encuentro:

—Sois gente formal, con disciplina de partido y experiencia política, no como esos de ERC, imprudentes, antisistema, militantes de aluvión, gente sin zorra idea de lo que es y lo que siente Cataluña. Un personaje como Carod-Rovira, de repente te monta otro número como el de ETA y ¡adiós pacto de gobierno! En Cataluña, echan para atrás a las personas serias, solventes, tanto intelectuales como empresarios, que son los que aportan riqueza al país. Todos estos te dicen: ¿los de Esquerra?, ¡unos impresentables!, y si vas a sus orígenes, un partido de cabreros.

En otra de sus conversaciones privadas —y tropecientas por móvil—, Mas le deja claro a Zapatero que, aunque ahora están en paz y trabajando juntos, no sintoniza con Maragall:

—Es educado, correcto, culto, simpático, con humor socarrón; pero de pronto sale por los cerros de Úbeda y a mí me desconcierta.

En un determinado momento, llega a pedirle que lo licencie:

—José Luis, quítatelo de encima. Además, Pasqual no está del todo bien. Bueno, yo no soy testigo ni prueba de nada, porque no estoy mucho con él, pero los que trabajan cerca dicen, con respeto, con humanidad, aunque sin tapujos: «Hay días que está torpón, desmemoriado, pregunta dos veces la misma cosa. A veces, se lo nota inconexo en las tareas y con lapsus en sus discursos… Disimula lo que él llama "despistes": pone cerca de la puerta de su despacho una silla y le cuelga encima su chaqueta, para que no se le olvide ponérsela al salir a la calle. Preocupa, por el cargo que ostenta, que estas pequeñas cosas pudieran ser un principio de pérdida cognitiva, de... alzhéimer».

Zapatero escucha en silencio. No quiere pronunciarse ni hacer callar a Mas.

—Bueno, eso tendrían que diagnosticarlo los médicos. Si fuese tan notorio, Diana Garrigosa, su mujer, estaría preocupada y me habría dicho algo. Y no. Hombre, Artur, ya sabes que la gente habla y habla..., y de un olvido hacen ya un montaje de enfermedad mental... ¡y, hala, Maragall a la basura!

Pero ni Zapatero ni Mas desconocían que el boca a boca cundía morbosamente.

Zapatero, ilusionista de promesas huecas

En la elaboración del *Estatut*, los miembros de Convergència Democràtica se radicalizaban por días con pretensiones cada vez más invasivas respecto a los topes de la Constitución. Los alentaba su jefe de filas, Artur Mas. Desasido de la tutela de Pujol, por convicción o por conveniencia se había reseteado en más «indepe» que los «indepes». Estaba lanzado a echarle un pulso al Estado.

Por su parte, Zapatero, a través de Maragall, aconsejaba a los socialistas catalanes:

—No os opongáis a que los de Convergència se retraten y dejen su impronta en el *Estatut*. Ahora bien, dos días antes de la votación en el Parlament les dais la sorpresa de que vais a votar en contra.

—Presidente —le respondió el propio Maragall—, eso ya no es posible. Hemos trabajado juntos y hemos llegado muy lejos juntos, no podemos desmarcarnos ahora.

Era una proposición bastante maliciosa: que los convergentes dejasen peligrosamente la zarpa de su rúbrica en un trabajo hecho entre todos.

Zapatero estaba empeñado en que el *Estatut* saliera adelante. Ya había alentado ese y otros procesos reformistas en su discurso de investidura como presidente, en 2004. Incluso antes, el 13 de noviembre de 2003, durante un acto de la campaña electoral de Pasqual Maragall en Barcelona, ante las 16 000 personas que llenaban las gradas del Palau Sant Jordi, con decenas de cámaras y micros enfocándole, cometió la imprudencia de prometer lo que no estaba en su mano, anunciando con voz hueca y solemne: «Apoyaré la reforma del *Estatut* que apruebe el Parlament catalán». Una restallante ovación acogió aquella promesa, tan emocional como baldía, ya que cuando ese texto —entonces aún por escribir— atravesara en su día el escáner censor del Tribunal de Garantías Constitucionales, ahí le extirparían hasta el último punto y coma que violase o contradijera la Carta Magna de 1978. Ese era el bastidor. Y fuera de ese marco, cualquier ambigüedad jurídica podía acabar en la papelera… salvo reciclaje.

Pero como en política hay mucho de ilusionismo y de juego malabar, aquella frase, multiplicada al día siguiente en todos los periódicos y emisoras, le abrió a Maragall las puertas de la Generalitat en 2003 y al propio Zapatero lo ayudó cuatro meses después a traspasar como presidente el portalón de la Moncloa.

El 30 de septiembre de 2005, tras diecinueve meses de trabajos y discusiones entre los ponentes, el Parlament aprueba el nuevo *Estatut*, con el voto positivo de PSC, CiU, ERC e ICV-EUiA y el voto en contra del PP. Sin demora, pasa al Congreso de los Diputados. Tienen los políticos catalanes un especial interés en cumplir exquisitamente todo el protocolo legislativo del Estado.

Al menos, en las formas. El contenido de fondo ya es harina de otro costal. Al día siguiente, el voluminoso texto del *Estatut* llega a Madrid, al edificio de la Carrera de San Jerónimo. Y el 2 de noviembre comienza la tramitación: ¿admitir o rechazar? Diez horas de debate y el mamotreto catalán pasa su primera prueba. Aunque en no pocos puntos fuerza las costuras de la Constitución o abiertamente las desborda, se acepta su toma en consideración, para comenzar la exploración crítica del articulado. En cambio, el proyecto vasco presentado por el lehendakari Juan José Ibarretxe fue eliminado ya en la puerta. Ni siquiera se admitió a debate parlamentario. De ese proyecto vasco, Guerra dijo: «Era un texto infumable y nos lo hemos cepillado». Del catalán, comentó: «Demasiado largo y demasiado... todo. Habrá que pulirlo bastante y antes cepillarlo a fondo, como cuando el carpintero pasa la garlopa por el madero». Más tarde, confesó que «si hubiese sido por mí, actuando en justicia, le hubiese dado al texto catalán el mismo trato que al vasco; pero, por las razones que fuesen, no se estimó conveniente». Guerra, en esos años, ya no estaba en el Gobierno, ni presente ni de oyente. Su macuto era experiencia, trabajo a destajo y autoridad moral. Más una envidiable agenda de fuentes bien enteradas.

Los debates en Madrid, en el Congreso, fueron a cara descubierta y al pan, pan. Y no faltaban emisarios oficiosos que llevaban o traían mensajes de la Carrera de San Jerónimo a la Moncloa o a la Zarzuela.

El 18 de enero de 2006, el rey Juan Carlos citó en la Zarzuela a Duran i Lleida, como dirigente de Unió, partido federado en CiU, para escuchar sus impresiones sobre el futuro del Estatuto catalán. A la reunión asistió también el príncipe Felipe. Duran, con poco entusiasmo y bastante realismo, les dijo:

—Bueno, después de más de dos años, al fin habrá un nuevo Estatuto.

El rey y el príncipe cruzaron las miradas. Aquella «noticia» era como poner sobre la mesa el huevo de Colón.

—En mi opinión, si se me permite —continuó Duran—, yo no veía necesaria esa reforma, incluso descabellada y con sus puntos de riesgo. Pero puede entenderse: han cambiado las tornas y ahora gobiernan otros.

—¿Y a ti qué te parece el *Estatut*, el contenido? —El rey, directo al grano.

—Pues, la verdad, Majestad, tal como han ido las cosas y los continuos desacuerdos entre ellos, aunque no sea precisamente una joya legislativa, es un mal menor.

—Explícate...

—Es excesivo, cuatro veces más largo que el actual. Demasiado puntilloso, se nota la voluntad de amarrar y blindar todas nuestras competencias, sin dejar ni un hilo suelto. Ya, nada más arrancar, se dice expresamente que Cataluña es una nación... —El rey enarcó las cejas con gesto de asombro, pero no dijo nada y Duran siguió su exposición—. Los del PP no han metido pluma. No han querido. Se han mantenido al margen, disconformes en todo momento y sin entrar en el juego. No ha habido un consenso unánime, precisamente por ellos; pero cuando vuelva al Parlament lo aprobarán todos los demás diputados.

El rey, prudente, no hizo ningún comentario de corte político, solo dijo que a él también le había llegado el comentario de que el *Estatut* tenía «alma de Constitución y cuerpo de reglamento».[21] Quizás a don Juan Carlos le había mosqueado que Cataluña se intitulase nación: «Aquí no hay más nación que la española; y ya dentro de ese cesto, todas las autonomías. Si no, empieza la competición de ¿por qué tú sí, y yo no…? Y, lo que sería realmente grave, por ahí empezaría el desguace de España».

Tenga o no tenga que ver con esa audiencia en Zarzuela, lo cierto es que a los tres días Artur Mas se desplaza a Madrid para reunirse con Zapatero a solas y en secreto. El presidente vuelve a insistirle en los puntos conflictivos que ya les señaló Caamaño a él y a Maragall.

—Mira, Artur, si los mantenéis, el *Estatut* puede estrellarse desde el primer debate en la ponencia del Congreso. Alfonso Guerra sabe leer entre líneas y ve lo que no ve cualquiera. Tiene esa rara virtud. Visión aguda. Es un tío con temple y aguante, pero cuando dice no, es que no.

Zapatero expone a Mas la conveniencia de un acuerdo global, a la vista del dictamen del Consell Consultiu.

—Ya sabemos que es consultivo, no vinculante, vale; pero los expertos, vuestros expertos, no quieren que os equivoquéis y os han señalado que en el *Estatut* hay diecinueve artículos inconstitucionales, diecinueve luces rojas, y otras 35 que… así así. 35 ámbar. Me parece que Pasqual y tú deberíais sentaros otra vez, hincar codos y eliminar luces rojas no imprescindibles. A ver, Artur, ¿se hunde el mundo porque el término «nación» no vaya en el articulado sino en el preámbulo, que solo es un prólogo, una presentación, un preludio, y ni se debate ni se vota, porque no es cuerpo de la ley; y lo quitéis del articulado que sí se vota? Luego, en el articulado, que es lo que mirarán con rayos ultravioletas, definís a Cataluña como «nacionalidad». Y habréis eliminado el problema.

En ese mismo encuentro, pactan la futura creación de una Agencia Tributaria propia para Cataluña y la cesión del 50 % de los impuestos.

¿Volvía a sus juegos malabares de prometer en vacío? El presidente del Gobierno, y secretario general del PSOE, pactaba futuribles, como si Mas fuese ya el próximo *president* de la Generalitat. O eso le hacía creer. «Bambi de peluche» era a veces «ciervo de acero», expresiones que alguna vez empleó Alfonso Guerra irónicamente para referirse a Rodríguez Zapatero, pero siempre con su ceja puntiaguda y mefistofélica.

Las Cortes dan luz verde a un *Estatut*... aguachinado

Desde el 31 de enero de 2006, el Partido Popular, con su jefe de filas Mariano Rajoy en cabeza, inicia una campaña de recolecta de firmas contra el *Estatut*. Desde Cádiz hasta las más recónditas aldeas junto al Cantábrico, militantes y voluntarios peperos, embutidos en sus pellizas porque hace un frío de cuando el grajo vuela bajo..., se diseminan por el mapa, cuaderno en mano, o montando chiringuitos y mesas petitorias. A algunos se les escapa un «anda, tú, échame una firma contra los catalanes vendepatrias». En tres meses, cuatro millones de firmas con sus DNI. El PP pide un referéndum nacional sobre el *Estatut*, pero no tiene encaje legal y se deniega.

Entre tanto, los diputados de la Comisión Constitucional presidida por Guerra estudian con buen ritmo el proyecto del *Estatut* y suprimen algunos aspectos que rozan lo que son competencias del Estado y no de una autonomía, o colisionan con la unidad de España. Eliminan, por ejemplo, los artículos que proponen independizar las selecciones deportivas catalanas de las selecciones nacionales españolas en cualquier tipo de competición internacional, un empeño de Carod-Rovira; o la pretensión de transferir a la Generalitat no solo el mantenimiento, sino la gestión de puertos y aeropuertos que deben prestar servicio en el ámbito nacional e internacional; o que Cataluña sea una circunscripción electoral independiente para las elecciones al Parlamento Europeo. En casi todo el articulado es patente una tendencia a la emancipación. Quieren romper amarras y autogobernarse.

El 21 de marzo de 2006, la Comisión aprueba el texto completo, después de cepillarlo y pulirlo, poniendo en negrita multitud de palabras o frases completas que son de doble filo; y lo pasa a debate y votación en el Pleno del Congreso de los Diputados. Se aprueba por 189 votos a favor (PSOE, CiU, PNV, IU-ICV, CC-NC y BNG), con 154 en contra (PP, ERC y EA) y dos abstenciones (CHA y Nafarroa-Bai).

El Partido Popular votó en contra por entender que el texto era laxo, consentidor y, sobre todo, inconstitucional. En cambio, los de Esquerra Republicana de Catalunya se opusieron por estimar que el documento resultante era exiguo y se habían recortado propuestas importantes del *Estatut* original. ERC, pese a estar integrada en el Govern tripartito, se alineó con la opinión de sus bases territoriales y pidió el no en el referéndum que su propio Govern había anunciado para el 18 de junio. Otro numerito de ERC, no solo extravagante: desleal.

En el ínterin, el pleno del Senado aprobó el texto, sin introducir cambios, y salió adelante rozando el empate, pues el Partido Popular era ampliamente mayoritario en la Cámara Alta: 128 votos a favor (PSOE, CiU, PSC, ICV, PNV, CC, IU y BNG); 125 en contra (PP) y seis abstenciones (ERC, PAR y EA). En esa misma jornada, 10 de mayo, las Cortes Generales dieron luz verde definitiva al *Estatut*. Por ambas partes se había jugado con legalidad y limpieza.

Al día siguiente, el *president* Maragall anunció que iba a destituir a los seis *consellers* de ERC, miembros del tripartito catalán, por haber pedido el no en el referéndum. Se abrió así una crisis en el Govern que obligó a convocar elecciones anticipadas «para antes de fin de año». Más difícil todavía: el tripartito, reducido a dos, aguanta con un Govern en crisis desde mayo hasta diciembre.

El ansiado *Estatut* y su imperiosa reforma no debieron de serlo tanto para el pueblo, pues, a la hora de refrendarlo en las urnas, más de la mitad de los catalanes con derecho al voto se quedaron en casa o se fueron a la playa. A pesar de la propaganda desplegada, solo participó el 49 %. ¿Habrían trabajado en vano, durante tres años, los políticos catalanes?, ¿o los intereses de los gobernantes y los parlamentarios diferían de los de sus representados?

Zapatero despide a Maragall

Zapatero cita a Maragall en Madrid, no en la Moncloa, sino en la sede del PSOE, aprovechando una reunión con dirigentes y barones del partido. Así, departir a solas con uno o con otro pasaba más inadvertido. Ya a puerta cerrada y con un tono entre la confidencia y la confesión, le dice:

—Pasqual, voy teniendo noticias de que no solo los del PP, sino otros seis o siete grupos y asociaciones están preparando recursos de inconstitucionalidad contra el *Estatut*. ¡Más calvario! El texto supone cambios importantes y es lógico que algunos intenten echarlo abajo. Yo he hablado varias veces con Artur Mas y él con su grupo de convergentes nacionalistas. Hemos pactado que, si hay presiones o ponen pegas fuertes en el Tribunal Constitucional, ellos aflojen y acepten ciertos recortes, al menos los que pisan raya en las competencias del Estado. Con los de ERC no cabe contar, porque no quieren quitar ni una coma. Por otra parte, como ya sabes, en el TC están con el bloqueo de empate entre magistrados conservadores y magistrados progresistas... y varios de ellos, con sus plazos vencidos. Tenemos la suerte de que Emilia Casas, la presidenta, es nuestra y tiene voto de calidad, o sea, que desempataría; pero también está fuera de plazo. Sí, todo esto es un futurible y poniéndonos en lo malo, pero hay que coger el toro por los cuernos y adelantarse a los hechos.

—¿Cómo? —interrumpe al fin Maragall, que está con los ojos más achinados que nunca, intentando adivinar la jugada de Zapatero. Lo conoce y sabe cuándo intenta envolver al interlocutor y venderle la moto—. Si Emilia cesa y ponen a otra o a otro presidente del bando contrario, *ens han fotut*.

—Lo tengo previsto. Pasqual, en su momento plantearemos una reforma de la Ley Orgánica del Tribunal Constitucional, por la vía de urgencia y solo sobre ese tema, para prorrogar el mandato de Emilia Casas, que vence en junio de 2007. He pedido criterio jurídico y es factible, justificándolo precisamente en la envergadura de los recursos que se les van a acumular sobre un tema grave, gravísimo.[22]

Zapatero, como un Maquiavelo en plena exhibición de su astucia:

—Si yo consigo que el Tribunal Constitucional apruebe el *Estatut* y desde el Gobierno lo publicamos en el *BOE*, con todas las de la ley, tú te cuelgas esa medalla.

Una pausa, mientras Maragall rebobina la jugada y aguarda qué más querrá decirle Zapatero. En definitiva, le está desvelando unos pactos con los partidos que él más o menos conocía; y, sobre todo, le presenta el *Estatut*, en el que los catalanes se han quemado las cejas durante tres años, como si fuera un logro político conseguido por él en Madrid.

—Tú te quedas con el *Estatut* —continúa Zapatero—, pero renuncias a seguir, sales...

Maragall se ha quedado sin habla.

—Sales por la puerta grande —continúa Zapatero, sonriente, alborozado—. Sales con dos grandes éxitos, los Juegos Olímpicos y el *Estatut* renovado.

Levanta ambos brazos y hace el gesto de blandir en cada mano un objeto, un trofeo. A Maragall le sugiere la imagen del torero que da la vuelta al ruedo mostrando las dos orejas que ha cortado. Pero en su mente dos bornes han hecho cortocircuito y chispazo. Uno, lo de «si yo consigo que el TC apruebe el *Estatut*»; y otro, «pero renuncias a seguir, sales...». Un *do ut des* descarado, un despido sin anestesia. ¿Habrá entendido bien? Sí, porque, sin perder un segundo, Zapatero ya está confiándole que ya ha pensado incluso en quién lo va a sustituir como candidato a las elecciones de noviembre: José Montilla, un catalán charnego, cordobés de Iznájar, hijo de inmigrantes, criado en Sant Joan Despí desde que llegó a Cataluña con dieciséis años. Montilla, activista bravo, Maragall lo conoce muy bien. Lo llamaban el Guerri, por «guerrillero». Siendo un joven comunista, le dieron beca para unos viajes por países del Este. Y lo que vio allí le hizo abandonar el comunismo y virar hacia el socialismo. Ya en el PSC, como militante «chusquero» lanzaba octavillas, pegaba carteles, fue ascendiendo desde el nivel de militante raso a concejal de un pequeño pueblo y luego alcalde de Cornellà... Todo a pulso. En aquel momento, vive en Madrid y es ministro de Industria. Conoce y habla el catalán de la calle, pero tendrá que ponerse a estudiar sintaxis y ortografía para documentos y discursos de ceremonias.[23]

Zapatero ha vuelto a jugar como un tahúr, sin triunfos en la mano, prometiendo una vez más lo que aún no tiene, la aprobación final del *Estatut.*

De vuelta a su casa de Sant Gervasi, Maragall llama a su hermano Ernest y a dos colaboradores de toda su confianza, Jaume Badia y Jordi Mercader, y a Diana, su mujer, le pide que se quede a comer con todos:

—He de contaros.

Almorzando les relata todo lo hablado con Zapatero. Uno de los comensales dice:

—No sé qué hay en la mirada de ese hombre que nunca me ha gustado.

Los demás asienten.

Maragall saca el móvil, busca y localiza a José Montilla. Está en Madrid, en el restaurante Errota Zar, terminando de cenar con el secretario general de Esquerra Republicana, Joan Puigcercós. Al recibir la llamada de Maragall, Montilla se disculpa, toma un par de sorbos de la infusión que ya había pedido y se va a su despacho en el ministerio para continuar —por una línea directa y limpia— la conversación con Maragall. Son casi las doce de la noche cuando el *president* le anuncia:

—Pep, quiero que, como secretario general del PSC, seas el primero en saber que no voy a presentarme a las próximas elecciones... Haré una declaración institucional para informar de que he cumplido los objetivos que me propuse como persona, como partido y como gobierno, y pienso que es hora de dar paso a nuevos equipos, nuevos liderazgos, con el mismo concepto de Cataluña y con la misma ambición... Diré eso, más o menos. Pero quiero adelantarme y decirlo yo; no que lo anuncien desde el partido en Madrid, como quien dice que han despedido a la criada.

Un charnego *for president*

Cuando Zapatero cita a Montilla para comunicarle oficialmente que han pensado en él como próximo candidato en las elecciones al Parlament de Catalunya, le avanza la fecha que aún no sabe nadie, 5 de noviembre de 2006. Luego, lo colma de elogios, «porque tú eres un tío normal, de origen sencillo, hecho a ti mismo a base de trabajar en donde tocara dentro del partido, o en ayuntamientos pequeños, siempre cerca de los ciudadanos, y ese es un currículo que a la gente le gusta más que cuatro másteres en Georgetown, en Massachusetts, en Harvard o en The London School of Economics...». Le subraya también el valor añadido de que deje su poltrona de ministro en Madrid para ir a ganar o a perder en una autonomía.

—No te oculto que, política y mediáticamente, lo más novedoso es que por primera vez luchará por la presidencia de la Generalitat un ciudadano de Cataluña no nacido en Cataluña... ¡Eso sí que es un paso de gigante! Un charnego, inmigrante de un pueblo cordobés, que pocos saben dónde está. Aunque de boca para fuera sea algo «políticamente correcto» que nadie se atrevería a cuestionar, tú y yo sabemos que ese hecho será un pelotazo y centrará la atención de periodistas, analistas, sociólogos... Bueno para unos, malo para otros, pero tú sabrás sacarle partido en clave de socialismo obrero español y metiendo el rejón en el mensaje que nos importa y que habíamos dejado atrás con la historia del *Estatut* y de lo identitario: el bolsillo. Como dicen allí, «la pela». Lo harás a tu manera, claro, pero yo tengo el deber de recordarte que ya es hora de poner el énfasis en la política social, acabar con los desequilibrios salariales, la vivienda, la igualdad de oportunidades, el pleno empleo, los servicios públicos, la proporcionalidad en los impuestos, el socialismo del bienestar para todos... Y aparcar de una puñetera vez las cuestiones identitarias de lo catalán.

Todo esto lo ha ido diciendo Zapatero mientras recorría de punta a punta su amplio despacho monclovita. De pronto, se para en seco. De pie y muy serio, mira fijamente a Montilla:

—Me parece leal advertirte que sudarás la camiseta de pueblo en pueblo y dando varios mítines en un mismo día, con la sensación de que vas por distintas ferias sin saber ni en dónde estás, pero vendiendo la misma mercancía. Y, así y todo, es muy posible que no ganes las elecciones. Uno, porque Artur Mas está embalado. Y con buenos padrinos, que se sacudirán la billetera porque necesitan que se reabran las ventanillas del *tres per cent* para ellos seguir construyendo y comerciando. Dos, porque el referéndum del *Estatut* ha sido un fracaso de interés popular. La ideología no vende. Y tres, porque coges el testigo de Pasqual Maragall, que no ha tenido una legislatura precisamente brillante. Y que esto no salga de este despacho.

—Yo, en cambio, presidente, añadiría un cuarto factor, que podría ser un bumerán contra Mas —Montilla, tímido, nada hablador, sorprende a Zapatero con la interrupción—: los asesores de campaña que se ha buscado y que ya han empezado a repartir leña a izquierda y a derecha. En vez de intentar ganarse voluntades, parece que quieran ganarse enemistades. No van por buen camino. Al catalán no le gusta la gresca.

—Pero ¿han empezado ya? Si todavía no hay fecha oficial... ¿Quiénes son?

—Empezaron... uff..., desde que el *Estatut* llegó a Madrid, al Congreso, en 2006 como si fuera el *best seller* de Artur Mas.

Son David Madí, que lleva lo táctico, y Francesc Homs i Molist, que es el ideólogo y el estratega.

—¿David Madí? ¿Uno muy alto, grandullón, de esos que van sobrados…?

—¿Lo conoces?

—Me suena, quizá…

Zapatero no quiso decir que ese Madí se presentó un día en la Moncloa, por la cara, diciendo hablar en nombre de Artur Mas y proponiéndole «un pacto de caballeros: si la lista de Mas resulta la más votada, que los socialistas cogobiernen con CiU y Mas *president*; o al menos, que lo apoyen en la investidura». Zapatero tenía su vis a vis con Mas cuando quería y no necesitaba la mediación de ningún «embajador». Además, le pareció indecorosa y torpe la iniciativa de organizar desde la Moncloa la política de la Generalitat.[24]

—Pero, sean cuales sean los resultados —continuó Zapatero—, si por suma de escaños tú pudieras gobernar, te alías con Mas y sus convergentes, que ahora se han vuelto ultranacionalistas, y te olvidas de los cantos de sirena de Esquerra Republicana. ¡Ni se te ocurra repetir el tripartito con ERC! ¡Una y no más! Y Carod-Rovira, cuanto más lejos mejor.

En realidad, en ese momento Zapatero estaba intentando con Montilla lo mismo que reprochaba a los edecanes de Artur Mas: dirigir desde Madrid con mando a distancia lo que debía hacerse en Cataluña.

Montilla sale respondón

Las elecciones catalanas se celebraron el 5 de noviembre de 2006, con un resultado muy similar al de 2003. Mas, encabezando CiU, era de nuevo el más votado, 48 escaños, dos más que en las anteriores. Montilla y su PSC, 37 diputados; ERC, 21; y la ensalada verde ICV-EUiA, 12. Pero Montilla, aun teniendo en la mano el pacto fácil con Mas y gobernar juntos con el rodillo de 85 escaños, una mayoría inexpugnable, prefirió desoír el consejo de Zapatero y hacer lo contrario: volvió a reeditar el gobierno tripartito, PSC, ERC, ICV-EUiA, 70 escaños, al que bautizó pomposamente Entesa pel Progrés de Catalunya. Mayoría suficiente, solo que en este caso el *president* sería Montilla. Y, de haber pactado con Mas, por votos y escaños hubiese presidido Mas. Así de simple.

En el plano humano, Zapatero se sintió no ya desobedecido, sino burlado por Montilla. Tuvieron un cara a cara muy áspero. Zapatero, enfurecido y Montilla, respondón. Desde ese desencuentro, se alzó entre ellos un muro de hielo. En adelante, o no se hablaban o recurrían a intermediarios socialistas de alto nivel: Carme Chacón, María Teresa Fernández de la Vega, Manuel Chaves, Alfredo Pérez Rubalcaba, José Blanco «Pepiño»... Pero las mediaciones son estériles cuando la ruptura es total.

En los primeros días de diciembre de aquel mismo año, viajó a México el príncipe Felipe, y con él la comitiva de autoridades y algunos políticos españoles, para la toma de posesión del nuevo presidente, Felipe Calderón. Estando en la embajada en Ciudad de México, con diversos intelectuales mexicanos y con el expresidente Felipe González, a la hora del café y saboreando un buen tequila, los mexicanos se interesaron por el extraño desenlace de las últimas elecciones en Cataluña. Uno de los presentes, Duran i Lleida, les explicó por qué, aun habiendo ganado CiU, no pudieron gobernar:

—Teníamos todo el viento a favor para que Mas gobernara la Generalitat, pero no he visto una campaña ni un liderazgo peor llevados. La gente era consciente de que el primer tripartito había sido un desmadre. Maragall destituido, de la noche a la mañana, pese a su empatía y su carisma... ¿Por qué Mas se sometió a los peores asesores de campaña que hemos tenido jamás, David Madí y Francesc Homs i Molist? Ni adrede se puede molestar tanto y a tantos como lo hicieron estos.

Hábil para clavar la palabra oportuna, Felipe González dijo:

—Si Artur Mas se hubiera hecho el muertito, ahora mismo sería presidente.

Venía a decir que ya de salida tenía las elecciones ganadas y si no hubiese sobreactuado irritando a tanta gente, con solo quedarse quieto, esperando panza arriba, la victoria habría sido suya.[25]

Diez magistrados diseccionan el *Estatut*

Cuando el *Estatut* había pasado todas las aduanas parlamentarias, más el refrendo de los ciudadanos catalanes —aprobado tibio, pero aprobado—, todavía Mariano Rajoy y el Partido Popular seguían con el cuchillo entre los dientes. Mes y medio después, el 31 de julio de 2006, presentaron ante el Tribunal Constitucional un recurso en el que impugnaban más de la mitad de los artículos, 128 de los 223 del *Estatut*, al que calificaron de «Constitución paralela». Un nuevo fielato, inesperado, que los ciudadanos catalanes tradujeron como otro golpe bajo de hostilidad.

La decisión de Rajoy era jurídicamente legítima, pero políticamente imprudente y, dadas las funestas consecuencias que provocó, un error miope sin paliativos.

Rajoy y su gente habían recogido cuatro millones de firmas contra el *Estatut*; y si hubiesen seguido postulando, podrían tener los autógrafos de media España. Fue un esfuerzo tan agresivo como innecesario, pues bastaba presentar ante el TC el texto del recurso de inconstitucionalidad, fundamentando por qué tales y cuales artículos se consideraban impugnables. Las firmas de adhesión sobraban. Ah, pero en Génova 13, la sede del PP, la campaña contra el *Estatut* era caza mayor; y el penacho millonario de firmas, siempre con cámaras de televisión delante, una herramienta contra los delirios supremacistas de los catalanes y una estrategia de desgaste del PSOE. ¿Calibraron que esa inoportuna decisión abriría, más que una brecha, un tajo profundo, una herida de mala sutura entre Cataluña y el Estado español?

Cuatro años tardó el TC en llegar a una resolución definitiva. Y no cabe decir que esos diez magistrados sesteasen. El problema era de otra índole. Primero, la ingente cantidad de artículos impugnados —además del PP, se presentaron otros seis recursos—, con numerosos matices: una frase entera, un sintagma, una palabra o una simple coma eran sustancia de discusión jurídica. Y segundo, los empates en cada punto votado.

El TC estaba formado en su origen por seis magistrados conservadores y seis progresistas y entre estos últimos figuraba la presidenta, María Emilia Casas, que por su voto de calidad les daba ventaja en caso de empate. Pero en 2008 el fallecimiento súbito de Roberto García Calvo y la recusación de Pablo Pérez Tremps redujeron a diez los magistrados. Además, a dos tercios de ellos, incluida la propia presidenta Casas, les había expirado el mandato en 2007.

Pero siendo el presidente Zapatero perito en las artes de la prestidigitación, la tahurería y el birlibirloque, no dudó en que era el momento oportuno para llevar al Congreso de los Diputados la reforma de la Ley del Tribunal Constitucional por el atajo de la vía de urgencia, a fin de prorrogar el mandato de la presidenta, a punto de caducar. Con ese ardid, mantenía su preciado voto de calidad, un voto doble progresista.

Consensuar una sentencia resultaba imposible, por la persistencia del cinco-cinco en todas las deliberaciones. Al fin, se alcanzó un acuerdo por seis votos contra cuatro: los cinco progresistas más el voto del conservador Guillermo Jiménez Sánchez, vicepresidente del Alto Tribunal, que se desmarcó de los de su grupo —no pocas veces se había manifestado indeciso a la hora de votar, cuando en conciencia no veía el tema muy claro— y recibió el encargo de elaborar el borrador, paso previo para dictar la sentencia.

Lo primero que saltaba a la vista era la exuberancia legislativa del *Estatut*: 223 artículos, cada uno desglosado en varios puntos, más veintitrés largas disposiciones —adicionales, transitorias o finales— y seis apéndices dispositivos de generosa extensión. Un documento de tomo y lomo, que, aun en tipografía de cuerpo reducido e interlineado simple, superaba las 162 páginas.

Los redactores del *Estatut* trampearon con conceptos que al profano podían parecerle equivalente, como «nación» y «nacionalidad», «autonomía» y «autogobierno»... Menguaban, invadían o claramente suplantaban competencias del Estado, atribuyéndoselas a Cataluña. Reconocían, sí, la cooficialidad de dos lenguas, pero daban preferencia a una, el catalán. Reclamaban para Cataluña ciertos privilegios exclusivos, de los que no disfrutaba el resto de las comunidades autónomas. Que las decisiones judiciales adoptadas en sedes de Cataluña fuesen vinculantes y definitivas. Que el Tribunal Superior de Justicia de Cataluña sustituyera en esa comunidad al Tribunal Supremo. Proyectaban también la creación de un Tribunal de Garantías Estatutarias, para Cataluña, al margen del ya existente Tribunal Constitucional, al que suplantaría.

Una Agencia Tributaria, distinta de la estatal, para establecer sus propias tablas de impuestos locales. Autoridad exclusiva en materia de inmigración. Gestión de puertos y aeropuertos para todo el ámbito nacional e internacional. Etcétera, etcétera.

Se percibía en casi todo el *Estatut* la añagaza astuta de dar, pero recortando, de admitir, pero negando; y cada vez que afirmaba «de acuerdo con la Constitución», se encendía la luz ámbar o la luz roja de alerta, porque el contenido de ese concreto artículo o de esa cláusula era ajeno o contrario a la Carta Magna. El TC tuvo que hacer en cada artículo un trabajo fino de disección con bisturí para deslindar lo que, pareciendo constitucional, no lo era.

Bajo la obsesión del reconocimiento identitario —un «yoísmo» de adolescencia no superada—, pretendían un protagonismo de excepción, a costa de ignorar al resto de las comunidades y sus derechos. Palpitaba en todo el texto un afán indisimulado de bilateralidad y tuteo Cataluña-Estado español que sentaría las bases de un modelo confederal asimétrico, privilegiándose Cataluña respecto a las demás comunidades, como nación bis. Tanto, que fue necesario aplicarse a la tarea de bajarle los humos a Cataluña y ponerla en su sitio. Sitio que no podía ser otro que «dentro del marco de la Carta Magna común a todos los españoles», por mucha singularidad, superioridad y reconocimientos que ellos reclamasen en virtud de sus «derechos históricos».

Así lo estampaban ya en el preámbulo, mencionando expresamente «la Generalitat creada en 1359 en las Cortes de Cervera», para a renglón seguido definirse como «nación» y «realidad nacional», afirmando que «el autogobierno de Cataluña se fundamenta en la Constitución, así como en los derechos históricos del pueblo catalán que, en el marco de aquella, dan origen en este Estatuto al reconocimiento de una posición singular de la Generalitat».

El Tribunal dio al pretencioso preámbulo del *Estatut* un simple valor retórico, «sin eficacia jurídica interpretativa»,[26] puntualizando que «la nación que aquí importa es única y exclusivamente la nación en sentido jurídico-constitucional. Y en ese específico sentido, la Constitución no conoce otra que la Nación española». Pero no quiso dejar en el aire una réplica inequívoca a otro inciso de mismo párrafo, que figuraba en el rimbombante preámbulo:

> En ningún caso los «derechos históricos» pueden interpretarse como «fundamento de la existencia» de la comunidad autónoma catalana o «de su derecho constitucional al autogobierno... al margen de la Constitución misma.[27]

Ya en el texto del *Estatut,* la insistencia en su carácter de nación era un pertinaz continuo. Por ejemplo:

> Cataluña, definida como nacionalidad en el artículo primero, tiene como símbolos nacionales la bandera, la fiesta y el himno.

El TC matizaba:

> Los símbolos de Cataluña no son «nacionales», sino únicamente símbolos de esa «nacionalidad», y no pueden competir ni suplantar los símbolos verdaderamente nacionales: los de la Nación española.

Refiriéndose a la lengua, decía el *Estatut*:

> La lengua propia de Cataluña es el catalán. Como tal, el catalán es la lengua de uso normal y preferente de las Administraciones pú-

> blicas y de los medios de comunicación públicos de Cataluña, y es también la lengua normalmente utilizada como vehicular y de aprendizaje en la enseñanza.

Y el Tribunal salía al paso:

> Considerar el catalán como «lengua propia» no debe suponer un desequilibrio en el régimen de cooficialidad. Declarar «preferencias» implica la «primacía» de una lengua sobre otra.

Y como más adelante el *Estatut* intentaba imponer el catalán como cooficial, «fuera de Cataluña, a todos los órganos de la administración pública de ámbito estatal», de modo que «admitan y tramiten los documentos que reciban en catalán», se les respondió: uno, «tal condición es solo privativa del castellano»; dos, «es constitucionalmente obligado que las dos lenguas cooficiales sean reconocidas como vehiculares»; y tres, «el "deber" de conocimiento de la lengua catalana no puede ser entendido como "obligación jurídicamente exigible" con carácter generalizado».

En otro tramo, el *Estatut* creaba un Consejo de Justicia de Cataluña. Una vez más, el TC rechazaba la atrevida y peligrosa propuesta:

> Es notorio que el Estatuto catalán incurre en un evidente exceso, pues solo el Consejo General del Poder Judicial puede ejercer la función de gobierno de los órganos jurisdiccionales integrados en ese Poder Judicial, exclusivo del Estado.

Y ante el intento de sustituir las funciones del Tribunal Supremo por el Tribunal Superior de Justicia de Cataluña, y que este fuera en esa comunidad la última instancia judicial, el TC subrayó que «las competencias del Tribunal Supremo seguirán siendo en Cataluña las mismas que en el resto de España».

En la línea de reubicar a Cataluña en el nivel de su listón dentro de Estado, el TC les recordó que «al convocar el referéndum de reforma del *Estatut,* el *president* de la Generalitat no lo hace en representación de la Comunidad Autónoma, sino del Estado, al que representa en su Comunidad; lo que significa, más específicamente aún, en nombre del rey, que tiene atribuida esa función de modo general».

El tono en que estaba redactado el *Estatut* era arrogante, impositivo, no peticionario sino exigente, abusivo en la acaparación y blindaje de competencias y derechos para Cataluña, con una actitud invasiva de entrar a saco en las atribuciones del Estado. Y, como escribió uno de los magistrados autor de un voto particular: «en todo el texto se aprecia un vicio colosal de inconstitucionalidad».

El Tribunal declaró inconstitucionales catorce artículos y varias disposiciones adicionales; otros veintisiete artículos fueron sometidos a interpretación. Y, obviamente, se negó toda validez jurídica a la consideración de Cataluña como nación, hecha en el preámbulo.

La sentencia se hizo pública el 28 de junio de 2010.

Nada más conocerse, José Montilla, como *president* de la Generalitat, emitió un discurso duro e indignado contra el fallo del Tribunal Constitucional y emplazó al presidente del Gobierno, Rodríguez Zapatero, a «rehacer los cimientos del *Estatut* y conseguir por la vía del pacto político lo que el Tribunal Constitucional ha descartado. ¡No nos conformamos, queremos el *Estatut* íntegro! Que Gobierno y Generalitat comiencen a negociar punto por punto los aspectos que el Alto Tribunal ha tumbado y que para la Generalitat son irrenunciables». Es decir, o sí o sí. Esta exigencia hecha en público, Montilla se la planteó al presidente Zapatero en una conversación telefónica escueta y seca. El muro de hielo seguía en pie. A continuación, hizo un llamamiento a todos los catalanes:

—Mostraremos masivamente nuestro rechazo a esa sentencia en una manifestación que queda convocada para el 10 de julio. Andemos juntos, unidos, todos los que queremos el país. ¡Demostremos que somos una nación y un solo pueblo!

Convergència publicó un comunicado calificando de gravísima la nueva situación: «España ya ha dictado sentencia». Por su parte, el presidente de Esquerra Republicana de Catalunya, Joan Puigcercós, resumió en dos palabras el *totum* de la sentencia: una «estocada mortal». Y vaticinó «el crecimiento del independentismo catalán, dado que una parte significativa de la ciudadanía de Cataluña no cabe en la Constitución española».[28]

El independentismo está servido

Al común de los catalanes solo le habían leído, por radio o impreso a toda plana en la prensa, el preámbulo jactancioso o el titular de impacto «Cataluña es una nación». Y de eso hacía cinco años, 30 de septiembre de 2005, cuando el Parlament aprobó el primer texto del nuevo *Estatut* «hecho en casa». Luego supieron que el *Estatut* fue de Anás a Caifás y de Herodes a Pilatos. Y unos meses después, 18 de junio de 2006, cuando debían votarlo en referéndum, les repitieron lo de que «Cataluña es una nación» y la gente-gente se olvidó de la presente historia. O cambiaban de canal si los politólogos les daban la murga con los artículos impugnados por Rajoy, pero muy debatidos en el Tribunal Constitucional. ¡Ni caso! Y ahora, 9 de julio de 2010, les salían con estas... «Solo hay una nación, la Nación española». Se sintieron engañados, claro. Por Madrid, por España... y por nuestros políticos que llevan años chupando del bote, haciendo el memo y volviéndose a Cataluña con el rabo entre las piernas. Ah, pero esto no se acaba aquí. Esto empieza aquí y esto empieza ahora.

En la tarde del sábado 10 de julio de 2010 se montó una gran manifestación en Barcelona organizada por Òmnium Cultural, sociedad cívica catalanista sin ánimo de lucro y activista en favor de la independencia de Cataluña. La apoyaron más de un millar de entidades culturales y sociales y todos los partidos políticos representados en el Parlament de Catalunya, excepto el Partido Popular y el recién surgido Ciudadanos. Estimada por los organizadores como la más masiva en la historia de la democracia en Cataluña, la razón era mostrar el rechazo a la sentencia del Tribunal Constitucional. Cientos de miles de gargantas coreaban: *Som una nació! Nosaltres decidim!*, «Somos una nación. Nosotros decidimos». Y un vendaval de banderas agitadas, una atmósfera de amarillos y rojos moviéndose en el aire. Hubo muchas más banderas esteladas que las tradicionales *senyeres*, las cuatribarradas. Las juventudes de Convergència desplegaron una gran pancarta que decía *Catalonia is not Spain*, «Cataluña no es España». Un grito para que se enterase el mundo exterior.

Abría la manifestación una enorme bandera estelada de 250 metros cuadrados. Detrás iban el *president* José Montilla, el *president* del Parlament de Catalunya, Ernest Benach y los *expresidents* de la Generalitat Jordi Pujol y Pasqual Maragall y del Parlament Joan Rigol y Heribert Barrera. Tras ellos, los líderes de los cuatro principales partidos, excepto el PP.

La cabecera de la manifestación apenas podía avanzar por el Passeig de Gràcia. Una multitud aplastante se había concentrado allí. Y no se movían, bajo el calor tórrido de julio. Un millón y medio. Nadie lo discutía. Cuando los políticos de la primera línea llegaron al cruce con Gran Via, parón total. El «choque de trenes» de las dos multitudes confluyentes impedía dar un paso más. Fue entonces cuando arreciaron los pitidos, los gritos, los insultos, la bronca. La calle se sentía engañada, decepcionada, humillada. *Catalunya està fotuda!, Catalunya pel terra, trepitjada...! I l'heu fotut vosaltres!* (¡Cataluña está jodida! ¡Cataluña, por los suelos, pisoteada...! ¡Y la habéis jodido vosotros!) Sonaba duro en catalán. También gritaban otros para que se retirasen de la presidencia: *Els polítics, fora; i el poble, a la capçalera!* (Los políticos, fuera; y el pueblo en la cabecera) Luego, el griterío contra los nacionalistas catalanes, Artur Mas y su gente, un despectivo *botifler*, con toda la carga de «traidor», repetido mil veces. Y otro chaparrón incesante de *botifler, botifler...* bombardeando al *president* Montilla. Algunos exaltados intentaron agredirle. Los *mossos* de seguridad actuaron con rapidez: retiraron, escondieron a Montilla y en cosa de segundos lo metieron en el edificio del Departamento de Justicia, que estaba muy cerca. De allí salió a escape por una puerta lateral donde lo esperaba un coche blindado que despegó a todo gas.

Pecho adentro de Montilla, el Guerri se moría de vergüenza.

Los políticos y las sociedades «cívicas» habían agitado al pueblo. La calle se echó a la calle. Cataluña le volvió las espaldas a España. La subversión estaba servida. El independentismo, también.

3

Trenes a ninguna parte o la obligada conversión de Artur Mas

Montilla: un sapo en el desayuno cada día

No fue tormentosa, pero tampoco plácida, la última conversación entre Zapatero y Montilla. Una cosa es que Montilla agradeciera y aceptase ser designado a dedo para encabezar las listas del PSC en las elecciones parlamentarias catalanas y otra que estuviese dispuesto a ser un peón, un soldadito de plomo manipulado a distancia por Zapatero. En definitiva, la presidencia de la Generalitat no se ganaba desde Madrid, tenía que sudársela él. Y salió respondón al mando, construyendo su Govern con el fruto prohibido de Esquerra Republicana. Era raro, a simple vista raro, que la misma ERC que pocos meses antes había sido expulsada del Govern de Maragall por votar contra el *Estatut* propuesto y elaborado por su propio gobierno regresara como de nuevas al Govern socialista, el de Montilla, para aplicar de la cruz a la raya el *Estatut* que antes denostó por «exiguo y corto».

Montilla obedeció las líneas maestras de la gobernanza socialista, que en mucho coincidían con las del socio Esquerra Republicana: tiró de presupuesto para servicios públicos y gastó sin racanear. No debió de importarle demasiado que el siguiente *pre-*

sident heredase unas arcas con eco, de puro vacías. También él las había recibido peor que anémicas de Maragall, con un déficit público más allá de los cinco mil millones de euros. Hacía bueno el dicho de que los socialistas, cuando gobiernan, disparan el gasto creyendo que es «pólvora del rey».

Para Montilla, los problemas y quebraderos de cabeza fueron casi siempre internos. Y otra vez, por culpa de Carod-Rovira. Sus manejos bajo cuerda, sus imprudentes «libertades de expresión» y sus movimientos anómalos. Tenerlo en el Govern era tan inquietante como saber que en la cocina o en la ducha hay una bomba de relojería.

Sus manejos bajo cuerda. Carod-Rovira no pretendía traicionar a nadie; pero iba a su juego, la independencia, y lo hacía a su aire, sin coordinarse con el equipo de gobierno que empezaba a vicepresidir ni con los renglones del programa. Así, en diciembre de 2007, cuando aún no habían arrancado, ya hizo la primera en la frente. Imaginando o sabiendo que en el PSOE y en el PSC había encumbrados «mandilones», como los había en ERC, tuvo un encuentro secreto con José Carretero, gran maestre de la Gran Logia Española (GLE), para que escribiera al gran maestre de la Gran Logia Escocesa, *sir* Archibald Donald Orr Ewing, y «de hermano a hermano» le pidiera una entrevista con el primer ministro de Escocia, y líder del Partido Nacional Escocés, SNP, Alex Salmond, lo antes posible.

La gestión fue eficaz. La reunión entre los dos políticos independentistas se produjo el 9 de enero de 2008 en Edimburgo y con despliegue de publicidad.

El encuentro despertaba interés por el paralelismo entre ambos líderes políticos. Los dos eran nacionalistas radicales y tenían en sus agendas sendos referendos para la independencia. Salmond planteaba su referéndum para 2010, pero los sondeos venían indicándole que la mayoría de los escoceses prefería seguir siendo parte del Reino Unido, como lo son desde que en 1707 se unieron los reinos de Escocia e Inglaterra.

Durante la conversación con Carod-Rovira el tema refrendario estaba aún lejos para Salmond. Finalmente, lo pospuso hasta 2014. Pero sí le adelantó a su visitante catalán que «en cualquier caso, lo convocaré siguiendo las bases que mutuamente acordemos el gobierno escocés y el del Reino Unido». Y así se hizo. La agrupación Yes Scotland (Sí Escocia) animó la campaña por el sí y la agrupación Better Together (Mejor Juntos) defendió el no. Se impuso el no con el 55,3 % de los votos, frente al 44,7 % de los partidarios de la secesión. Y la participación de 84,6 % fue inusualmente alta para una consulta en Escocia.[29]

El paralelismo entre ambos líderes se agotaba en ese mutuo deseo de independencia. Carod-Rovira escuchó de Salmond unos planteamientos muy diferentes de los que circulaban entre los indepes catalanes, propensos a la ruptura total con el Estado matriz, al que tradicionalmente consideraban hostil y represor. En cambio, los independentistas escoceses, al igual que casi todos los países de la Commonwealth,[30] querían mantener el régimen de la monarquía constitucional y a la reina Isabel II como monarca, siquiera fuese simbólicamente; asimismo, la libra esterlina, la bandera Union Jack, la defensa de las islas británicas —incluyendo el control de las armas nucleares—, la pertenencia a la Unión Europea y a la OTAN, aunque una vez separados de Inglaterra tuvieran que partir de cero. Por lo demás, la relación entre Londres y Edimburgo era de una exquisita lealtad hacia las instituciones y de un respeto supremo a la no escrita Constitución, que hacía innecesaria la existencia escrutadora de un Tribunal Constitucional.[31]

Otra diferencia capital que el líder del SNP expuso a Carod-Rovira era que «nosotros, los escoceses, queremos contar con la comprensión de Inglaterra en todo el proceso de soberanía. Y en esa línea trabajamos. La consideramos como la aliada política y económica principal de una Escocia independiente, no como el enemigo del que hay que defenderse».

—Ustedes —comentó el político de Esquerra Republicana— tienen una gran ventaja: el modelo de Estado británico, que es plurinacional, asume que son cuatro naciones y actúa en consecuencia, sin considerar que la separación de una de esas naciones suponga la ruptura del conjunto.

—Sí, eso es tan real que los independentistas escoceses no nos sentimos obligados a explicar las ventajas de la secesión. Más bien, son los unionistas quienes deben convencernos sobre las razones beneficiosas de seguir en el Reino Unido.

Frente a la crispación y hostilidad creciente en Cataluña —y eso que todavía no se había pronunciado el Tribunal Constitucional tumbando gran parte del *Estatut*—, Alex Salmond le habló a su interlocutor catalán de «la serena normalidad democrática» y «la ausencia de dramatismo aquí, cuando se trata el tema de la secesión, tanto en el Parlamento como en una taberna».

Esa sensatez no cabe atribuirla a la flema británica, toda vez que es proverbial la bravura de los escoceses, sino a una profunda estima del Reino Unido, del que nadie apostata, ni siquiera obteniendo un alto grado de autonomía política y económica.

Al terminar el encuentro, Carod-Rovira señaló una similitud: «Cataluña y Escocia buscamos la independencia por medios pacíficos y rechazamos de plano el recurso a lo violento»; y una diferencia: «Cataluña es como Escocia, ¡lástima que España no sea como Inglaterra!».[32]

En agosto de 2004, después de salir del gobierno tripartito de Maragall, pero conservando su escaño de diputado en el Congreso, anunció que ERC presentaría «una proposición para devolver los bienes incautados a las logias masónicas por el franquismo», al igual que se había pedido para sindicatos y partidos. El líder de ERC advirtió de que «esta iniciativa va dirigida solo a los masones», y apuntó que en Cataluña «el concepto de respeto a la diversidad forma parte del paisaje electoral». Frase que podía referirse a las distintas sensibilidades entre las opciones políticas o a la militancia de masones en los partidos. De cualquier modo, él lanzó el mensaje, pero no se molestó en explicarlo.

Otro inevitable jalón de problemas, las libertades de expresión de Carod-Rovira. Estaba empeñado, erre que erre, en que Cataluña compitiera en las Olimpiadas al margen de España, después del éxito en Pekín 2008: «Un medallero con cinco oros, once platas y tres bronces —decía— y la mitad de esas diecinueve medallas las han obtenido deportistas catalanes, pero se las ha colgado España. A partir de Pekín, nadie podrá decir que Cataluña no tiene suficiente nivel deportivo para participar por sí misma en unos Juegos Olímpicos. Quedaría por encima de Dinamarca, que ha conseguido siete medallas; muy por encima de Portugal, que se ha llevado solo cuatro medallas, como Grecia; y no digamos ya en comparación con Bélgica o Irlanda, que han sacado dos. Hablando claro: la diferencia entre esos países y Cataluña no es deportiva, sino política: ellos pueden competir en los Juegos porque tienen un Estado y Cataluña, no. España se atribuye los éxitos de una selección plurinacional y eso es afirmar una falsa unidad, escondiendo que lo que hay aquí es una pluralidad nacional, lingüística y cultural».

Es posible que, en su euforia olímpica, resaca, pues hacía apenas dos días que habían concluido los Juegos, Carod-Rovira no cayera en la cuenta de que él no era un opinador deportivo, sino el vicepresidente del Govern catalán, y que varios magistrados del Tribunal Constitucional tomaron buena nota de esas declaraciones públicas, pues incidían en uno de los artículos del *Estatut* eliminado por su sesgo independentista. La llamada inquisitoria del PSOE de Madrid no se hizo esperar.

Como cuando, en vísperas de visitar «oficialmente» al lehendakari Ibarretxe, matizó: «Cataluña mantiene más similitudes con Escocia que con el País Vasco».

Apenas un mes antes, el 30 de julio, sin importarle un pimiento que iba a tomar una decisión de nepotismo químicamente puro, nombró representante de la Generalitat en Francia a su hermano Apel·les. En el lenguaje parlamentario, se le llamó «embajador» de Cataluña en Francia. Se armó un tiberio de protestas en el Parlament. Esta vez, al otro lado del teléfono y con tono entre perplejo y consternado, un edecán de la Moncloa transmitía una severa crítica de parte de Zapatero.

Para Montilla, estos episodios eran como desayunarse un sapo, día sí y día también. Lo peor es que no podía desmoronar la coalición que sustentaba su gobierno. Advertencias y llamadas al orden, despachando juntos, sí hubo. Pero Carod-Rovira era un tipo anárquico, nada disciplinado, y le gustaban los vuelos solitarios.

¿Movimientos anómalos? Más que anómalos, continuos. Lo anómalo era encontrar a Carod-Rovira sentado tras el escritorio de su despacho.

Y así, en el pleno parlamentario del 3 de julio de 2009, tomó la palabra la presidenta del PP catalán, Alicia Sánchez-Camacho, instando al *president* José Montilla a eliminar la Vicepresidencia del Govern «y lo digo justo hoy, que su titular, el señor Carod-Rovira, inicia su viaje número 23 desde el comienzo de esta legislatura… Sí, en esta ocasión, va a Cuba».

Más que una interpelación fue una faena rápida de muleta y estoque. Después de aludir a los múltiples viajes de Carod «a cualquier lugar del planeta», la dirigente del PP encareció «un esfuerzo de austeridad, empezando por los miembros del Govern, ¿o hace falta decir que los enormes gastos del señor Carod-Rovira, en el contexto de crisis en que estamos, alejan a los ciudadanos de la política?». Su conclusión fue de estocada alta, hincada de lleno: «A la vista de tanta ausencia y tanto vagabundeo poco explicables, reitero mi petición de que se suprima el cargo de la Vicepresidencia, al parecer innecesario».

Las tensiones aumentaron y Carod-Rovira se vio contestado en el Govern y en ERC, hasta el punto de que en 2011 se dio de baja de Esquerra Republicana, el partido que durante años había liderado.

El hombre del andén

Tenía un concepto tan eminente y superlativo de su cargo al mando de la Generalitat, que el personaje de *molt honorable president* llegó a devorar al hombre Artur Mas Gavarró que lo personificaba. Él ya no era él. Quizá hasta en pijama era el *molt honorable president* Mas. Y qué decir en protocolos, discursos, agasajos, visitas, almuerzos oficiales... No es que supiera vestir el cargo, cosa buena, es que el cargo lo vestía a él. Si en el libro de sus memorias se rastreasen frases como «yo, como *president,* no debía...», «yo, como *president*, tenía que...», los sintagmas podrían aparecer mil veces. Él mismo describía con asombro complacido «la distancia de respeto y el trato de unción que los otros crean ante un nuevo *president* desde el momento cero más uno». Pero es que, antes del cero más uno, antes incluso del cero, el propio Mas ponía las catenarias con cordones rojos de separación ya al escoger la fecha de su investidura como *president*: «¡Por nada del mundo puede ser el 28 de diciembre!… ¡No quiero ni pensar en las bromas estúpidas que podrían caerme por ser investido el día de los Inocentes!»; o «por el puesto que ocupo y mi significación ante Cataluña, ante la Generalitat y ante la historia, me encerré en la Casa dels Canonges a redactar aquel importantísimo discurso…».[33]

Procedía de una familia de clase media —ni pobreza, ni riqueza: trabajo y ahorro—, sus abuelos eran pequeños industriales, uno textil del Vallès y el otro metalúrgico del barrio barcelonés del Poblenou. Artur estudió en el Liceo Francés y en Aula Escuela Europea. Se licenció en Económicas, trabajó unos pocos años en el sector privado y no tardó en asomarse al mundo político. Sin ser militante de Convergència se abrió camino en esas filas, primero como concejal del Ayuntamiento de Barcelona, luego como diputado en el Parlament y, ya enhebrada la aguja, sin perder pespunte fue ascendido a *conseller* en el Govern de Pujol, encargándose sucesivamente de Política Territorial, Obras Públicas, Economía y Finanzas. Departamentos de alta gestión y en el núcleo gran reserva de las arcas públicas. En todo ese tiempo, Artur se llamaba y firmaba Arturo. Durante cuarenta y cuatro años, no pensó en dejar caer la *o* y catalanizar su nombre. Lo hizo tardíamente, en el 2000, cuando Jordi Pujol le anunció que iba a nombrarlo *conseller en cap*, primer ministro de su Govern.

Aparte de sus talentos y de su esfuerzo personal, Artur, siendo todavía Arturo, recibió ayudas económicas de su padre, residenciado en Liechtenstein por el inextricable oficio de testaferro, gestor y guardián de las cuentas suizas de Jordi Pujol. Pronto comenzó su trato cada vez más frecuente con el *president* Pujol y la relación de confianza doméstica con la familia Pujol-Ferrusola.

Hecho a sí mismo, había adquirido modales, gustos, amistades, agenda y mundo en un estadio social *jet*. Sin pretensiones de dandi, aunque vistiendo siempre buen paño Aramis, Barceló, Fossman, y corbatas Gucci, Armani, Ferragamo, daba en «señorito bien». Con ese *outfit* atraía a los empresarios y tranquilizaba a los financieros.

Jordi Pujol no ignoraba la pugna sorda por la sucesión entre los barones de su reino: Miquel Roca Junyent, Josep Antoni Duran i Lleida y Artur Mas. Pero, sin contárselo ni a su camisa, ya tenía pensado que el *hereu* político sería Mas. Y, por si algo se torciera, guardaba en la bocamanga el naipe de su hijo Oriol, que se frustró antes de salir a la pista: dejó demasiadas huellas —primerizo él, ay— en un negocio de concesión de ITV con comisiones por medio.

La paradoja de Artur Mas, que tiene importancia, pues no se trata de un individuo cualquiera, sino de un *zoon politikón* en el poder, es que, de una parte, posee tenacidad, tozudez, incluso terquedad para conseguir contra viento y marea su íntimo objetivo, presidir la Generalitat; pero por otra, adolece de volubilidad, de mudanza con giros y cambiazos, en lo que se refiere al camino y los medios para lograrlo.

A la hora de sumar socios y escaños ajenos que le permitan encaramarse hasta la cúspide soñada, lo mismo le da el arrimo de Unió Democràtica que el de Esquerra Republicana, los socialistas de Cataluña, los antisistema de la CUP o rebañar en el Partido Popular el puñadito de votos precisos para su investidura. Claro que esas compañías cobran peaje, en cargos de gobierno, en exigencias de programa o en decretos puntuales. Y ahí la paradoja de Mas es descaradamente llamativa: sea por convicción, por conveniencia, por evolución o porque lo mismo le dan ocho que ochenta, pasa de ser un nacionalista tibio, que hasta 1991 no se afilió a Convergència Democràtica, a ser un independentista anti-Estado, apostando, sucesivamente, por un *Estatut* autonómico de nuevo cuño donde a Cataluña se la considere nación; un pacto fiscal con el Estado; una pugna a contra ley por el «derecho a decidir nuestro futuro»; un soberanismo con regusto supremacista —«seríamos los mejores, si no nos lo impidieran», con múltiples variables: seríamos más ricos, más libres, más «nosotros»—; un Estado federado en una España federal; un Estado soberano, emancipado de España e inserto en la Unión Europea... En fin, y todos esos cambios cada vez más radicales, ¡tan solo en cinco años! Como también son sucesivas las *performances* de marca y registro de su partido: CiU, CDC, Junts pel Sí, PDC, PDeCAT y DiL, aunque en cada uno de esos revoques de fachada, ofrecidos como refundaciones, podía esconderse un intento de elusión de deudas bancarias y fiscales del periodo anterior. En todo caso, demasiadas mudanzas en muy poco tiempo. ¿Travestismo político, ideario de plastilina, criterios delicuescentes... o heliotropismo buscando el sol que más calienta? Para muchos, una serie de trampantojos que malamente ocultaban una anemia de peso específico político.

CiU, encabezada por Artur Mas, volvía a ganar las elecciones de 2006, y con más diputados, pero de nuevo se quedaba en el andén de la oposición. Mas se preguntaba: «¿De qué va esto?, ¿se trata de que yo, aunque objetivamente gane, y vuelva a ganar, me consuma lejos del Govern, sin llegar a presidir la Generalitat?».

Desde que Pujol lo designó sucesor en 2003, Mas permaneció siete años en el andén aguardando el tren de su oportunidad, que no llegó hasta diciembre de 2010. Más de una vez recordó una enigmática frase que Pujol le había dicho, repitiendo la que en su día dijo el presidente De Gaulle a su sucesor, Pompidou: «Vous êtes en réserve de la République», tú estás a disposición de la República. Frase que entonces Artur Mas no supo si era un tanteo, un frenaimpaciencias, una promesa o una profecía. «Vale, no me quejo —comentaba tiempo después—, si la política es una cuestión de resistencia, en todos esos años aprendí a resistir plantando cara a la adversidad».[34]

Por la destrucción que se infligieron entre sí los socios del segundo tripartito —«a dentelladas secas y calientes», describiría Miguel Hernández de haber vivido y haberle importado— y por la capacidad de CiU para ofrecer un programa que interesase al electorado, la lista encabezada por Artur Mas en 2010 logró 62 diputados de los 135 de la Cámara. El tripartito, con 48 escaños entre los tres, era aritméticamente inviable. Y ya durante la noche del escrutinio Mas empezó a sentirse el 129.º *president* de la Generalitat. Levitaba. Flotaba. Y su mujer, Helena Rakòsnik, saltaba de alegría y se lo comía a besos.

Sabía que tendría que gobernar Cataluña en un momento económicamente complicado. La sorpresa fue encontrarse «una Generalitat técnicamente en bancarrota, mal financiada, con una deuda brutal que nos comía vivos, más los intereses de esa deuda, y el grifo del crédito cerrado». Sobre todo, enfrentarse sin recursos propios a la gravísima crisis mundial que, como un dominó de fichas abatidas, desde Wall Street iba provocando colapsos de la economía en toda Europa y por supuesto en España.

Iniciada a finales de 2007, alcanzó una virulencia insoportable en 2009, destruyendo miles y miles de puestos de trabajo. Bajonazo de la producción y del consumo, caída en picado del euro, ruina de pequeñas y grandes empresas, paro rampante entre los jóvenes, hipotecas vencidas y no pagadas, desahucios y hombres que se ahorcaban, acobardados, impotentes al ver a su mujer y a sus críos en la calle, con unos pocos muebles y sin tener a dónde ir.

Apenas pudieron saborear el brindis de la victoria, porque enseguida calibraron la magnitud de la tragedia económica que tenían entre manos. Optimistas, creían que aquello no duraría más de un año. No fue así. Mas y su equipo llevaban en cartera un «plan de choque para relanzar y hacer despegar a Cataluña»; pero se encontraron en las peores condiciones imaginables: asfixia y acogote. Todos los catalanes tendrían que apretarse el cinturón, hasta que les crujiesen las costillas. Y el Govern, proteger los servicios públicos esenciales y amainar la furia de la gente, furia bronca provocada por la sentencia del Tribunal Constitucional, que en junio de ese mismo año 2010 había echado por tierra los tramos vertebrales del nuevo *Estatut*.

No llega, pues, Artur Mas a su ansiada gloria presidencial en un momento dulce. Y encima, no hay a quien pedir ayuda: en el verano de 2011 se desploman también los mercados de la deuda.

Ese verano, ni vacaciones ni gaitas, el presidente Zapatero cita con urgencia a Rajoy, líder de la oposición. Lo pone al día de las presiones de Alemania y otros países de la Unión Europea forzando a España a fijar el control de su déficit público y no por un simple decreto ley de circunstancias, sino clavándolo en la Constitución. No cabe discutir. La situación económica obliga. Y Europa manda. Sin dilaciones ni rodeos, acuerdan modificar la Constitución con los trámites netamente imprescindibles. Cuando Europa interviene sobre un Estado soberano, hasta el punto de hacerlo alterar su Carta Magna, es porque muy serios intereses están en peligro. Y estaban. En alerta roja.

El huracán económico, iniciado en Estados Unidos, azotaba ya a la Europa más vulnerable: Grecia en bancarrota, Irlanda y Portugal teniendo que ser rescatadas, Italia casi sin pulso y España en la uvi. El euro, arriba y abajo como un yoyó. El paro, galopante, un cuarto de las empresas despidiendo gente y bajando la persiana. En el gasto público, los recortes de la tijera voraz mermando todos los servicios públicos. Y Zapatero predicando que veía brotes verdes..., quizá los veía en la pradera de los bambis de peluche.

Aquel mismo 2011, el filósofo Stéphane Hessel, exespía en la Resistencia francesa, combatiente como oficial de aviación contra la Alemania de Hitler, encarcelado en un campo de concentración nazi, padre de la Declaración Universal de los Derechos Humanos, santón de la democracia y de la libertad en Francia, escribió *¡Indignaos!* Fue *best seller* en las librerías y *trending topic* en las redes. Ya la portada era una proclama, un clarinazo de rebeldía contra las estafadoras pirámides de Madoff, las burbujas financieras, los pelotazos inmobiliarios, las quiebras repentinas, las hipotecas ejecutadas al amanecer, los despidos, y en un abrir y cerrar de ojos, cientos, miles, de familias sin techo. En pocas palabras, los ricos robando a los más ricos, que intentan resarcirse robando a los más pobres.

El *best seller* encendió la mecha y el pastizal ardió solo... En cuestión de días, surgió en España el movimiento15M, los indignados. Acamparon cívicamente días y noches en la Puerta del Sol de Madrid, vagueando, charlando, moviendo una pancarta de vez en cuando, soltando discursos con un megáfono. «Estos no muerden», decían los guardias que vigilaban por vigilar, sin temer que aquello pudiera contagiarse. No hubo cortafuegos, pero era viral y el incendio se propagó a Barcelona. Solo que en Barcelona la masa no se estuvo quieta en tal y en cual plaza. No. En Barcelona la indignación se movilizó, protestó, agredió. Sin armas prohibidas, solo con espráis, huevos podridos y botes de pintura. No eran perroflautas filósofos contra «el despotismo del sistema»; eran submileuristas o fulminados por el desempleo vociferando contra los recortes. El 15 de junio se manifestaron más de dos mil indignados, cercando el Parlament y bloqueando las puertas, para impedir por la fuerza que los diputados pasaran al interior: ese día debía celebrarse un pleno sobre presupuestos restrictivos. No fue una protesta «cívica y pacífica», como suelen decir de sus manifestaciones. Empujones, zarandeos, golpes, escupitajos, insultos, botes de pintura... y varias decenas de heridos, *mossos* también. El presidente Mas y la presidenta de la Cámara, Núria de Gispert, tuvieron que recurrir a un helicóptero de los Mossos d'Esquadra para acceder al Parlament. Algo nunca visto en Europa.

Y el gobierno Mas, de estreno, sin billetero y sin discurso. Recuerda Mas a lo largo de *Cabeza fría, corazón caliente* (2020), que entonces aprendió a mover la cabeza a izquierda y a derecha diciendo no, no, no, a todo lo que supusiera gasto; que incluso entre los *consellers* empezaron a llamarlo «el *president* del no» o el hombre de hielo, *the iceman.* Sonreía, pero se frustraba. Había logrado su sueño de ser *president* y tenía que habérselas con la peor crisis mundial desde el crac de 1929. El terreno era inhóspito y si quería sobrevivir gobernando debía tener la cabeza fría para tomar decisiones, el corazón caliente para vivir las emociones y la piel dura para soportar putadas.[35]

Aznar a Pujol: «se acabó lo que se daba»

Fue muy rápida la evolución del catalanismo tradicional y de patria chica al soberanismo —vocablo maquillado para no decir «independentismo», y vocablo esnob que podría usar cualquiera,

cualquiera..., menos un verdadero soberano—. Ese deslizamiento se inicia durante el mandato de José María Aznar, 2000-2004.

Aznar había gobernado con el apoyo de CiU en la legislatura de 1996 a 2000, a cambio de sucesivas transferencias autonómicas. Cuando Pujol le plantea avanzar más en una apertura y descentralización del Estado, Aznar le dice, voz nasal y mirada torva: «No vayas por ahí, Jordi. No te equivoques, porque la descentralización se ha terminado». Y, sin mover el bigote que entonces gastaba, añade: «¿Quieres mandar más y que Cataluña aumente su espacio de poder? ¡Estupendo! Lo que has de hacer es que los políticos de Convergència tengan tu visto bueno para incorporarse al Gobierno central cuando les ofrecemos carteras ministeriales... Sí, sí. Ni ahora con nosotros, ni antes con el PSOE, ni con la UCD de Suárez les has dejado implicarse de verdad en el Gobierno de España».[36]

«¿Y qué hacemos nosotros —responde Pujol— en un Gobierno que, como tiene mayoría absoluta, puede hacer lo que le dé la gana y prescindir de cualquier acuerdo *quan li surti dels collons*? ¿Estar de comparsas figurantes?»

Pujol daba en el clavo. Aznar quería cerrar de una vez por todas el modelo de organización territorial; y eso solo era posible, sin mazazos de ordeno y mando, si los nacionalistas catalanes lo avalaban, iniciando una nueva etapa política en la que no bastaría dar apoyo parlamentario al Gobierno de España a cambio de más competencias y más beneficios, como mercachifles en un zoco, sino que deberían integrarse en el Ejecutivo, cogobernar desde tal o cual cartera, mojarse en los asuntos de Estado y responder de ello ante la Cámara en las sesiones de control del Gobierno. En otras palabras, dejar de ser socios «forasteros» y pasar a ser Estado, que ya lo eran en tanto que Comunidad Autónoma, pero implicándose ahora desde Madrid.

En esa misma línea, Mas, siendo tan solo *conseller en cap*, fue invitado por Jaume Matas, ministro de Medio Ambiente del PP, «a una reunión tranquila y distendida, para charlar, descansar, conocernos más» con Eduardo Zaplana, presidente de la Generalitat Valenciana, y con Mariano Rajoy, vicepresidente del Gobierno español. Un fin de semana, con sus respectivas esposas, en Doñana.

Ya desde la primera cena, se vio que la intención de aquel encuentro de aparente ocio y desconexión de la política era explorar si CiU estaría dispuesta a unirse al PP en Cataluña, de modo que populares y convergentes ocupasen todo el espacio de centroderecha. El modelo era la UPN en Navarra.

Mas —entonces, boca de ganso de Pujol y con su venia— les expuso que Convergència no quería ser etiquetada como un partido de centroderecha ni establecer alianzas con ningún partido de ámbito estatal español, sino conservar su libertad de acción para pactar con quien le conviniera en la defensa de su ideario y de los intereses de Cataluña.

«No hubo ningún acuerdo, obviamente —recordaba Artur Mas años después—. Y estaba claro que la descentralización había concluido, no eran solo palabras. El PP se cerró en banda a transferirnos competencias o ventajas fiscales. Ah, pero, al hacerlo así, provocó en Cataluña una reacción muy a la contra. Si el Gobierno de Aznar hubiese seguido en la dinámica de potenciar nuestra autonomía, desde una lectura más abierta de la Constitución, casi seguro que el melón del nuevo *Estatut* ni siquiera se habría abierto.»[37]

¿Qué temía Aznar? ¿O qué veía venir, si no ponía el stop a tiempo? Sin duda, un empoderamiento creciente de Cataluña, emulable por otras autonomías, y mermando aquí, cediendo allá, un desvalijamiento del Estado central.

La política es algo vivo y muy reactivo. Con aquel cerrojazo, el PP echó a rodar una pequeña bola de nieve. Pequeña al principio, creció poco a poco y cabe situar en ella el punto de origen de lo que, doce años más tarde, pondría en marcha el *procés* hacia la autodeterminación.

Otro impulso decisivo sería, años después, la sentencia del Tribunal Constitucional censurando y prohibiendo elementos clave del *Estatut*, con el agravante de que dicho *Estatut* ya tenía la luz verde del Parlament de Catalunya, del Congreso de los Diputados y del Senado, más el refrendo de los ciudadanos catalanes. Sin duda, el Constitucional tendría razón para hacer aquellas mutilaciones en el *Estatut*, pero tardó demasiado en emitir una sentencia dura y negativa, que ponía a dos millones de catalanes en pie de rebeldía, sintiéndose expulsados —o, al menos, fuera— del gran consenso constitucional de 1978.

Mas y Rajoy, reuniones secretas

Con telarañas en la caja fuerte de la Generalitat, Mas se encontró sin programa que aplicar. Su «plan de relanzamiento económico de Cataluña» se fue al garete. Y la Constitución había dejado de ser un abroche común. Entonces, dio un volantazo de los suyos y se aplicó a presionar a Mariano Rajoy, pidiéndole un pacto fiscal, un modelo de financiación con bases similares a las de Euskadi y Navarra. Eso tendría buena aceptación en Cataluña y haría posible un sólido consenso político.

Mas y Rajoy se reunieron varias veces y hablaron muchas horas sobre el tema. Como el asunto requería discreción, Mas se desplazaba a Madrid los días que Rajoy le indicaba que podía dedicarle tiempo. En ese acordado semisecreto, Mas evitaba el avión y el AVE y viajaba en coche, y pocas veces se vieron en la Moncloa. Preferían fuera, para estar solos y crear un clima de franqueza y colaboración.

«Los negociadores convergentes más veteranos —recordaba Mas— siempre me habían dicho que con Mariano Rajoy era imposible enfadarse, porque era un bonachón, pero que también era muy difícil materializar los acuerdos. "Es gallego del cráneo a las plantas de los pies." En un tono divertido, me contaban la diferencia entre Aznar y Rajoy, ambos fumadores de puros: "Cuando ibas a ver a Aznar, él se fumaba un puro, no te invitaba, a veces incluso te reñía en un tono que daba miedo, y no te concedía nada de lo que le pedías. En cambio, cuando te reunías con Rajoy, él fumaba un puro, te invitaba, todo era buen rollo, te ponías de acuerdo con él..., pero no nunca cumplía nada".»

Fueran más o menos estereotipadas esas anécdotas, la verdad es que en las largas conversaciones que Mas y Rajoy mantuvieron dándoles vueltas a los siete apartados del Pacto Fiscal, y a pesar de la corrección formal y la cordialidad de los primeros meses, jamás se avanzó ni se logró ningún acuerdo. Rajoy estaba enrocado en el no y ya al final no disimulaba el hastío que le producían las visitas de Mas.

De nada sirvió que, al llegar el PP al Gobierno después de dos legislaturas socialistas bajo la batuta de Zapatero, los de Convergència lo ayudaran con sus votos en algunas medidas impopulares, como la subida del IRPF y la reforma laboral. Al Gobierno de Rajoy le parecía suficiente contrapartida prestarles cierto apoyo, calderilla, en el Parlament de Catalunya, cuando Mas los necesitase.

«Mi oferta a Rajoy fue clara —recordaba Artur Mas—: "Nos habéis hundido el *Estatut* y tenéis a los catalanes de uñas; pero os propongo una fórmula para que se restablezca de algún modo el entendimiento roto, podáis enmendar el error y encontrar entre todos una salida. Hablemos de fiscalidad y recursos y encontremos la manera de solucionar el agravio a Cataluña sdesde otro ángulo: la financiación».

Rajoy miraba a Mas con los ojos muy redondos y las cejas enarcadas por el asombro. No entendía qué error tenían que enmendar, ni qué agravio reparar, ni por qué le hacían responsable de la sentencia del Constitucional sobre el *Estatut*, si bien había sido su recurso el que logró que desplumaran el *Estatut* en los puntos más importantes.

Cuando llegó el momento de concretarle el planteamiento, Rajoy se parapetó en la crisis como burladero:

—No hay dinero.

—Si alguien es consciente de que no hay dinero soy yo mismo, que llevo un año remando a contracorriente en Cataluña para evitar el hundimiento total de nuestras finanzas públicas. Pero, Mariano, yo no te pido dinero. No te pido ni un solo euro.

> Yo sabía que, con España a las puertas del rescate financiero, no nos darían dinero. En cambio, lo que pretendíamos era salir del «café para todos», que padecíamos desde que empezó el sistema igualitario de las autonomías. Queríamos que el Parlament catalán tuviese las mismas atribuciones que el vasco para modificar impuestos y que se transfiriese la Agencia Tributaria del Estado a Cataluña. Nada de eso costaba dinero. Conllevaba cambios de leyes. En definitiva, era un tema de voluntad política. Si Rajoy quería, podía hacerlo, porque disponía de la mayoría absoluta. Pero no quería.

Lo que aceleró el asunto del Pacto Fiscal fue la imponente manifestación de la Diada de aquel año 2012, con el lema «Cataluña, nuevo Estado de Europa». Aquella manifestación, con la que la ciudadanía daba el pistoletazo de salida al *procés*, metía presión al Govern y, en particular, a mí. Un millón y medio de personas en las calles, reclamando todos a una que Cataluña se convirtiera en un Estado independiente europeo, no se había visto nunca. Era el pistoletazo que abría una nueva época en la reivindicación catalanista popular. Las primeras imágenes de un «soberanismo movilizado». Transmitían la certeza de que existía un movimiento cívico fuerte, con gran sentido de país y de una gran transversalidad, porque allí veías gente de distintos partidos, clases sociales, edades, ideologías...

Con ese incentivo popular, me fui a Madrid, para hablar del Pacto Fiscal. Esa era la oferta con la que había ganado las elecciones y me sentía obligado a conseguirla.

Tenía plena conciencia de que la situación no podía prolongarse por más tiempo y de que con Mariano Rajoy había que dejarse de buenas palabras y situarnos en un terreno de «o todo o nada». No iba creyendo ingenuamente que saldría del despacho de Rajoy llevando bajo el brazo el Pacto Fiscal apalabrado y firmado; pero sí quería volver a Barcelona con el compromiso explícito y público de que entre Moncloa y la Generalitat empezaba un período de estudio y negociación del Pacto.[38]

En aquellos momentos, España estaba económicamente asfixiada, sumergida en una profunda recesión, con casi el 25 % de paro y la prima de riesgo en máximos históricos. La economía nacional preocupaba seriamente al mundo de los acreedores financieros, empresarios, inversores... Parecía inevitable que Rajoy acabaría pidiendo un rescate internacional para evitar la quiebra soberana. Y fue justo entonces, en pleno turbión financiero, cuando el Parlament catalán aprobó su Pacto Fiscal y Artur Mas pidió reunirse con Rajoy para reclamar su cumplimiento. Y no en un sitio discreto, en privado, como en otras ocasiones, sino con la puesta en escena, cara a la galería, de la subida de escalones hasta el zaguán de la Moncloa, el apretón de manos... Por cierto, cuando Mas preguntaba a Rajoy: «¿Qué tal estás, presidente?», uno de los micros de prensa captó que Rajoy musitaba algo muy extraño: «Vivo en el lío».

Ya sentados dentro, Mas desplegó, ce por be, el contenido del Pacto Fiscal que reclamaba Cataluña. Rajoy se fumaba un habano y escuchaba en silencio lo que ya habían discutido en las reuniones secretas.

Entre otros importantes jalones, este pacto exigía crear una Agencia Tributaria catalana, una Hacienda propia para Cataluña, dotada de capacidad plena para establecer sus normas recaudatorias sobre la región, y los porcentajes impositivos. De este modo, la Generalitat se encargaría de recaudar todos los tributos que se generasen en Cataluña y posteriormente negociaría con el Gobierno central una especie de cupo, a través de un concierto económico, para sufragar los servicios públicos que prestase el Estado en ese territorio, así como una cuantía destinada a la «solidaridad» interterritorial.

Lo que Cataluña pretendía era darle la vuelta al calcetín. Hasta entonces, el Estado era el recaudador de impuestos y el repartidor entre las autonomías, excepto en Navarra y en Euskadi; pero Cataluña proponía ser ella la recaudadora en su territorio y después ceder al Estado una parte de ese dinero, el cupo, lo que tuviese que pagar anualmente al Estado por los servicios prestados a su comunidad, más la cantidad equis de solidaridad interterritorial. Un cupo que se revisaría y negociaría cada cinco años entre la Generalitat y el Gobierno estatal, de tú a tú.

Varias veces, en la conversación, Mas le dijo a Rajoy:

—Mariano, me hablas de la crisis y de que no hay dinero, pero ¿acaso yo estoy pidiendo dinero? Yo no te pido ni un solo euro...

Después de dos horas de tira y afloja, la respuesta del presidente del Gobierno fue un tajante no. Lo tenía bien pensado:

—Primero, ese pacto convierte a Cataluña en otro territorio foral, como Navarra y el País Vasco, lo cual desbarajusta la financiación de las autonomías e introduce un factor de insolidaridad egoísta. Segundo, violenta la Constitución. Tercero, Cataluña no tiene ningún problema de financiación que no tengan otras comunidades; por lo tanto, no hay nada que deba ser tratado en clave catalana. Y cuarto, nunca voy a transferiros la Agencia Tributaria. Es innecesario... y funciona bien como está, dentro del Estado.

Cerró todas las puertas. Al despedirse, Rajoy deslizó una vaga concesión:

—Si salimos del túnel económico, quizá en 2014 como muy pronto podríamos hablar de la financiación; pero te advierto, Artur, que en todo caso sería dentro del régimen general para todas las comunidades autónomas, la Lofca (Ley Orgánica de Financiación de las Comunidades Autónomas).[39] Ni media excepción.

—Mariano, ¿me estás diciendo que seguiríamos con el régimen igualitario de «café para todos»?

—Bueno..., esa es mi opinión. Pero nadie te impide ir al Congreso, convencer a la Cámara de las bondades del Pacto Fiscal y que voten a tu favor. Yo no me opondría. Claro que yo solo soy un diputado, un voto entre 350.

A Mas, esa coletilla final le pareció, más que una salida gallega, un comentario cínico, porque Rajoy era el presidente del Gobierno y del PP, no un mero voto más, y en un escenario de mayoría absoluta. Estaba claro que podía, pero no quería.

Apretando las mandíbulas y encarándose, le soltó:

—Yo también soy un diputado más en un Parlament de 135; pero, como presidente de CDC, de CiU y de la Generalitat, me siento con autoridad suficiente para lograr acuerdos y con valor también suficiente para sacarlos adelante.

Ya en el coche, dirigiéndose a la Delegación de la Generalitat en Madrid, para dar una rueda de prensa y decir la verdad por dura que sonara, Artur Mas sintetizaba sus conclusiones:

> Rajoy no piensa cambiar su postura. No habrá Pacto Fiscal. Eso sí, me dará largas. Es el rey de las evasivas. No hay forma de atraparlo y hacer que se comprometa. Ni él ni su partido están dispuestos a entender nada de lo que ocurre en Cataluña. Me escuchaba por cortesía. Posiblemente, deseando que terminara de hablar.
>
> Hemos llegado al final del camino. Mi programa electoral y de gobierno se ha ido a hacer puñetas, sin inaugurarlo siquiera. Ahora comienza una etapa nueva y entramos, y yo en cabeza, en un terreno desconocido, sin brújula y sin mapas.[40]

Mas sabía que aquella rueda de prensa —en el fondo la deseaba— marcaría el futuro político de Cataluña y sus primeras consecuencias serían las elecciones anticipadas —también en el fondo las deseaba— y un programa aún mucho más ambicioso, un programa soberanista, sin la menor duda.

«Mi reunión de dos horas, y no es la primera ni la segunda ni la tercera, con el presidente Rajoy no ha ido bien —rompió el hielo ante los periodistas dándoles ya un titular—. No lo digo contento, más bien triste. Me ha dicho que "el Gobierno español no tiene margen para negociar el Pacto Fiscal y que los otros partidos y las otras comunidades no lo verían bien".

»Y yo añado que en Moncloa no quieren saber nada, ¡pero nada!, del Pacto Fiscal, y como la respuesta será siempre la misma, "no hay margen", ¿qué sentido tiene obcecarse y darse de bruces contra un muro?

»Hay que tomar decisiones… en otra dirección, sí, en otra dirección. Y tomarlas pronto. Yo no me resigno a un futuro gris. En este momento, no puedo concretaros qué tipo de decisiones. Pero sí os anuncio un "proyecto nuevo y distinto" para Cataluña. Invito a todos los partidos a abrir, a partir del próximo martes, una reflexión serena y a fondo, un debate parlamentario profundo antes de tomar esas decisiones. Por mi parte, procuraré que el nuevo proyecto no sea de ruptura y se enmarque dentro de Europa y del euro.

»Cataluña es nación y se siente nación. ¡Y esto no lo van a cambiar metiéndonos miedo! —ahí subió el tono de voz, casi en clave mitinera—, ¡No lo cambiaron ni las dictaduras!, y no lo van a cambiar ahora con presiones o declaraciones, por muy alto rango que tengan…»

Mas hizo una pausa de cinco o seis segundos. En ese instante se cortaba el aire, porque era un quiebro directo en alusión a unas palabras del Rey, publicadas hacía dos días en la web de la Casa Real. Don Juan Carlos, llamando a la unidad tras las reivindicaciones catalanas coreadas en la masiva manifestación de la Diada, había dicho: «Lo peor que podemos hacer es dividir fuerzas, alentar disensiones, perseguir quimeras, ahondar heridas».[41]

> No me siento concernido por las palabras del rey. Yo he planteado un Pacto Fiscal, avalado por el Parlament, y no creo que el rey se refiriese al Pacto al hablar de «quimeras».

> ¿Que no cabe en la Constitución? Las constituciones se adaptan, no pueden ser corsés que anulen la voluntad y las aspiraciones de los pueblos. Hoy se ha perdido una oportunidad histórica de entendimiento entre Cataluña y el conjunto de España. Pero no vamos a permitir que instalen en nuestro ánimo colectivo la sensación de impotencia.[42]

En distintos momentos y lugares, también en esa rueda de prensa, Mas repetía la frase que le dijo a Rajoy: «No te pido ni un solo euro». Y ciertamente, no le pedía ni un solo euro; le pedía un fuero, como el de los navarros o el de los vascos. Y eso no era un euro, eso era algo más de once mil millones de euros al año, que el Estado habría de detraer de la financiación de otras comunidades.

Artur Mas estaba decidido al cambio de agujas, al cambio de vía, al cambio de Stazione Termini. «¿*Estatut* no, Pacto Fiscal no? ¿Nos cerráis todas las salidas? Pues... vosotros mismos nos empujáis: para ser lo que realmente somos, no hay otro recorrido posible.»

Cinco años después, 2017, ante la inminencia del referéndum ilegal del 1 de octubre, camino quizá sin retorno hacia la independencia, el Gobierno de Rajoy desentierra el Pacto Fiscal que en 2012 era imposible, inconstitucional, rompepatria... Incluso se muestra dispuesto a reformar la Constitución para detener la secesión de Cataluña.

En suma, viendo las orejas al lobo, el Gobierno plantea conceder «más dinero y autonomía financiera» a la Generalitat. Y no descarta otorgar a Cataluña el Pacto Fiscal. Donde dije digo, digo Diego. Pero los trenes políticos, aunque tengan freno, no tienen marcha atrás.

4

L'Astut Mas, con dos barajas

Artur Mas ha decidido el cambio de agujas, un cambio de vías con rumbo incierto. ¿Hacia dónde?

Las encuestas dan un repunte a su favor, catalanes que se revuelven contra el Gobierno de Rajoy por el portazo al Pacto Fiscal. Percibe —o se lo dicen en su entorno— una disposición ciudadana a ir más lejos, a dar el salto de una vez. La gente está crecida, enardecida por la frase que remata su discurso: «Ahora, ¡decidirá el pueblo!», y por el anuncio de un giro copernicano: «¡Ya es hora de pasar de la pantalla de la autonomía a la pantalla de la soberanía!». No ha concretado nada, pero al pueblo esa solfa le suena bien.

Como un arúspice observaría las entrañas del animal sagrado, él escruta con avidez los sondeos —los oficiales, los de la prensa privada y los de encargo que le ponen encima de su mesa en sobre cerrado con un rótulo muy a la americana: «Solo para los ojos del presidente»—. Por haber plantado cara a Rajoy, aun regresando a Barcelona con los bolsillos vacíos, las encuestas le auspician mejores resultados que los 62 escaños de 2010.

Se ha quedado sin el *premium* de un pacto fiscal a lo navarro o a lo vasco y, por tanto, sin programa; pero lejos de achicarse, se envalentona, echa el cierre anticipado a la legislatura y convoca nuevas elecciones para el 25 de noviembre de 2012, con dos propuestas nebulosas que dicen y no dicen, pero sugieren algo audaz: «Derecho a decidir» y «un estado propio».

No especifica qué es lo que se tiene derecho a decidir. Tampoco escribe «Estado propio» con E mayúscula. Podría ser estado independiente, o estado federado, o una vuelta de tuerca al concepto nación, o simplemente estatus propio, nuevo estado de cosas, o «que nos dejen ser lo que somos, sin ahormarnos, sin traducirnos, sin depender». O tal vez el unamuniano «pues que me entiendan, ¡o que me dejen!».

Si los periodistas le pedían una traducción más concreta, «*president*, ¿qué significa un estado propio?», Mas alzaba su mentón cuadrado, a lo pistolero del *Far West* que desenfunda el Colt de su cadera izquierda, apunta arriba, al aire, y dispara: «Forastero, un estado nuestro». Escueto como un pistoletazo. El cañón humea haciendo bucles. Pero el *president* no explica más. Podía hacerlo: al fin y al cabo, la patente de esa decisión no era suya, sino de la plana mayor de Convergència reunida en congreso. Entre todos habían fijado como objetivo a medio plazo el giro independentista y una consulta en referéndum. La única moneda válida para asegurarse el respaldo de Esquerra Republicana. Junqueras lo exigía.

Mas lo discutió horas y horas con su socio Josep Antoni Duran i Lleida, porque Unió Democràtica se maliciaba que el cambio de vías sería soberanista, independentista. Mas —*l'Astut* Mas, como lo llamaban a sus espaldas algunos *consellers*— prefirió dejarlo así, «estado propio», difuminado, indefinido. No quería espantar a Duran.

«Nos presentábamos a unas elecciones para impulsar una nueva etapa marcada por el soberanismo, sin la menor duda —explicaba Mas—, y reivindicando lo propio de una nación que no quiere aplazar más el momento de ser reconocida como tal. Ahora bien, me interesaba que Unió nos acompañase tan lejos como fuera posible..., hasta que las contradicciones entre ellos y nosotros se hicieran insalvables». Cinismo trajeado de sinceridad. Años después, y rota la alianza, Mas lo reconocía sin sonrojo. «Sí, es verdad, mi relación con Duran no era de amistad, tampoco de confianza ciega ni de lealtades absolutas. Era una relación utilitaria, políticamente solvente. Y eso bastaba en aquellos momentos.»[43]

Más cierto hubiese sido decir que a los dos les interesaba seguir juntos, ganar y situarse en la Generalitat, porque las uvas de despedida del año 2011 habían sido uvas amargas: el Tribunal de Cuentas les había notificado el ruinoso estado contable de ambos partidos. CDC tenía un patrimonio neto negativo de 10 184 954 euros y su socio, UDC, presentaba asimismo un patrimonio neto aún más negativo: 11 289 910 euros. Quiebra técnica por partida doble. Y sobran experiencias de que las cajas vacías se llenan mejor disponiendo de los manubrios del poder.

A toro pasado, y sin morderse la lengua, también Duran descalificaba a Artur Mas por «su doble juego», «sus cambiazos», «su falta de peso político específico», «sus disimulos y, a veces, sus engaños», «sí, me mintió... y me volvió a mentir». O se refería a él como «aquel hombre un poco distante que, con su escasa madera de político, había puesto a Cataluña contra las cuerdas».[44]

A lo largo de veintitantos años, Duran soportó bien ser número dos, con Pujol al mando; pero ¿con Mas?, ¿por qué?, ¿porque era el ojito derecho de Marta Ferrusola? Ser segundón con Mas le resultaba insufrible. Un matrimonio de conveniencia, esposado por los números rojos, discrepando en la ideología, en el destino de la marcha, en la deriva soberanista, y con un malestar continuo de celos políticos y desconfianza humana, no podía durar mucho.

A Duran le parecía haber oído o leído tiempo atrás lo del «derecho a decidir», pero no recordaba si era en boca de Artur Mas. ¿De quién podría ser, si no? Durante días y días, le dio vueltas al molinete de la memoria. No caía. De pronto, un flash, como si lo viera escrito con letra impresa. Le sonaba un artículo publicado hacía tiempo, antes de que se fusionaran *El Punt* y *Avui*, quizá en 2007. Un título breve, en catalán: «Dret a decidir». Y el autor era precisamente Francesc Homs i Molist, el ideólogo áulico de Mas, su mano derecha, su cerebro y su sombra.

Nadie hasta entonces había utilizado ese eufemismo para referirse a la autodeterminación. Aunque pasó sin montar bulla, era un artículo explosivo. Ahí, Homs daba por finiquitada la vía autonomista y cancelaba la dependencia del Estado: «Cataluña ya no necesita al Estado para su desarrollo económico y social». Proponía: «Si hasta ahora hemos aceptado los límites que nos impone la Constitución, hemos de pasar ya a defender lo que nosotros decidamos democráticamente». Y sentenciaba: «Un Estado que quiere ser Estado nación, pero no acepta a las demás naciones que lo conforman y niega las aspiraciones de una de sus partes, no es un Estado democrático; por tanto, está condenado a desaparecer como tal».

Insistiendo en su rastreo mental, Duran llegó al recuerdo que buscaba: Artur Mas dando una conferencia, con la sala a rebosar y hablando de eso mismo, el derecho a decidir, calcado del artículo de Francesc Homs. Fue también en 2007. Hacía frío. Sería noviembre o diciembre.[45]

Algo no cuadraba. Si Homs, el hombre designado por Mas para «reconvertir y refundar el catalanismo» —no la independencia: el catalanismo— ponía por escrito en 2007 que «Cataluña ya no necesita al Estado» y Artur Mas lo repetía cara al público, ¿tenía algún sentido que, tres años después, en 2010, Mas gastase viajes Barcelona-Madrid-Barcelona, en coche para no ser visto por los viajeros del AVE, e incontables horas de conversación con el presidente Rajoy reclamándole un Pacto Fiscal con «un Estado que ya no necesitaba»? Era un ardid trilero: desde 2007, *l'Astut* Mas jugaba con dos barajas, dos escenarios alternativos: con el Estado español, si le concedían el Pacto Fiscal, y si no, *mitja volta, i cap a casa*, media vuelta, y a casa: *Catalunya és dels catalans.*

Para Duran no había duda: «Fue Homs quien trazó con diez años de antelación la hoja de ruta que nos conduciría al callejón sin salida».[46]

Francesc Homs, Quico, no era solo un gurú de ocurrencias anticipativas; por su cargo de *conseller* de Presidencia, trabajaba junto a Artur Mas en el día a día; dirigió las campañas electorales de Convergència; cuidó la imagen y los mensajes de Mas, quizá con un frenesí desorbitado, presentándolo como un Moisés *conductor del poble català cap a la terra de promissió.*

25 de noviembre de 2012. Noche del escrutinio. Hotel Majestic. Mas, a punto de desmayarse al ir conociendo los resultados. Las urnas no eran tan halagüeñas para CDC como prometían los sondeos. ¡Ni por asomo! Perdió doce escaños, se quedó con 50, muy lejos de los 68 de la mayoría absoluta. ERC, junto a Catalunya-Sí, obtuvo 21. La unión de ICV+EUIA, 13. El PSC, apostando también por el derecho a decidir, 20 escaños.

Sorpresa electoral: la recién creada CUP, Candidatura d'Unitat Popular, amalgama asamblearia de izquierda radical independentista y anticapitalista, que irrumpía en el Parlament con 10 escaños. Cantidad no despreciable, incluso decisiva a la hora de cuajar una mayoría de cohesión, necesaria para gobernar sin infartos. Claro que con la díscola CUP nunca se sabía si su disposición en la mesa de consensos sería de sumar o de enredar.

Solo un consuelo en la noche del Majestic: como aquellas eran unas elecciones raras, «plebiscitarias», en las que se pedía el sí pero no se votaba a partidos, sumando síes en votos o en escaños, el derecho a decidir había barrido. ¡Cava, euforia y hemos ganado!

Junqueras, Toro Sentado

Desde la madrugada del día 26, Quico Homs se puso el traje de faena por encargo de Mas para enhebrar un pacto de gobierno con Oriol Junqueras.

Pese a su aspecto cachazudo, entre hortelano y párroco rural, Junqueras no era un tipo manejable, sabía a dónde quería ir y cómo, tenía dotes de mando, neuronas de estratega, destreza navajera que solo usaba *in extremis* y una larga aptitud para la paciencia. De ahí su pericia en el dominio de los tiempos. Vehemente en las soflamas mitineras, pero impasible y de pocas palabras, como Toro Sentado cuando presidía su tribu de los sioux lakotas. Se ponía de perfil mirando a la nada si oía el comentario de que «ERC es un partido de cabreros».

Con inteligente zorrería, aceptó que los republicanos de ERC pactaran con los convergentes de CDC bajo una condición: ERC sería su socio y su apoyo en el Parlament, pero sin entrar en el Govern. No quería embarrarse con la política de recortes, endoso nacional que les había legado Zapatero; y para que se visualizara bien que ese marrón le tocaba al nuevo *president* Mas, él ocupó el escaño de enfrente, como líder de la oposición. Aliado y opositor a la vez, un juego extraño que confundía... casi tanto como su mirada. Junqueras tenía una anomalía en un ojo, pero la controlaba tan bien que el desconcierto era para su interlocutor, a quien le resultaba difícil averiguar con qué ojo te miraba y con qué ojo te veía.

A partir del acuerdo CDC & ERC, que Mas y Junqueras rubricaron el 19 de diciembre de 2012, con la prensa y las cámaras de televisión atrapando la escena, comenzó el proceso de la independencia de Cataluña. Así lo establecería años después el juez instructor de la causa, Pablo Llarena, en su auto de procesamiento de trece líderes independentistas por el delito que calificó de «rebelión para conseguir la independencia de Cataluña». Sin vaguedades, sin prosa jurídica enrevesada, sin remontarse a hechos pluscuamperfectos, Llarena apoyó con energía las yemas de sus dedos sobre el teclado del portátil y, yendo al grano, escribió: «El *procés* comienza realmente en 2012». Pausa, un segundo. Aún centró más el foco: «El 19 de diciembre de 2012, Artur Mas Gavarró firma con Oriol Junqueras i Vies...».

Mas y Junqueras no habían firmado cualquier cosa, un protocolo vacío que justificase la coyunda, sino un «Acuerdo para hacer la Transición Nacional y garantizar la Estabilidad del Govern de Cataluña». Las líneas maestras de un pacto de legislatura, incluyendo entre otros compromisos celebrar una consulta plebiscitaria que daría cuerpo sólido al abstracto derecho a decidir. Por eso el juez Llarena clavó ahí, en la fecha de ese *Acuerdo,* el mojón kilómetro 0 de la historia del *procés*.

El paso siguiente, el estreno del pacto, consistía en votar y aprobar en el Parlament una Declaración de Soberanía de Cataluña,[47] animando a la ciudadanía catalana a «ser protagonistas activos en el ejercicio del derecho a decidir su futuro político colectivo».

Inicia el texto un preámbulo largo y enfático, con pretensión de ser la obra principal más que una obertura telonera. Se remonta a «los derechos históricos, las instituciones seculares y la tradición jurídica catalana». Tropiezan otra vez en la misma piedra. Como si no estuvieran escaldados por el *Estatut* que les tumbaron dos años antes, vuelven a fundamentar sus derechos en la veteranía histórica y no en la Constitución de 1978, que es de donde nace *ex novo* y para todos el Estado social y democrático de derecho.[48] La soberanía popular.

Menciona las asambleas de Paz y Tregua, *Pau i Treva*;[49] la rudimentaria Corte Condal del año 1000, inicio del parlamentarismo catalán, más vetusto que el británico; y la creación de la Generalitat en el siglo XIV.

Tales asambleas de *Pau i Treva,* en las que los payeses, al amparo de los eclesiásticos de la comarca, intentaban poner coto a las violencias y codicias de los señores feudales, eran una muestra de antigüedad, cierto; pero no de soberanía, pues el mero hecho de tener que pedir paz y tregua a los dominadores ponía en evidencia que los payeses catalanes no eran soberanos, sino labriegos vasallos sometidos a los dueños de los feudos.

Tras ese registro del pedigrí histórico, la Declaración de Soberanía aborda el capítulo de las cuitas: las sucesivas aboliciones, por Felipe V en 1714; por la dictadura de Primo de Rivera en 1924; por Franco en 1939, al ganar la guerra civil y autoproclamarse caudillo vitalicio reuniendo en su persona todos los poderes del Estado. Omite reseñar que España pasó de la dictadura a la democracia con la restauración de una monarquía parlamentaria en la figura de Juan Carlos de Borbón. En cambio, fija el visor en el Estado de las autonomías, carpa común bajo la cual Cataluña se dotó de un estatuto propio. El de Sau.

A renglón seguido, el preámbulo vuelve al *quejío* de las «dificultades» y «bloqueos» por parte del Estado español «contra las voluntades colectivas del pueblo catalán». Y apunta dos hechos, entonces muy recientes: las manifestaciones masivas del 10 de julio de 2010, con el lema «Somos una nación. Nosotros decidimos», y la Diada, 11 de septiembre de 2012, coreando el eslogan «Cataluña, nuevo Estado de Europa», expresiones una y otra «del rechazo de la ciudadanía hacia la falta de respeto a las decisiones del pueblo de Cataluña». Aquí el señalamiento es directo y en caliente: Artur Mas había peregrinado varias veces a la Moncloa pidiendo el Pacto Fiscal. Rajoy gallegueaba, abría mucho los ojos, como si la petición lo pillara de nuevas; se mesaba la barba y «puessss, Artur, tú lo ves muy fácil; pero es complicado, tengo que pensarlo..., verássss, daros a vosotros un privilegio que las otras comunidades no tienen me crearía un pandemónium, se me alborotarían todas, incluso tendría que reformar la Constitución. ¡Vamossss, un lío de mil pares de narices! Artur, déjame un tiempo para que le dé otra vuelta y te llamo... No, no me llames tú, yo te llamo».

Pero la última vez, ni se mesó las barbas, ni puso ojos de pez, ni gallegueó. Le soltó un no redondo como un cero. Y punto final. A Rajoy, su alma legal le cegó el instinto político para intuir que aquel no, lejos de ser el trazo final que zanjase un problema, sería el punto inicial, el arranque de un fatídico desastre.

En reacción al no redondo de Rajoy-Moncloa-España, la calle se agita. Mejor dicho, la agitan. Movilización ciudadana de un millón doscientos mil catalanes demandando el derecho a decidir y gritos más broncos que reclaman independencia. Después, el 11 de septiembre de 2012, la Diada del millón y medio. La más numerosa hasta entonces. Seguirán otras movidas multitudinarias, espectaculares, coloristas, como carnavales de esteladas. Nailon amarillo, rojo y azul ondea en toda Barcelona. No serán las últimas ni las más imponentes. Y los chinos trabajando como chinos para dar abasto a tanta demanda de banderas. No hay duda de que tal secuencia de animaciones populares masivas está activada, monitorizada y sufragada por alguna asociación catalanista. Nadie pregunta quiénes son los repentinos donantes anónimos. Alguien dice «serán los de Òmnium Cultural». Òmnium es conocida, ya hacía sus pinitos en los años sesenta, pleno franquismo. Pero se estrenan también otras dos maquinarias de propulsión, la Assemblea Nacional Catalana, ANC, y la Associació de Municipis per la Independència,[50] recién constituida. Las tres organizaciones van a jugar un papel capital de presión popular. «Lo que hay que hacer es avanzar despacio y con orden, corear el eslogan que marcan los altavoces, darles vuelo a las esteladas o echárselas a la espalda como capas livianas de Superman, *i tot amb civisme i pau.*»

Tomando pie de esas movilizaciones, el preámbulo concluía: «El Parlament constató la necesidad de que el pueblo de Cataluña determinara libre y democráticamente su futuro colectivo, por medio de una consulta».

España nos roba y el Rey no nos quiere

Años y años en un constante discurso de victimismo frente a «Madrit» habían ido amasando una conciencia nacionalista cada vez más disconforme y resentida. El *Estatut de Sau* se les quedaba corto y estrecho; el cupo de contribución a España les parecía leonino; y en la centralidad del Estado, dueño del *BOE*, de la Hacienda, del Ejército, y última palabra de la justicia, veían yugo, mordaza y prohibición para su afán de regirse por sí mismos. Estaban persuadidos de que eran los *paganinis* de una España sacamantecas —el mantra *Espanya ens roba* había calado hasta la médula social—; y que ni los españoles, ni el Gobierno central, ¡ni el Rey! los querían. Así se lo soltó un día Pujol a Mas: «El rey no nos quiere».[51] Y no le aclaró en qué se fundaba para decir algo tan contundente y tan reprobable en un rey que debía serlo de todos los españoles sin distingos ni exclusiones.

Esa conciencia de «Cataluña cenicienta, que carga, paga y calla» la compensaban inyectándose un complejo narciso de superioridad, que ellos mismos bautizaron como «supremacismo». Habían llegado al ¡basta ya, rancho aparte y adiós muy buenas!

La Declaración de Soberanía era en realidad el anuncio —todavía sin fecha— de un plebiscito de ámbito catalán y solo catalán; un sondeo total con urnas para que los ciudadanos dirimiesen la forma política que querían darse, cara al inmediato futuro de Cataluña. Arrancaba afirmando que «el pueblo de Cataluña tiene, por razones de legitimidad democrática, carácter de sujeto político y jurídico soberano». Añagaza primera. Truco gramatical. Sutileza legal.

Ninguna autoridad judicial lo apeló, porque Constitución en mano era inapelable: «La soberanía nacional reside en el pueblo español, del que emanan los poderes del Estado».[52] Los catalanes, como los murcianos, los extremeños, los vascos, los melillenses..., en tanto que españoles, y no escindidos del resto de sus connacionales, son «el pueblo soberano». Pero se trata de una soberanía única y de todos —el pueblo español—, un bien proindiviso, no troceable. No obstante, ellos volvían erre que erre a tomar la parte por el todo, sinécdoque que ya el Tribunal Constitucional les había echado abajo en 2010, cuando la reforma del *Estatut*.

Los catalanes son personas serias y circunspectas, cuentan los pasos de la sardana, respetan las tradiciones: la primogenitura de *l'hereu,* la Diada, Sant Jordi, la *mona* de Pascua, *els castellers*, el *caganer* en los belenes, la *nit de Sant Joan*, el *pa amb tomàquet, l'escalivada, els calçots,* la *escudella i carn d'olla,* el odio a los Borbones, el himno de *Els segadors*, reliquia de 1640, el culto mortuorio a los *presidents* Pau Claris, Francesc Macià y Lluís Companys... Trabajan de lunes a viernes como robots, sin perder un minuto. Pero con estos escritos, largos y cansinos, derrochaban demasiado tiempo en vano. O iban de vacile. Aunque en su día el Tribunal Constitucional les dio el alto, que dijera misa, ellos no pensaban detenerse. Exhibían su historia amojamada del año mil, su ADN, como un pagaré todavía pendiente, y reclamaban unos derechos caducados allá donde la memoria histórica se pierde.

En el fondo, aunque se piensan europeos de última gama con ropa y coches pijos, desenvoltura aeroportuaria y hotelera internacional y el inglés como segundo idioma, quien más quien menos lleva dentro un payés, la huerta, la masía, los abuelos y un tío materno con su vida de siempre en el pueblo. No son *vintage*, son añosos. Unos republicanos paradójicamente nostálgicos de abolengos condales. Cero modernos. Marchan hacia el futuro sin dejar de mirar el retrovisor. Son retro.

Tal vez para que nada quedase en el tintero, los textos institucionales de cuño catalán solían ser exuberantes y alambicados. No era raro que entre tanta prosa deslizaran imperceptibles trampas gramaticales, frases que no decían lo que parecían decir, o tenían más calado que el que a simple vista aparentaban. En esa misma Declaración de Soberanía, y entre una enumeración de principios tan obvios que podían leerse de carrerilla, de pronto, en el punto quinto, se encendía una alerta: «Se garantizará la cohesión social y territorial del país y la voluntad [...] de mantener Cataluña como un solo pueblo». ¡Alto! ¿Qué querían indicar con eso de «Cataluña, un solo pueblo»? ¿Un pueblo unido, sin disensiones ni primacías entre los vecinos de Barcelona, Tarragona, Lleida y Girona? ¿Un solo pueblo, diferenciado de los otros de España? ¿Un pueblo «solo», no integrado en el magma colectivo del pueblo español? ¿Un pueblo aparte, pues? ¿El «apartismo» que ya les diagnosticó Ortega y Gasset en 1932 desde la tribuna de las Cortes republicanas? Cabía la sospecha de que en ese «solo» hubiese gato encerrado, toda vez que iba envuelto en una afirmación de soberanía.

Ya en el punto anterior, el cuarto, chocaba una afirmación que, de puro lógica, podía no ser inocente: «Se dialogará y se negociará con el Estado español, con las instituciones europeas y con el conjunto de la comunidad internacional». De cajón. No se va a dialogar y negociar con los extraterrestres, con las vides del Priorat o con los arriates de Les Rambles. Entonces, ¿a qué incluir, en un texto tasado y de síntesis, esas dos líneas tan prescindibles? ¿Quizá porque no eran prescindibles? Probablemente lo que se trufaba con disimulo era que una Cataluña soberana tendría su interlocución, su negociación y su representación, a título propio y en pie de igualdad, con otros actores distintos de ella: el Estado español, el Consejo de Europa, el Fondo Monetario Internacional o las diversas instancias oficiales de la comunidad mundial.

En cualquier caso, pese a las luces rojas y ámbar que ponían en guardia a los juristas centinelas, no hubo objeción desde Madrid: ni el Gobierno de Rajoy dijo esta boca es mía ni se movió un papel de recurso ante el Tribunal Constitucional. Silencio total. Ha pasado un ángel. De momento.

De momento, porque solo se trataba de una declaración en borrador, un proyecto; pero, una vez debatida y aprobada en el Parlament, el Gobierno de Rajoy la recurrió ante el Constitucional, que la suspendió y más adelante la anuló.[53] ¿Podía hacerse? Sí, la Constitución lo permitía,[54] aunque era una decisión *non grata*, inaugural en la historia de nuestra democracia de consenso y con escasas posibilidades de impedir nada... Palitroques en las ruedas, incordio de chinitas en los primeros pasos del *procés*.

¿Reacción del Govern catalán? Lejos de palparse la ropa y echar el freno, Mas & Junqueras se lanzaron a constituir un Pacto Nacional por el Derecho a Decidir. Y, como aviso de que dominaban su calendario, fijaron ya una fecha a largo plazo: a dos años vista, toda Cataluña quedaba convocada a una consulta plebiscitaria el 9 de noviembre del año 2014. Consulta en urnas para que *el poble català* —y solo *el poble català*— apostase libremente por el tipo de organización política que quería darse en adelante.

La Moleskine de los conspiradores

En esa horquilla de tiempo, de 2012 a 2014, acaecieron hechos importantes e intervinieron personajes y capitales foráneos, se dejó sentir el influjo de otros Estados, bien enmascarados para que no se los acusara de injerirse, pero con incidencia medular en el *procés*.

Desde el primer instante, se determinó que no faltasen —y no faltaron— los movimientos de masas organizadas, «cívicas, pacíficas, festivas», en las que lo importante sería la afluencia de gente. El número. La encuesta en vivo del independentismo inundando las calles. Independentismo altamente dirigido y subvencionado. Era la fabricación de una noticia, un episodio multitudinario y vistoso, «imagen y sonido en tiempo real», con impacto fuerte en prensa, televisión, digitales, vídeos, pódcast y tuits a mansalva: que el hecho catalán se viralizara como *reality show* mundial.

Por el contrario, otros sucesos buscaban no ser noticia. Citas rápidas, discretas, entre individuos capaces de diseñar a la vez una estrategia y su contraria, personajes en puestos de influencia, gente con acceso a contactos privilegiados y gente con cartucheras de información sensible. Por supuesto, coches con lunetas entintadas y guardaespaldas como armarios macizos. Encuentros en esos ambientes que los agentes de inteligencia, los brókeres, los personajes de identidad oculta llaman «zona gris» o, aún más rocambolesco, «zona gris marengo»: saludos escuetos, pocas palabras, cuatro anotaciones en una servilleta de papel... Encargo recibido. Y en 72 horas, encargo realizado.

Más tarde, después de la consulta plebiscitaria del 9N de 2014, y a lo largo de 2015 y 2016, reuniones secretas, conspirativas, en distintos lugares: la Casa dels Canonges, el domicilio bis de cierto dirigente político fuera de Barcelona, una sala del hotel Balmes a puerta cerrada, la casa de un íntimo amigo en Girona o una misteriosa *war room,* que pocos conocieron. No hubo fotos, ni constancia oficial de esos encuentros ni grabaciones furtivas; aunque uno de los asistentes, Josep Maria Jové, mano derecha de Junqueras, apuntaba y apuntaba sin levantar el boli de su libreta Moleskine de tapas negras. 187 páginas con una letruja apretada y rápida, en catalán, aprovechando hasta los márgenes laterales.[55]

Estas reuniones fueron determinantes. Ahí se maquinaba el paso a paso hacia la independencia, el reparto de tareas previas para la construcción del nuevo Estado catalán, los borradores de la constitución republicana, miles de folios en los que se describían las estructuras del Estado en proyecto, previsiones prácticas para garantizar desde los servicios de agua, luz, gas, comunicación, hasta la venta de paracetamol en las farmacias, cuando arrancase la independencia, la logística del referéndum, el censo, el recuento... En este punto, la mayoría de los involucrados ignoraba que ya la Generalitat se había adelantado a suscribir un acuerdo marco con el entorno del magnate americano de origen húngaro George Soros, propietario de la empresa DXC Technology, para gestionar el sistema de votación electrónica que funcionaría en el referéndum del 1O de 2017.

En efecto, llegada la cita refrendaria sobre la independencia, DXC Technology cumplió su misión. Encargo recibido. Encargo realizado. Y dieciocho días antes del referéndum, Soros se deshizo de ella astutamente vendiéndola a un tercero.[56] Soros, un personaje a no perder de vista en esta historia.

En la Moleskine constan los nombres de los conspiradores, velados con sus iniciales, pero fácilmente identificables. Ellos y ellas. Carles Puigdemont, Artur Mas, Oriol Junqueras, Quico Homs, Raül Romeva, Carles Viver i Pi-Sunyer, Joan Tardà, Pere Aragonès, Jordi Turull, Josep Rull, los Jordis (Sànchez y Cuixart...), Neus Munté, Marta Rovira, Anna Gabriel, Alba Vergés, Eulàlia Reguant..., etcétera, etceterísima. Muchos, demasiados, para que no hubiera filtraciones. Pero a cada reunión asistían solo los concernidos por el tema a tratar. Y cada asunto tenía su propia hoja de ruta. «Hoja de ruta» y «el relato», eran sintagmas que usaban a troche y moche.

La Moleskine recoge en crudo, tal cual se dijeron, sus frases, sus disputas, sus desconfianzas por parcelas de poder en el futuro gobierno constituyente de la República. Los de la CUP vendían caro su apoyo, extorsionaban exigiendo vicepresidencias, ministerios, números uno para las alcaldías. Las notas de la libreta de tapas negras delatan que CDC, ERC y la CUP iban a degüello entre ellos. Pero esa mala química ni era delito ni importaría a la hora de enjuiciar los hechos del *procés*.

En cambio, desde la primera reunión, afirman, tal como se lee en la letra prieta y vertical de Jové bajo la fecha 1 de octubre de 2015: «Estamos adecuando las principales actuaciones para que sean efectivas la desconexión, la ruptura y la desobediencia, y todo en 18 meses». El exmagistrado del Tribunal Constitucional Carles Viver está dictando puntos claves de actuación y nadie le discute.

El documento entero es una prueba de cargo demoledora de conspiración para la sedición.

Las reuniones secretas comenzaron siendo Artur Mas el *president* de la Generalitat. Cuando en enero de 2016, por exigencias drásticas de la CUP, Mas tuvo que ceder el cargo a Carles Puigdemont, siguió asistiendo a muchas de esas citas conspiratorias.

En cierta ocasión, Carme Forcadell comentó que «Artur está libre, y yo en la cárcel, ¡cosas de la justicia!; pero lo cierto es que él estuvo metido hasta el cuello en el *procés* y en toda su preparación. De hecho, Artur asistió muchas más veces que yo a esas reuniones secretas. Estuvo en las que constan en la agenda Moleskine y en las que no constan. Estaba enterado de todo lo que pasaba. Y eso que él ya no tenía ni cargo de gobierno ni responsabilidad pública; yo, en cambio, aun siendo la presidenta del Parlament, solo iba cuando me convocaban. Pero Mas y Junqueras eran las dos piezas maestras del motor».[57]

Sí, podía resultar extraño que, concluidas las diligencias indagatorias de la causa especial 20907/2017, el personaje Artur Mas, que había estado en todo el guiso del *procés*, antes, durante y después de ser *president*, no figurase en la lista señera de los imputados, los del banquillo de terciopelo granate en la nave central del Supremo. Pero tiene su explicación jurídica.

Puigdemont, *president* por *Whatsapp*

Cuando en 2016 los diputados de la CUP se negaron a apoyar su investidura y lo obligaron a dar un paso atrás y ceder su puesto a otro, lord Arthur pensó en Carles Puigdemont, joven alcalde de Girona, como su posible Lancelot, para que lo sustituyera al frente de la Generalitat. No tuvo que vencer fuertes resistencias. Puigdemont aceptó sin consultarlo ni con la almohada ni con su mujer, la rumana Marcela Topor.

Estando en plena reunión ejecutiva del partido, recibe en su móvil un wasap: «Carles, si ponen tu nombre encima de la mesa, no digas que no». No reconoce el número del remitente. Pero enseguida interpreta: «¿Por qué mi nombre? ¿Yo, *president*? ¿Quién me lo envía?». Y a continuación, otro del mismo comunicante: «He hablado con el *president* Mas y la opción eres tú. Si se presenta la ocasión, no digas que no». Dos días después, una llamada de Artur Mas, a bocajarro:

—Hola, Carles, soy el *president* Mas. Ya sabrás por qué te llamo. ¿Hace falta que hablemos? Si quieres, hablamos. Si no, también lo entendería. —Ni una presión más—. Pues coge el coche y ven ahora mismo. Aparca en el *parking* de la catedral. Allí habrá alguien esperándote.

Cara a cara, sentados a la mesa de despacho que fue de Lluís Companys, se lo suelta todo hecho: los cargos de los *consellers* repartidos y nombrados entre CDC y ERC.

—Tienes un cuarto de hora para pensártelo.

«Vale. No es momento para cobardes, temblorosos o flojos de piernas —pensó—. Me siento raro, contento y triste, capaz y fuera de juego a la vez. La mayoría de los catalanes no tienen ni puta idea de quién soy.» Pero, tras ser investido *president*, lanzó desde la tribuna un mensaje, tres palabras que no dejaban dudas: *Visca Catalunya lliure!*

En la Moncloa, Rajoy se indigna: «¡No dejaré pasar ni una sola actuación contra la unidad de España, ni contra las leyes y los tribunales!». Informado Puigdemont, responde con desdén: «Rajoy en estos momentos es… un presidente en funciones, un proyecto que se acaba. No me interesa lo que diga».

Si lord Arthur pensaba que su Lancelot, Puigdemont, se limitaría a guardarle la silla, gobernando a su dictado hasta el próximo evento electoral, erraba ingenuamente en lo uno y en lo otro. No le había tomado bien la medida. Carles Puigdemont era un oportunista de la vida. Un simple bachiller espabilado, ejerciendo de periodista —o de propagandista— sin titulación, desde que tenía diecisiete años, siempre en medios públicos catalanes,[58] con sustanciosas subvenciones oficiales para sus proyectos informativos,[59] y ascendiendo como meritorio en el Ayuntamiento de Girona, a la grupa del partido en el poder: Convergència, el de Pujol.

Acusado Mas de desobedecer al Tribunal Constitucional, que en 2014 le había prohibido la consulta plebiscitaria independentista del 9N, como ya había perdido su fuero presidencial, no pudo ser juzgado por el Supremo, sino por el Tribunal Superior de Justicia de Cataluña. En un principio, la acusación era más gravosa, pues acumulaba también malversación y prevaricación, pero finalmente se le imputó solo el delito de desobediencia, que no aparejaba pena de prisión, aunque sí de inhabilitación y multa. Recurrió ante el Supremo con unas alegaciones de escaso fuste, pero logró que le rebajaran a trece meses el tiempo de inhabilitación para ejercer cargos públicos. Con él, como cooperadoras necesarias, resultaron inhabilitadas sus *conselleres* Joana Ortega e Irene Rigau. Las multas respectivas fueron de 36 500 euros para Mas, 30 000 para Ortega y 24 000 para Rigau.

Además, el Tribunal de Cuentas le pasó la factura de más de cinco millones de euros que costaron al erario público los gastos de aquel *procés participatiu* tan ilícito como inútil, pues, aparte el fiasco de que apenas llegase al 33 % la participación ciudadana, los votos emitidos ofrecieron el endiablado panorama de tres Cataluñas, enfrentadas y divididas entre la que quería que Cataluña fuera un Estado independiente; la que quería que fuese Estado, pero no independiente; y la que no quería ser un Estado, sino mantener la situación de autonomía dentro de España.

Fue entonces cuando Antonio Baños, cabeza de lista de la CUP, tomó la palabra y reconoció en público la derrota: «La DUI (Declaración Unilateral de Independencia) iba ligada al plebiscito: no hemos ganado el plebiscito; luego no hay DUI».

Esto sucedía el 28 de septiembre de 2015. No tenían, ni de lejos, la mayoría necesaria para la ruptura, pero sí el empeño de conseguirla y de llegar, siquiera fuese con la cabeza rota y la bolsa vacía, al final de la historia.

Retirado de la política, pero no anestesiada su pasión por España ni mermada su larga experiencia de gobernante, Felipe González reiteró con voz grave lo que ya había advertido un año antes:

> Galopar hacia un imposible puede provocar una fractura política y social que cueste 30 o 40 años de soldar. La independencia de Cataluña no es posible. Además, siento que no es deseable. Y en el caso de que algún día hubiera que decidir sobre la estructura territorial de ese espacio público que compartimos, llamado España, tendríamos que decidirlo todos los españoles. Si alguna vez, digo, hubiera que decidir, cosa que no deseo, creo que por ser español yo tengo tanto derecho como el presidente Mas. [60]

Artur Mas se había quedado colgado en el aire: sin cargo ni mando oficial, con deudas judiciales y apremiantes y un horizonte próximo de demandas y contenciosos por cuentas turbias en su partido. Necesitaba conseguir dinero y reflotar CDC. En tiempo exprés, logró que una caja de solidaridad —donde por arte de birlibirloque se acumularon millonarias donaciones anónimas— corriese con las multas y con los gastos de defensa de los condenados en esta fase inicial del *procés*. Al mismo tiempo, fue disfrazando su partido, cambiándolo de sede y de nombre, para huir sin disimulo del apremio de sus deudas. Fundado por Pujol como Convergència Democràtica, pasó a ser CiU, al asociarse a Unió; luego, el propio Mas lo rebautizó como CDC; en su alianza con ERC, tomó el nombre Junts pel Sí; después, PDeCAT, siglas de Partit Demòcrata Europeu Català; y finalmente, DiL, Democràcia i Llibertat.

En simultáneo, también él iba dando cambiazos, con un sesgo cada vez más independentista y más izquierdoso en sus programas, aunque conservando su personal señoritismo burgués, elitista y *bon vivant*.

Nunca fue brillante ni especialmente dotado para el liderazgo político. Ineficaz en su gestión de gobierno, ¿cuáles fueron las obras tangibles en sus años de mandato? Dejando a un lado las comisiones —o «donativos» millonarios— recibidas por servicios y obras públicas que concedió a empresarios privados, es triste pero cierto decir que Mas se empleó a fondo en vaciar las arcas de la Generalitat para sufragar su único y obsesivo fin: la independencia.

Hasta aquí, la actuación de Artur Mas hubiese pasado a la historia —tal vez, solo a la pequeña historia— como la crónica gris de un *president* mediocre; pero justo a partir de 2012, empezaría a ser mucho más procelosa que su política de populismo facilón y los bamboleos de sus ambiciones, que no lo llevaron a ninguna parte. O quizá sí, a su sillón en el Palau, que amaba más que a Cataluña.

Sería disculpable —ocurre a muchos— que una, dos, tres veces se hubiera equivocado al elegir. Lo malo en Artur Mas fue que al final eligió la equivocación.

Obstinado en su afán soberanista, se metió en la boca del lobo; peor, de una manada de lobos. Peligroso para él y peligroso para Cataluña. Pero esa es harina de otro costal y tiene su propia épica.

Cuando un derrumbado Pujol, patriarca de una «organización criminal» y cercado por la policía de delitos monetarios, extrañado por aquel ruinoso final se preguntó en solitario «después de tanto poder y tanto trabajo y tanto *fer país*, ¿en qué me he equivocado?», no dudó un segundo en su respuesta: «Nombrando a Mas». Quizá, al descargar en otro el turbión de su culpa, respiró más tranquilo.

Fogonazo de *flash* en un safari secreto

Es preciso volver a la agenda de 2012. Aquel año ocurrió un suceso inesperado y de consecuencias nefastas para la Jefatura del Estado. Suceso indisimulable y de impacto mundial que, aun sin guardar relación con los hechos que acontecían en Cataluña, produjo tanto en la Zarzuela como en la Moncloa una parálisis de reflejos para atajar con rapidez y en sus inicios el problema político del separatismo, que justo entonces retoñaba y empezaba a hacer sus acrobacias.

En efecto, el 13 de abril, y aunque Botsuana —en el África profunda— está muy lejos de Madrid y de Barcelona, el lado oscuro y frívolo del Rey recibía un fogonazo como aquellos de *flash* de magnesio, que dejaba al descubierto no ya su cacería de elefantes en un carísimo safari, sino su escandalosa compañía, la bróker comisionista Corinna Larsen y su primer marido, Philip J. Adkins, que seguía teniendo amistad con ella aunque la consideraba «una psicópata narcisista» y de su relación con Juan Carlos opinaba que era «un amor tóxico que daba miedo»; sin embargo, allí estaba él, en clave de ex, siguiéndolos como un perrillo. Con ellos, el adolescente Alexander, hijo del príncipe Casimir zu Sayn-Wittgenstein, segundo marido de Corinna; y el empresario saudí Mohamed Eyad Kayali, que pagaba los gastos, con cargo —decía— a las cuentas del Rey.

Don Juan Carlos resbaló una noche en el bungaló, se fracturó la cadera y a partir de ahí sus continuos ingresos hospitalarios —«vuelvo a boxes, a que me recompongan los huesos»— eran pretexto noticioso para que los periodistas devanasen la madeja interminable de su vida lúdica.

El safari de Botsuana, ocio lujoso de sátrapa, fue como una desaprensiva bofetada del monarca a su pueblo en momentos de grave depresión económica. España, a punto de ser rescatada por la Unión Europea, el paro rampante, la prima de riesgo por las nubes, las hipotecas del *boom* inmobiliario ejecutadas sumariamente: miles y miles de españoles, comprometiendo sus ahorros y fiándose de las «ofertas y facilidades bancarias», habían adquirido al fin un pequeño piso en su ciudad. Al no poder pagar las hipotecas, empezó la rueda voraz de los desahucios sumarísimos: familias en la calle, hombres que se ahorcaban en el interior de sus viviendas recién estrenadas... Que el rey Juan Carlos ni siquiera tuviera conciencia de ese cruel escenario que padecían sus connacionales fue letal para la Corona y para el propio monarca. Fue un choque muy fuerte. El aprecio y simpatía que siempre le habían tenido, hasta los republicanos, mutó nada más difundirse la noticia. En cuestión de horas, los españoles le volvieron la espalda: «Un rey que, en esta situación, en vez de ocuparse de arreglar lo nuestro se dedica a sus negocios y va a lo suyo, a divertirse cazando en la quinta puñeta con una señorita rubia..., será el rey de lo suyo, pero no es el rey de lo nuestro».

Y ante el aturdimiento del rey, pillado infraganti, y la pasividad estupefacta del jefe del Gobierno, el republicanismo catalán vio la grieta. La ocasión débil. Y se dispuso a velar sus armas.

Flashback: Artur Mas estaba elegantemente cabreado con Rajoy. Gallego sagaz hasta durmiendo, Rajoy se hacía el pánfilo, demorando encuentros que el *president* catalán le solicitaba con insistencia. El enfado era recíproco. El de la Moncloa sabía, aun sin haber sido informado por Mas, que en la Generalitat se preparaba una especie de simulacro de referéndum, disfrazado de proceso participativo; que Mas había fijado ya una fecha, 9 de noviembre de 2014; y que en esa consulta con urnas se pretendía dirimir nada menos que el sí o el no a la independencia de Cataluña. Del gaseoso derecho a decidir pasaban a algo bastante más sólido: el cuántos a favor de la decisión rupturista. Por el momento, no se había hecho una convocatoria oficial ni se daban explicaciones públicas y transparentes.

Al mismo tiempo, a Mas le interesaba sacar pecho ante Junqueras y sus republicanos; pero veía que Duran i Lleida y los de Unió empezaban a fruncir el ceño ante esas audacias tan al borde de la ley. Peor, sin apoyatura legal ninguna y en el punto de mira del Tribunal Constitucional y del Gobierno. Por ello, al confeccionar su nuevo Govern, Mas intentó aplacar los recelos de Duran y amarrar su participación en la consulta soberanista, aumentando el número de *consellers* de Unió Democràtica o situándolos en puestos de mayor responsabilidad.

Después de varias llamadas y peticiones, la Moncloa comunicó al Palau de la Generalitat que la entrevista Rajoy-Mas sería el 30 de julio. Último día del curso oficial.

Entraron en materia enseguida: la consulta plebiscitaria o *procés participatiu*, lo que Mas llamaba «el plan B», a falta de que el Gobierno nacional diera luz verde a un plan A, un auténtico referéndum pactado con todas las venias.

Rajoy, apoyando sucesivamente su dedo índice derecho sobre cada uno de los dedos de su mano izquierda, fue enumerando peros:

—No tiene un marco legal. Es perfectamente recurrible. No hay un censo previo: puede votar quien quiera, sea o no sea catalán, incluso extranjeros, con tal que tengan un domicilio en Cataluña, aunque residan fuera, si ese día se presentan ante la urna con su DNI. Se admite también el voto de los jóvenes de dieciséis años en adelante. De los cuatro mil puntos de votación que preveíais en la Ley de Consultas suspendida por el TC, pasáis a seiscientas o setecientas urnas que los votantes tendrán que buscar y encontrar camufladas en institutos de enseñanza secundaria y en locales propiedad de la Generalitat, porque los Ayuntamientos no las albergan, no quieren problemas legales... —A Rajoy se le habían acabado los dedos de una mano y ya contaba con los de la otra—. Pero, sobre todo, Artur, lo grave, lo inaceptable, esssss ¡la pregunta! El binomio de pie forzado que planteáis: o Estado independiente o Estado a secas..., o sí o sí. Ya comprenderásssss que, como presidente del Gobierno del Estado español, debo decirte con toda claridad que esa consulta ni se puede celebrar ni se va a celebrar... Olvídate del plan B. ¡No hay plan B que valga! ¡Olvídate!

—Pues con la misma claridad debo responderte, Mariano, que solo se dará una solución estable y duradera al problema catalán preguntándole al pueblo. Llámese referéndum, o plebiscito, o consulta o *procés participatiu.*

Tres «exploradores» tantean entre sombras

A partir de la convocatoria a urnas para el 9N, el escenario político empezó a ser preocupante. Mariano Rajoy, Artur Mas y Alfredo Pérez Rubalcaba, como secretario general del PSOE, acordaron abrir un canal de diálogo Cataluña-Madrid, oficioso, muy discreto y del que no quedasen rastros en ningún papel. «Señores, esta conversación no ha existido». Cada uno designó a un «explorador», a un hombre sonda. No quisieron darles el rango de negociadores ni de intermediarios, ni instituirlos «comité»; pero les confiaron la encomienda de acercar posturas, transmitir mensajes e informar cada mandatario a su mandante. Esos tres exploradores se reunirían y actuarían con absoluto secreto; jamás darían noticia a la prensa ni de lo hablado ni de que existían tales conversaciones a tres bandas; y, salieran bien o mal sus tanteos o llegaran o no a puntos de coincidencia, lo harían como una gestión personal, sin comprometer al Gobierno de España, a la Generalitat o al Partido Socialista. Por la Generalitat solo estaban al corriente Duran i Lleida, Quico Homs y la vicepresidenta Joana Ortega. Era lógico que Rajoy lo comentase con Soraya Sáenz de Santamaría; y Rubalcaba con Pere Navarro, cabeza de filas del PSC. Pero en todos ellos, labios sellados.

Los tres exploradores escogidos fueron Pedro Arriola, hombre de confianza de Rajoy, como ya lo había sido de Aznar y antes lo fue de Fraga; diseñador de estrategias electorales y muy dotado para tomar el pulso con cara de póquer y averiguar las cartas del otro. Joan Rigol, expresidente del Parlament, sénior con amplia experiencia política y talante abierto, tuvo el OK de Mas y de Duran. Y, representando al PSOE, José Enrique Serrano, que había sido secretario de Estado y director del gabinete de los presidentes Felipe González y José Luis R. Zapatero, altamente informado, agudo en sus análisis y sin afán protagonista. El hombre de la recámara. Un cerebro en la sombra.

Hablaban y hablaban, concretando posibles soluciones; pero, una vez informado Rajoy, no conseguían que dijera una palabra ni que hiciera un movimiento... Sus comentarios más expresivos no pasaban de «esto es un lío», «muy complicado, mucho lío».

Arriola, Rigol y Serrano planteaban entre ellos las cuestiones sin repliegues ni remilgos:

—Dejémonos de historias, si Rajoy está hecho un madero mudo es porque se guarda alguna baza... El petardazo final.

—Que será un petardazo legal... Salir a última hora diciendo «la consulta del 9N no puede realizarse, salvo incurrir en el delito de desobediencia, porque el Tribunal Constitucional la ha suspendido de forma cautelar».

—Eso no. La ley no prohíbe celebrar referendos o consultas en una comunidad equis para preguntar a los tíos de allí ¿de qué modo le gustaría a usted vivir…? En los cantones de Suiza se pasan la vida votando hasta de qué color han de pintarse los bancos del parque equis.

—Pero es que aquí la preguntita se las trae: «¿Quiere que Cataluña sea un Estado? En caso afirmativo, ¿quiere que sea un Estado independiente?». Eso, lo llamen como lo llamen, no es una consulta aséptica sobre el «derecho a decidir»: es un referéndum sobre la independencia como la copa de un pino.

—Estos se han palpado bien la ropa. Entre Mas y Homs lo han montado con astucia y extremando las cautelas y todo el material logístico de propaganda, cartelería, papeletas, urnas, mesas, etcétera, correrá a cargo de la sociedad civil, ANC, Òmnium Cultural, la AMI y voluntarios a punta pala… He oído que unos veinte mil. A ver cómo y dónde juzgas a veinte mil tíos. Es innegable que la Generalitat está detrás, y figura como la convocante; pero cara afuera no se involucra no toca bola, no presta siquiera el censo. Legalmente, no deja ni un pelo en la gatera. No pueden engancharla.

—Claro. Les conviene que el referéndum «sí es no es» figure como una iniciativa popular…, porque, si la Generalitat es la que apoquina, en un asunto tan dudosamente legal, a Mas podría caerle una muy gorda por malversación. Ahora bien, que Rajoy no diga ni oste ni moste y que en privado ni Jorge Moragas[61] ni nadie de la Moncloa nos haga el menor comentario, ufff, me da en la nariz que no es por la consulta en sí, sino por el pánico del Gobierno a dar un paso en falso y que Cataluña el 9N se levante con el pie izquierdo y decida desenganchar y romper la baraja.

—No lo creo. El CIS ha hecho varias oleadas de encuestas y no detectan ese peligro.

—¡Hombre, no me seas ingenuo! ¿Tú crees que un catalán indepe va a cantarle al de la encuesta «sí, mire usted, yo quiero un Estado independiente»? Son cuestiones demasiado arriesgadas para que la gente diga lo que piensa. ¿Las encuestas del CIS?, papel mojado. Y el 9N, a esperar la sorpresa.

—Perdona, no soy ingenuo. Lo que sé es que el CIS va detectando en las cuatro provincias catalanas que no hay ambiente de ir a retratarse el 9N. La gente está pasota. Y entusiasmo de echar cohetes, cero.

—En todo caso, esa consulta está impugnada por el Constitucional. Salga lo que salga, no tendrá valor jurídico vinculante. Son ganas de marear la perdiz y de cansar al pueblo catalán.

—Depende... Depende de las masas que movilicen. Depende de la afluencia. Es imprevisible. Podrían dar un vuelco, ¿eh?, y entonces ¡a ver cómo le niegas valor vinculante a un hecho consumado!

—Si queréis, hacemos una porra. Yo digo que entusiasmo, cero.

Por su parte, Artur Mas iba percibiendo en la alta burguesía catalana cierto nerviosismo, preguntas que translucían una mezcla cobardona de inquietud, de perplejidad, de miedo, porque el dinero es miedoso: «*President*, ¿está usted seguro de que tanta consulta popular, con censos abiertos y sin garantías de control, no nos empujará a un camino equivocado?».

Esa zozobra llevó a las planas mayores de la *jet* a organizar cenas discretas entre pequeños grupos de financieros, empresarios y altos ejecutivos, intranquilos por la deriva independentista de aquel tinglado del derecho a decidir. Estos hombres con influencia y poder querían tender puentes entre Cataluña y Madrid. Eran los patriotas del dinero. Un tangible que podía convertirse en intangible, según lo que el *poble* «decidiera decidir». Seria cosa. Muñidores de esos encuentros fueron Manuel Pizarro, ya retirado de la política, y Duran i Lleida, dubitante, más fuera que dentro. Y gerifaltes de empresa como César Alierta (Telefónica), Isidre Fainé (La Caixa), Emilio Botín (Banco Santander) y Javier Godó *(La Vanguardia)*.

En la Zarzuela, con pies de plomo

A la vez, proseguían las conversaciones secretas de los tres exploradores. En alguna pausa, exponiendo los últimos mensajes recibidos y el estado de cosas a transmitir, abordaban el otro temazo, no catalán, que pesaba como una losa aquellos días de mayo de 2014.

—Y todo esto, coincidiendo con una situación de la Corona que no sé si calificar de fragilísima o de pronóstico reservado.

—Yo diría que patética. Aquí, cada vez que pones la tele o enciendes la radio, nos sobresaltan con un mamut de escándalo y... nada, nadie dice nada. Como si la clase política hubiese pactado una especie de *omertà*. Todo el mundo, sordo y callado.

—Pero se palpa la cuenta atrás. El rey, como rey, tiene los días contados. Hombre..., no trasciende a la calle ni a la prensa, pero en la Zarzuela y fuera de la Zarzuela hay movida y gente trajinando. Félix Sanz Roldán, no como director del CNI, sino como amigo con ascendiente sobre el rey. Y con tanta o más amistad y confianza personal, Felipe González... Hablan mucho a solas los dos. Incluso, para que no conste en su agenda oficial de visitas, el rey se ha desplazado alguna vez a Extremadura, a una finca que tiene allí Felipe. El rey se fía de la experiencia de Estado que ha acumulado Felipe y de su radar del mundo exterior; sabe que no busca nada en el juego político y que lo que le aconseje será por el bien de la monarquía... Rajoy y Rubalcaba están al cabo de la calle, aunque sin intervenir si el rey no se lo pide. En cambio, Rafael Spottorno, como jefe de la Casa, está en el meollo del meollo. Eso sí, moviéndose con pies de plomo. Intentando adivinar si el rey sigue pensando esta mañana lo que dijo ayer por la tarde... y sin que parezca *pressing*.

—Una abdicación forzada y sin anestesia es una cosa muy gorda. Y más si el protagonista dice que nones...

—Bueno, dice que nones un día y al otro dice que «vale, que llamen a Landelino Lavilla y a ver qué se le ocurre, porque no hay ninguna ley de abdicación, ni un protocolo ni nada de nada». Y Spottorno, el hombre, como ve que el rey no está decidido, no sabe a qué carta quedarse... Oye, por favor, y os lo digo a todos, ¡que esto no salga de aquí!

—*No em fotis, tu!* ¿Cómo se te ocurre decir que saldrá de aquí... o que alguno de nosotros dirá fuera lo que se habla aquí dentro?

—Perdonad, no he querido decir que...

—Pues yo lo que he sabido es que, tanto en la Zarzuela como en la Moncloa, huyen de los teléfonos, se escaquean de embajadores, empresarios vips, banqueros, directores de periódicos..., porque la gente se huele algo, llaman, preguntan; pero, a día de hoy, todavía no tienen una respuesta sólida y firme que darles.

—Situación líquida.

—Líquida... o gaseosa. Lo que a mí me ha llegado es que el rey todavía no lo ha hablado ni con la reina ni con el príncipe.

Ese era el cuadro. La aceptación popular del rey Juan Carlos estaba bajo mínimos, 46 puntos por debajo de cero, y no remontaba. Los periodistas, incesantes, removiendo cada día un avispero, servido en bandeja por la propia Corinna Larsen, cuyas «confesiones» al excomisario Villarejo —verdaderas o falsas o *fifty fifty*, pero grabadas muy conscientemente y propaladas por radio— lanzaban a diario una puñalada envenenada contra el monarca. El tono de la dama danesa era de víctima engañada y vindicativa. Según ella, el monarca, su «entrañable amigo» hasta poco antes, le debía dinero, había metido ingentes cantidades en las cuentas de ella, y en diversos bancos, «para comprometerme legalmente». Soltaba datos hasta entonces desconocidos y que por el rotundo desparpajo con que se los relataba al excomisario parecían apabullantemente ciertos: «Puso a mi nombre una finca, regalo del rey Mohamed VI, en Marrakech»... Contaba operaciones mercantiles en las que grandes empresarios españoles habían conseguido contratas de alto montante fuera de España gracias a la influencia personal del rey, que por esa mediación había cobrado comisiones utilizando testaferros de su confianza y en cuentas corrientes cifradas en Suiza, en Montecarlo, en Panamá... Sin esfuerzo de memoria decía los nombres, incluso los apellidos nobiliarios, de los supuestos testaferros.

Metía al CNI en danza. Y sin necesidad de mucha perspicacia indagadora, el periodista equis conseguía la confidencia de un agente de «la Casa» que le describía la mansión «familiar» que el rey había hecho reconstruir para Corinna y su hijo, con todo descaro, en La Angorrilla, a cien metros de la Zarzuela. O que un oscuro empleado de una afamada casa de subastas aportase los datos sobre el collar de esmeraldas que la condesa de Romanones subastó en Londres, el rey lo adquirió y Corinna lo lució en «la noche blanca de Moscú». Supuestos, imaginados o reales casoplones de lujo en Londres y en Suiza. Etcétera, etcétera. En sus desahogos ante la grabadora, Corinna dejaba flotando viscosas imputaciones de comisiones espurias, evasión de capitales, cuentas *offshore*, fraude fiscal… A veces, sobreactuaba con *thrillers* de entradas y registros nocturnos en su casa de Montecarlo o en su oficina de Londres y con presuntas amenazas del director del CNI, al que describía como a un personaje siniestro.

Se la creyera o no, había arrojado vitriolo sobre la figura del rey Juan Carlos. Por mucho que callaran los políticos y por muy inviolable que fuese el monarca, al pueblo le habían destrozado la estatua. Y lo de la transición del franquismo a la democracia quedaba en lámina sepia, como una batallita de Viriato.

El rey era ya un muñeco roto. Su desprestigio personal —con pruebas o sin ellas— no solo había arruinado una magnífica hoja de servicios, de logros políticos y económicos, de éxitos internacionales para España durante los cuarenta años de reinado, sino que por días oxidaba la Corona.

La abdicación se había hecho apremiante. ¿Meses, semanas…? Y en el mismo acto, el relevo sucesorio. No cabían periodos peligrosos de sede vacante. Felipe VI, más que un trono, recibía una silla eléctrica. ¿Aguantaría la descarga?

Lo malo es que el viejo rey aún dudaba, se resistía. En un momento de sensata reflexión, después de escuchar a Felipe González, Juan Carlos llamó a Rubalcaba, se sinceró con él:

—Alfredo —le dijo—, ya sé que has anunciado tu dimisión como secretario general del Partido Socialista; pero voy a pedirte, como un servicio a España, que retrases tu salida. En las circunstancias que se avecinan, necesito que mantengas todavía los mandos del PSOE.

Incluso le desveló la fecha de su abdicación, que era el secreto de los secretos.

Rubalcaba modificó su calendario para propiciar al rey amortizado una digna abdicación y evitar que ciertos sectores del PSOE no afectos a la monarquía, aprovechando la coyuntura, cuestionaran la institución.[62]

Aunque el evento regio estaba previsto para los primeros días de junio de ese mismo 2014, los hechos, todos solemnes y todos importantes, se acumularon en unos pocos días: movimientos silenciosos en el alto *staff* de la Zarzuela y, como el que entraba era un nuevo rey, hubo cambios —los imprescindibles y muy estudiados—, sustituyendo al personal de trato más directo con el monarca. Por prudencia, la Casa siempre ha sido remisa al quita y pon en cargos de confianza. Con todo, se trataba de algo inédito: ni había rey muerto, ni rey exiliado ni rey depuesto. No había que quitar telarañas, sino diseñar nuevos protocolos: relevo en la Jefatura del Estado y en el mando supremo de las Fuerzas Armadas, con los invitados *numerus clausus* que no podían dejar de estar. Tres ceremonias, tres escenarios: Palacio de la Zarzuela, Palacio Real y Palacio de las Cortes para la jura y proclamación de Felipe VI. Los nuevos reyes, inaugurando un reinado de savia joven, pero no prematura, sino ya madurada en la espera. Con humor y con listeza senequista, la gente de la calle lo llamaría «el Preparado». Lo estaba. Y a su padre, «el Campechano». Lo era. El cambio de protagonistas suponía un exquisito juego de equilibrios: en uno, pasar al primer plano y empezar a ser lo que realmente ya se es; en el otro, dar un paso atrás, desaparecer, apagarse, dejar de ser lo que ya no se es. Todo fue sobrio, medido, sin emoción. Incluso el abrazo del rey padre al enfajar de capitán general a su hijo rey fue castrense y rígido, más que afectuoso.

Solo una concesión al pálpito sensible. Felipe VI, recién proclamado ante las Cortes Generales, en el discurso inicial de su reinado, discurso difícil, pues debía cancelar las reprobables conductas de su padre, sin decirlo, pero anunciando su propósito de vida «íntegra, honesta, transparente», muy cercano al pueblo y trabajando para su país... se detuvo un instante. Con la mirada recorrió en trávelin todo el hemiciclo. Tragó saliva:

—Me permitirán, señorías, que agradezca a mi madre, la reina Sofía, toda una vida de trabajo impecable al servicio de los españoles. Su dedicación y lealtad al rey Juan Carlos, su dignidad, su sentido de la responsabilidad son un ejemplo que merece un emocionado tributo de gratitud que hoy, como hijo y como rey, quiero dedicarle.

El hijo desagraviaba a su madre. No era necesario señalar al culpable. Durante ese párrafo se cortaba el aire. Ni una respiración. Cuando concluyó, los senadores y diputados presentes en el Salón de Plenos hicieron restallar una ovación interminable. En medio del fragor de los aplausos, la reina Sofía se puso en pie, se llevó la mano derecha a los labios y, con la punta de los dedos, le envió un beso por el aire.

Esto sucedía el 19 de junio de 2014. En las vacaciones estivales, siesta administrativa y parón nacional, el nuevo rey debía calentar motores para que desde el primer día de la *rentrée* los españoles empezaran a notar que algo distinto y nuevo comenzaba. Sin embargo, la fecha elegida por los catalanes para su consulta, 9 de noviembre, quedaba demasiado cerca, era como un nubarrón que ensombrecía el rodaje inaugural del rey Felipe VI.

Las conversaciones de los exploradores cesaron fulminantemente en cuanto alguien, interesado en que no prosperasen, las filtró a *El Periódico*. El rotativo catalán obedeció como un robot, o se jugaba los 520 865,24 euros que recibía de la Generalitat, como ayuda a fondo perdido bajo una condición explícita: utilizar el catalán o el aranés en sus ediciones; y otra tácita: mantener en su línea editorial la esperable sintonía con el rumboso Govern.[63]

No obstante, y aunque alguno de ellos hubiera hablado de más, el año y medio de trato y comunicación generó entre esos tres hombres un buen *feeling* y una complicidad que remontaba las discrepancias. De ahí que cinco años después, 2017, cuando el *procés* y la convocatoria del referéndum ilegal del 1O pusieran a todos en alta tensión, los tres exploradores, Arriola, Rigol y Pérez-Serrano, reactivaran sus encuentros de mediación. Serían, como en la película de Steven Spielberg, encuentros en la «última» fase.

Sirvieran de algo o de nada esas reuniones, los tres exploradores cumplían cada uno su encomienda y su representación: la Moncloa, el Palau de la Generalitat y el Partido Socialista. Por tanto, no estaba en lo cierto o no decía la verdad Jordi Sànchez, el comandante en jefe de la ANC, cuando protestaba después —ya en la prisión de Lledoners— porque no habían tenido interlocución con el Estado:

> Estamos en que no tenemos un frontón, alguien con quien contrastar puntos de vista, planes; alguien que represente al poder, sentado en la silla de enfrente. No. Enfrente ha habido y hay una silla vacía. *La cadira buida*. Esa silla sigue vacía, quizá por temor a que, si alguien la ocupa e inicia un diálogo, lo penalicen los dirigentes políticos españoles o un sector importante de españoles. Nadie quiere sentarse en esa silla. Nadie se atreve a dar el paso por miedo a ser mal interpretado, castigado, reprobado… Y sin diálogo con el Estado, el conflicto seguirá abierto y seguirá la tensión.[64]

«Lo que hay que hacer se hará»

Cuando tenía noticias de que algunas personas con prestigio social se apartaban del proyecto o retiraban sus donaciones, Artur Mas repetía a diestro y siniestro:

> Mi terreno de juego es la legalidad. Punto. Ahora bien, no pienso desaprovechar las rendijas de la ley, que las hay, para poder celebrar la consulta. Es preciso que el pueblo hable y diga qué futuro quiere para Cataluña. ¿O van a decirlo otros por nosotros? Que lo sepa todo el mundo: estoy decidido a jugar fuerte, hasta donde sea necesario. Y, puestos al límite del precipicio, sé que como *president* tengo la autoridad, la potestad y el deber moral de que la decisión final sea mía, y también mía la responsabilidad. ¡De nadie más! No me importa el riesgo que asumo... Aunque, lo digo y lo repito: yo quiero hacer las cosas por las buenas y en el marco legal. Lo intentaré hasta el último minuto. Pero si en el otro lado hay cerrojazo..., sintiéndolo mucho, lo que hay que hacer se hará.[65]

Con la idea fija de que «lo que hay que hacer se hará... y de modo irreversible», Mas empezó a ordenar iniciativas de trabajos colectivos, como si se blindase no ya con barricadas de sacos terreros, sino con muros de cemento: puso en marcha un Consejo Asesor de la Transición Nacional, contratando a profesionales catalanes de prestigio, comprometidos a fondo con el soberanismo, y situó al frente a Carles Viver i Pi-Sunyer, profesor constitucionalista y exvicepresidente del Tribunal Constitucional. Carles Viver, un nombre a retener.

A ese Consejo le encargó elaborar el *Libro blanco de la transición nacional,*[66] un documento exhaustivo de estrategia política, dieciocho informes técnicos que analizaban uno por uno los distintos aspectos a tener en cuenta para que nada fallase en el proceso que convertiría a Cataluña en un país independiente. El plan milimétrico para estructurar el nuevo Estado.

Considerado por el magistrado Pablo Llarena como «la pieza ideológica central de toda la conspiración independentista», el *Libro blanco* exponía distintos procedimientos para lograr la independencia de Cataluña, según que se obtuviese en un marco de colaboración negociada con el Gobierno español o, por el contrario, que el Estado desplegara sus instrumentos de oposición. La alternativa era «o sí, o también». Con o sin acuerdo del Estado, Cataluña se desgajaría del resto de España. Así lo plasmó el instructor Llarena en su auto de procesamiento:

> La independencia no era el desenlace de una falta de negociación con el Estado, sino el objetivo que pretendían alcanzar en todo caso: primero, intentarían un acuerdo pactado; pero, en el supuesto contrario, lo harían de manera unilateral, forzando al Gobierno a asumir la situación de hecho que buscaban crear.[67]

De un modo o de otro, se contaba con utilizar a fondo la movilización popular como elemento de presión. Lo que Ortega hubiese llamado «la rebelión de las masas», si bien en el caso catalán serían «pacíficamente conducidas y ordenadas» desde instancias civiles superiores, ANC, Òmnium Cultural y AMI.

El *Libro blanco* lo indicaba sin ambages:

> El apoyo de la sociedad civil movilizada podría constituir igualmente un factor decisivo para forzar la negociación con el Estado. En caso de que esta presión por la negociación no tuviese éxito, la

alternativa que quedaría a la Generalidad para hacer efectiva la creación de un Estado independiente sería declarar unilateralmente la independencia.

Claro como el agua.

El suceso catalán, aunque entró en el Supremo calificado como delito de rebelión, en un abrir y cerrar de ojos descendió al rango de sedición, porque no hubo alzamiento en armas. Así estaba programado: ni un cuchillito de postre ni un tirachinas; el pueblo en masa sería el arma. Fuenteovejuna en el siglo XXI. Y como sedición lo entendieron seis de los siete jueces del Supremo. No, en cambio, los fiscales. Y tampoco, en principio, la Abogacía del Estado. Pero la flamante ministra de Justicia, Dolores Delgado, Lola, ejerció su mando fuera de escena y aun antes de comenzar el juicio, imponiendo que «nada de rebelión: sedición y punto». Tuvo la mala puntería de trasladar esa orden a Edmundo Bal, número uno del Cuerpo de Abogados del Estado, que no pasó por el aro, se negó a prejuzgar, lio sus bártulos, colgó su toga y abandonó su brillante carrera.

Pisando tierra, el *Libro blanco* hacía ver el vacío de gestión y de gobierno en que caería la futura república catalana si, una vez hecha la desconexión, no tenía a punto las estructuras propias de un Estado, y llamaba a la tarea de producirlas *ex novo,* a fin de que la nueva república desde el minuto 0+1 tuviese «la capacidad necesaria para ejercer las funciones de gobierno sobre el territorio y obtener la aceptación social».[68]

Habría, pues, que lubricar y activar a las asociaciones motoras de las masas y fabricar el edificio del nuevo Estado. Además de esos dos renglones del *Libro blanco*, un tercero señalaba el área mediática internacional y la necesidad de desplegar una campaña de proyección exterior. Interesaba dar al «reto político catalán» una difusión de alcance mundial. La Generalitat disponía de una subespecie de Ministerio de Exteriores, o más bien oficina diplomática, el Diplocat, un consorcio con cinco sucedáneos de «embajadas». Pensando en el desiderátum de una república integrada en Europa, aquello era un ridículo quiero y no puedo.

Obviamente, haría falta dinero. Y mucho. Artur Mas no quería disponer de los fondos de la Generalitat para gastos no presupuestados; y menos aún, dejar huellas que pudieran incriminarlo por malversación, si la operación salía mal. Sin embargo, acabó cometiendo los dos errores que pretendía evitar: contrató por dos años los servicios de un *lobby* extranjero de *marketing* internacional, Independent Diplomat, con expertos asesores incluidos; autorizó a miembros del Govern viajes y estancias en diversas capitales europeas y estadounidenses; y él mismo se trasladó varias veces a Nueva York. Todo a cargo del erario público, todo injustificable y todo dejando rastro.

Soros acampa en Cataluña

En ese mismo 2012 —el juez Llarena no lo estableció caprichosamente como kilómetro 0 del *procés*—, George Soros pasa por Barcelona y da una conferencia sobre las «sociedades abiertas». Su tema. Su buque insignia. Open Society Foundations. Explica las ventajas de organizar la aldea global de Occidente —en concreto,

Europa— con menos Gobiernos, menos fronteras, menos trabas, menos controles burocráticos sobre el gasto público, los impuestos, el derecho privado a invertir o desinvertir, enriquecerse o arruinarse: hacer del bloque europeo un puzle más amplio y diverso —«¿Por qué solo veintisiete?»—, comercialmente más libre y políticamente menos compacto. En su disertación, Soros omite decir que, por esta misma razón, esa nueva Europa de múltiples sociedades abiertas sería más frágil y manejable por los tres o cuatro Estados fuertes que permanecerían como regidores y controladores del gran resto de regiones o de naciones fraccionadas, sin Estado. Ese era el diseño del NOM, Nuevo Orden Mundial: globalista, atlantista, es decir, militarmente otánico.

En aquel momento, cuando Soros diserta en Barcelona, ya no es una quimera, sino un proyecto que lleva más de dos décadas en estudio y ha dado sus sigilosos pasos previos: el NOM, «la Operación», para los que están en el guiso. Con un eje económico de oligopolios privados y otro eje político anglo-estadounidense.

En el eje del capital privado, bancos sólidos como Rockefeller, Rothschild, Goldman Sachs, el Chatham House de Londres, el German Marshall Fund, Lehman Brothers;[69] y fortunas personales billonarias o milmillonarias como las de Bill Gates, Mark Zuckerberg, Warren Buffett, Oprah Winfrey, Eli Broad, Michael Bloomberg, Jeff Bezos, Ted Turner y el propio George Soros.

En el eje político, el visto bueno —en ocasiones contante y sonante, aunque expedido por discretas vías indirectas— del Departamento de Estado de Estados Unidos, el Cuartel General de la OTAN, el Foreign Office británico, el Consejo de Europa, incluso el Banco Mundial.

Soros ha sembrado el mensaje. Jordi Vaquer, su hombre en Cataluña, le presenta a ciertos personajes interesantes, que le suministran información útil. Intercambia tarjetas de visita. Toma su *jet* privado y se evapora.

Pocas semanas después, en nombre de Artur Mas, Quico Homs viaja a Londres y formaliza un contrato entre la Generalitat y el grupo angloamericano de asesoramiento diplomático Independent Diplomat, *lobby* de Soros, dirigido por el diplomático inglés Carne Ross, un convencido por su experiencia de que «la ONU no sirve para nada» —quizá tenga razón— y de que «sin violencia no hay independencia». Una filosofía peligrosa, tratándose del experto que ha de asesorar en su afán de ruptura a los «pacíficos, cívicos y festivos» catalanes.

Ni Mas ni Quico Homs, como ventrílocuo de su jefe, ocultan su deseo de independencia. No contratan el *lobby* para atraer capitales, promocionar productos catalanes o estimular el turismo, sino para publicitar la marca «República Catalana» y ganar apoyos en Europa y en Estados Unidos... Un bombón en bandeja para el millonario húngaro, que hará el paripé de cobrar a la Generalitat unas cantidades mínimas por los servicios prestados: contratos con pagos mensuales cuya totalidad, entre 2013 y 2015, ascendió a 1,6 millones de euros. El chocolate del loro, ya que al mismo tiempo el magnate húngaro invirtió, como un Papá Noel de bolsillos inagotables, cientos de millones de dólares en sus más de cuatrocientas instalaciones con que acampó por toda Cataluña, potenciando desde dentro la revolución independentista.[70]

Mas creyó haber contratado los servicios de Independent Diplomat de Soros, pero en realidad le había entregado al magnate húngaro un salvoconducto operativo con el que extendió su capacidad de agitación por toda Cataluña.

En muy pocos meses, Soros estableció en las cuatro provincias catalanas sus cuarteles generales: inmuebles, sedes sociales, *think tanks*, ONG, flujo de millones de euros y dólares para pagar movidas de masas, estipendios a juristas elaboradores de una, dos y tres constituciones para la futura República de Cataluña y generosos sueldos para los magistrados que redactaron el *Libro blanco* —con sus dieciocho subtomos—; donaciones a periódicos, televisiones, digitales y otros *mass media* que informasen en la debida longitud de onda; viajes por Europa y Estados Unidos del personal de Diplocat; reuniones y ágapes con senadores y congresistas estadounidenses; cajas de resistencia desde donde abonar a los abogados, procuradores, depósitos y fianzas para los distintos juicios en el Tribunal Supremo, la Audiencia Nacional, el Tribunal Superior de Justicia de Cataluña; la estancia de Puigdemont y su cohorte de escoltas y guardaespaldas privados en Waterloo; el mantenimiento de la Casa de la República en Waterloo; la pléyade de abogados penalistas y bufetes de media Europa, coordinados por Gonzalo Boye para neutralizar las órdenes de extradición de los sediciosos fugados... Ciertamente, hubo pequeños empresarios afines al independentismo que hicieron aportaciones personales, pero de poca cuantía. La lluvia millonaria caía de la Open Society Foundations de Soros y su maraña de entes. Todo como donación benéfica... y libre de impuestos.[71]

Pero Soros no se había lanzado sin red. Estaba en Cataluña desde 2006. Y no como un turista, sino asociado a Gala Capital, un fondo de capital riesgo para inversores de élite, y en un momento «sensible» de despegue y crecimiento. Ese mismo año habían adquirido el 6 % de Acciona Eólica Cesa; el 100 % de Coronel Tapiocca; el 9 % de La Sexta TV y el 100 % de Page Ibérica, ampliando capital en cien millones de euros.

También sumaba el hecho de que entre los socios figurasen algunos potentes empresarios españoles: Manuel Jove, que controlaba el 20 % del capital a través de Inversiones Frieira. Otro 20 % pertenecía al presidente de Ferrovial, Rafael del Pino; 20 % a Alicia Koplowitz, de origen húngaro como Soros. Con un 10 % participaba El Averjal, de la familia de Esperanza Aguirre, entonces presidenta de la Comunidad de Madrid. El fondo de pensiones de los empleados de Telefónica tenía también el 10 % y la sociedad Blue Inversiones, controlada por Youssef Jammal Abboud, el restante 10 %.

Y a esa pléyade de ricos se unió George Soros. Comenzaba 2007 y Gala Capital adquirió, en una operación conjunta con la firma estadounidense TowerBrook Capital, de Soros, el 25 % de la empresa de artículos de lujo Jimmy Choo.

Soros, explorado en escáner, requeriría un libro, o diez... de «historias para no dormir». Un dibujante rápido daría de él la estampa de un hombre entrado en años, bajo, ancho de espaldas, rostro tosco, se diría que tallado a navajazos, de expresión enigmática por la acumulación de arrugas y repliegues. Su boca y sus ojos, como tres cuchilladas, impedían ver si sonreía o si aquel rictus era un gesto de desdén.

Se lo podría definir como el mago del caos, experto en agitar y promover sediciones, maniobrero de sus famosas «revoluciones de color», que en realidad eran desguaces de Estados nación, el títeretismo de derrocar a unos gobernantes para sustituirlos por otros más dúctiles. El adjetivo cabal sería «rompepatrias». En su descargo cumple decir que, en esas turbias actividades, Soros servía a unas estrategias programadas por otros muy por encima de él.

Escurridizo y astuto, se movía como un pez en las aguas sin ley... Un multimillonario con tentáculos de largo alcance. Dueño de una compleja red de fundaciones, sedes aparentemente inocuas, camufladas como organizaciones no gubernamentales de cultura y beneficencia, incluso de caridad, *think tanks* de pensamiento, fondos de inversión, también fondos buitre como el Quantum

Fund...; y una potente agenda de contactos, llaves maestras que le abrían puertas no solo en palacios y tugurios, también en los despachos y reservados de los poderosos invisibles, de cuyas decisiones dependen las agendas inmediatas del mundo: Bilderberg, Davos, Mesa de los 300, Club de Roma, Council on Foreign Relations...

Especulador olfativo y audaz, apostaba a la brava y creaba expectación. En 1992, cuando casi se tocaba la unificación de las dos Alemanias tras la caída del muro de Berlín, Soros puso de rodillas al Banco de Inglaterra en una operación a todo riesgo. Compró a la baja una desorbitada cantidad de libras. Esperó un año. Cuando todo el mundo quería adquirir marcos alemanes, Inglaterra se encontró con que no tenía reserva de libras. Soros vendió al alza todas las acciones que tenía acumuladas. Y en un solo día ganó mil millones de libras esterlinas. Por esa y otras exitosas inversiones sorpresa, tenía la aureola casi mítica del «tahúr de la Bolsa».

Donde otros no veían nada, él, ojos de lince, vislumbraba un punto débil, una grieta, en una empresa o en un país a punto de la quiebra. Traducía rápido: oportunidad. Y se lanzaba como un tiburón.

Puede parecer el *selfie-instant* despiadado de un hombre amoral. Sin embargo, él mismo se ha retratado así.

Como a fin de cuentas internet es «eternet», existe un vídeo de una amplia entrevista a Soros, realizada en 1998, en la que declara: «Sí, se me ha criticado mucho... Yo soy una persona que, en un momento dado, emprendo actividades amorales, y el resto del tiempo intento ser moral... Pero no, no puedo, no miro las consecuencias sociales de lo que hago».[72]

Son inevitables unas preguntas: ¿por qué Cataluña?, ¿por qué Soros?, ¿hay alguien más?, ¿alguien más multimillonario, más poderoso o con más galones, por encima de Soros?

5

El juez que hablaba demasiado

Guirigay en la *war room*

Se reúnen, discuten, maquinan. Proclaman opiniones personales con contundencia dogmática. Se arrancan con ampulosos discursos que alguien interrumpe a los tres minutos, cinco lo más, sin que el orador llegue al si bemol. Hay quien ronronea por lo bajo, introduciendo un ruido de fondo de disconformidad, pero sin decir nada. Se alzan manos pidiendo la palabra, o la toman sin pedirla. No están de acuerdo. Nadie con nadie. Son muchos y revueltos. Y encima la CUP discrepa de todo lo que salte a la mesa. Oriol Junqueras, chaqueta negra, camisa blanca y sin corbata, calla. Ni asiente ni disiente, pero deja que hable su segunda, Marta Rovira, pasión política y electricidad. Una mujer urgente. Unos exigen elecciones. Otros, «seguir de una puta vez la última hoja de ruta». Bueno, entre ellos, *full de ruta.* Otros, «conseguir el 50 % de partidarios de la independencia, si no, en Europa no nos creerá nadie». «Y antes que en Europa —puntualiza uno, que siempre se reserva la pregunta del millón—, ¿quién nos creerá aquí, en Cataluña, si no tenemos aseguradas al cien por cien las estructuras?» La *war room* parece un mercadillo de todo a cien, con su guirigay. Puigdemont, ya como *molt ho-*

norable president, dice una cosa: «Voy a presentar mi moción de confianza». Junqueras da un respingo de sorpresa —«Este tío podía haberme avisado, haberme dicho algo ayer cuando comimos solos»—. Pero Puigdemont, al día siguiente, dirá otra cosa, aunque quizá formen un mismo paquete: «O referéndum o referéndum».

Y Jové lo va recogiendo todo, con su letra cada vez más garrapateada por la prisa, en la Moleskine de tapas negras.

¿Cuántas semanas, meses, años llevan así, conspirando, redactando *fulls de ruta* que no llevaron a ninguna parte, engañando al pueblo con promesas de independencia, decidiendo lo que no son capaces de decidir, queriendo ser lo que no son…? Siempre disconformes, siempre reclamando, siempre pidiendo. Maquinando cómo darle la vuelta a la jugada. Cómo darle la vuelta a la historia. Cómo darle la vuelta al mundo. Cómo darle la vuelta a la realidad que es la que es. Huyendo de sus propios complejos. Tenía razón Josep Pla: «El catalán es un fugitivo. Huye de sí mismo sin saberlo». ¿Pero no estábamos en que ellos son los mejores, los distintos, los supremos? Y los culpables, los deudores, los rácanos son siempre los otros, ¿es siempre Madrid?

Un Govern, y nada. Otro Govern, y otro y otro, y nada… Semanas, meses, años sin dar palo al agua. Tanta ineficacia, tanto almuerzo de trabajo, tanto blablablá politiquero elevaba a Jordi Pujol al aura de un gobernante Superman. *I aquests són els catalans treballadors, afanyats?* Muchos sí, millones de catalanes sí, pero no los que los mandan.

Luto en *Les Rambles* y Ada Colau repartiendo sonrisitas

En estas, han sucedido las matanzas terroristas en Les Rambles y en Cambrils, el 17 de agosto de 2017. Los reyes Felipe y Letizia presiden el duelo procesional, flanqueados por Rajoy y Soraya Sáenz de Santamaría, Rambla arriba, encajando incesantes rociadas de insultos, pitadas y abucheos. Ponen cara impasible de no oír nada. Es algo que entra en sus sueldos. Los asesinos son yihadistas. Las víctimas, gente anónima que iba por la calle. El inductor, probablemente el imán de Ripoll, arrepentido quizá de su última ocurrencia antes de morir los días previos en una explosión. La furgoneta mortífera, robada quién sabe dónde. Las protestas, promovidas por los indepes de la CUP y algunas cuadrillas revoltosas que hacen de clac. No gritan contra los terroristas, gritan contra España. Traducido: España nos roba y España nos mata.

La alcaldesa Colau no va de luto —pimpante blusa azul— y sonrisitas y saludos rápidos agitando la mano a diestro y siniestro. Como si los muertos despanzurrados en las aceras y contra los escaparates no fuesen con ella, o como si En Comú Podem, su poderío, ya estuviera de campaña. Gente con flores, gente con velas, gente con lágrimas. Un tipejo bajito, menudo, con coleta, busca un hueco para fotografiarse con el embajador de Catar. Es Pablo Iglesias, vicepresidente *in pectore* del Gobierno «empaste» de Pedro Sánchez. Iglesias aportará los diputados de Unidas Podemos, imprescindibles para que Sánchez cambie los colchones —él mismo dijo que sería la primera medida higiénica de su Gobierno— y se instale en la Moncloa.

Los Mossos d'Esquadra se portan como una fuerza de orden valiente y bien mandada. Realmente, acaba de surgir un «personaje» con autoridad, cerebro y agallas: el mayor Josep Lluís Trapero.

Pero hay un hecho insólito que no debe pasar inadvertido. Aunque la persecución policial-judicial del terrorismo es competencia de la Audiencia Nacional —ocurra donde ocurra el atentado y sean quienes sean los autores; y otros delitos, como el tráfico de droga, armas, órganos, precursores; la falsificación de moneda; las mafias criminales, atentados contra la Corona o la forma de Gobierno..., actos que pueden tener la organización, la trama y la incidencia en diversos lugares del territorio nacional—, en estos asesinatos de Barcelona y Cambrils fue la policía autonómica, los Mossos, quien se hizo cargo de la crisis, no la Audiencia Nacional. Y si bien la captura del autor, Younes Abouyaaqoub, y la detención del comando yihadista fueron un éxito de rapidez sorprendente, casi inmediata a la tragedia, era extraño, y así lo consideraron los expertos, que un gobierno regional mantuviera el mando de la investigación de semejante catástrofe. Ante un hecho así, en Estados Unidos, en Dinamarca, en Alemania, en Francia... las autoridades nacionales o federales habrían tomado de inmediato el control, en el uso de sus competencias. ¿Por qué en Cataluña no? Y eso que el jefe del Gobierno, Mariano Rajoy, y su número dos, Soraya Sáenz de Santamaría, habían acudido, estaban allí.

«España empieza a ser un hecho aislado. Da la impresión de que han partido la soberanía hasta un punto que puede ser de muy difícil retorno. Y no es retórica», escribió Santiago Muñoz Machado,[73] que, con altas dosis de alarma, intuía lo que en aquellas fechas de agosto y en los meses siguientes, septiembre y octubre, se debatía y aprobaba en el Parlament de Catalunya sin que ningún campanario llamara a rebato: la Ley de Transitoriedad, herramienta para construir la nueva República de Cataluña, la Ley del Referéndum de Autodeterminación, la ley de ruptura y la resolución para declarar la independencia respecto al Estado español... Con un simple golpe de vista, pues los errores a contra ley se veían desde el tren, el Tribunal Constitucional iba tumbando un párrafo o una frase o todo un artículo recién fabricado, porque se oponía a la Constitución española. Era un mano a mano jamás visto entre el Constitucional avisando y anulando, avisando y anulando, y el Parlament, por su carril sin corregir ni detener la marcha con sorda desobediencia.

Carme Forcadell: «Nosotros somos la ley»

El 6 de septiembre fue el día de un pleno agrio, tenso, enconado y desmesuradamente largo: jornada de dieciséis horas de sesión resolviendo el sí o sí de la Ley del Referéndum. Carme Forcadell, más que como presidenta de la Cámara, actuaba como dueña y directora de una autoatribuida soberanía del pueblo catalán. Ella decía «de todo el pueblo catalán, que aquí está representado». No tenía más que contar los escaños partidarios de tal ley, setenta entre 135, para ver que eso no era cierto. Para no pensar que mentía, hay que suponer que, de pronto, no sabía sumar y restar, o se le había olvidado que una ley como aquella —anticonstitucional y claramente secesionista, en la que se llamaba al pueblo a elegir de modo vinculante: «¿Desea que Cataluña sea un Estado independiente en forma de república?»— requería no una mayoría pírricamente simple, sino una mayoría de al menos dos tercios del Parlament, 90 *diputats*. Pero, aunque unánimemente los 135 diputados catalanes hubieran estado a favor de aquella ley, con la que se ponía en juego el futuro de una parte de España, o se consultaba y se tenía en cuenta la voluntad de todos los españoles, o se estaba suplantando la soberanía nacional y atentando medularmente contra la unidad de la nación española, el sistema democrático, el Estado de derecho y la forma política del Estado español, que es la monarquía parlamentaria, consagrado todo ello en la Constitución vigente de 1978.

Aquel día 6 de septiembre, Forcadell hizo del Reglamento del Parlament mangas y capirotes. Cambió el orden del día, introduciendo por sorpresa y sin aviso el debate y votación de la Ley del Referéndum. No pasó el texto a los *diputats* hasta dos horas antes, y no las 48 horas obligatorias, para que pudieran leer lo que se les proponía votar y preparasen sus enmiendas. Anunció que no se admitirían enmiendas a la totalidad. Negó a los partidos de la oposición —Socialista, Popular y Ciudadanos— el derecho a la asistencia del Consell de Garanties Estatutàries. Desestimó las peticiones de «reconsideración» presentadas por el Gobierno de la nación. Ordenó también, sin aviso y sin necesidad, el trámite de «urgencia extraordinaria». Suprimió elementos esenciales del procedimiento legislativo; como, entre otros, desoír el parecer negativo del secretario general del Parlament. Ignoró el procedimiento exigible cuando se tramita una ley de revisión rupturista, que afecta a la integridad del Estado patrón. Y, en fin, impuso la votación secreta…

Avanzaba la noche de un pleno proceloso iniciado a las nueve de la mañana. El Parlament estaba roto. Pasaban ya cincuenta minutos de la medianoche, pero Forcadell había dicho: «D'aquí no ens en anem fins que això es voti» (De aquí no nos vamos hasta que esto se vote). Igual podía haber cantado *resistirem, resistirem*… La oposición abandonó la sala en bloque «para no presenciar el simulacro de votación». Y cuando el rodillo de la mayoría independentista, setenta votos, sumando Junts pel Sí y la CUP, se impuso en una cámara semivacía, remató: «Nosaltres som la llei» (Nosotros somos la ley).

La voz de Carme Forcadell, de natural suave, sonó aquella madrugada con la energía autoritaria que para sí hubiese querido Catalina de Erauso, la monja alférez.

Insurrección al Estado, violación de las normas del parlamentarismo, burla de la ley de leyes. Qué mala imagen dio aquello. Muchos, muchos militantes de Junts pel Sí se avergonzaron. Puigdemont, viendo que el independentismo, cuando la ley no le da la razón, se asalvaja y en vez de razonar se apasiona y grita, se sirvió de lo que más podía desahogarlo: una Diada de la desobediencia: *Catalans, traieu les estelades, i al carrer a cridar!* Y eso hicieron, sacaron las esteladas y se echaron a la calle a gritar. Una manifestación callejera y numerosa con la estelada impresa en lonas gigantes que se encontrarían formando una gran cruz humana en dos de las grandes arterias de Barcelona, el Paseo de Gràcia y la calle Aragó. Esa era la imagen que había que transmitir a Europa «para ganarnos el derecho a ser escuchados», había dicho Puigdemont, ya que el presidente de la Comisión Europea, Jean-Claude Juncker, se negaba a recibirlo. ¿Y el mensaje? El mensaje era —no podía ser otro— «no acatamos más decisiones que las del Govern y el Parlament». Lo que diga el Tribunal Constitucional ni siquiera nos entra por un oído... ¡Y no digamos la Constitución! Y Jordi Sànchez, el propulsor de la ANC, arengaba desde los altavoces: «Nos hemos dado una nueva legalidad, la única que reconocemos. Nuestro derecho cree en la democracia y en el pueblo, no en la indivisible unidad de la patria». Paroxismo entusiasta en las masas uniformadas con camisetas amarillo estridente a quince euros. Cientos de autocares habían trasladado a los gentíos de multitud de pueblos. No obstante..., las cifras cayeron. Venían cayendo de Diada en Diada. De aquel 1 800 000 de ciudadanos manifestados en 2014, este 11S había caído al millón. Y eso, según el cálculo optimizado de los organizadores; porque la Delegación del Gobierno dio solo 350 000 personas.

Extraños comensales en casa de Roures

Diez días después de la matanza, cena secreta en la mansión de Jaume Roures. Inscrito en el registro «Jaime Robles» al nacer, 1950, su apellido fue evolucionando como su vida. Mucho zarandeo entre grupúsculos políticos y activistas de más allá de la izquierda, cárcel también, pero nunca lo pillaron declarándose independentista. Lo llaman el rey del fútbol, con razón. Como dueño de Mediapro acapara las retransmisiones audiovisuales de todos los partidos de punta y balón. Los herederos de Prisa-Polanco, destronados de ese monopolio, lo añoran todavía.

Empresario, productor de cine, Roures controla importantes porcentajes de acciones en diversos *mass media*. Zapatero le adjudicó a dedo, sin concurso, la última joya: La Sexta TV. Poco después, George Soros adquiría el 9 % del capital. Era importante que La Sexta se volcase informando sobre el referéndum 1O, prohibido por el Gobierno.

Esta noche se reunirán, alrededor de la mesa de Roures, Oriol Junqueras, vicepresidente del Govern y *conseller* de Presidencia, Economía y Hacienda, que cuenta con dieciocho diputados en el Parlamento español, y el podemita Pablo Iglesias, 32 escaños en Madrid, con el que pronto hace buenas migas. Con ellos, el portavoz de En Comú Podem, Xavier Domènech. Y cuatro escoltas de paisano, que deambulan dentro y fuera de la casa.

El tema pretexto de la cena es la logística que Roures ofrece para que la prensa internacional tenga una sala idónea con líneas telefónicas, mesas, monitores, instalación televisiva o de *streaming* desde donde observar y transmitir el desarrollo del referéndum; pero lo que se habla entre copas, después de las suculencias con cuchillo y tenedor, es de un pacto de Gobierno nacional que solo sería posible derribando a Rajoy por moción de censura, con la suma de votos de Unidas Podemos, Esquerra Republicana y Bildu. Otegi, otros cinco votos, ausente en la cena «por exigencias del guion policial», está conforme con lo que allí se plantea.

Ese acuerdo prehablado enciende la mecha de la próxima ruptura entre Junqueras y Puigdemont. El «ajuntamiento», que no idilio, ha sido un visto y no visto sin empatía, sin confianza y sin apenas dirigirse la palabra.

En el comedor de Roures el ambiente es optimista. Se atisba un nuevo futuro. Junqueras pica de esto y de lo otro, mordisquea cuscurritos sobrantes de pan, escucha sin perder ripio, pero no dice ni media de que la Constitución de la república catalana ya está hecha.

Alardeando del delito...

Y lo estaba. El embarazo y el parto habían sido largos, pero la criatura ya existía fuera del claustro. Fue lo primero que hizo Puigdemont al sentarse en el trono de *president*: encomendó al juez Carles Viver i Pi-Sunyer ser el piloto jurídico, cerebro y coordinador de la Constitución para la futura República de Cataluña. El mismo Viver que, por encargo de Artur Mas, había dirigido el *Libro blanco*, texto base de la transitoriedad hasta el referéndum de independencia.

Curiosamente, en actos de gala, sobre el chaqué de Carles Viver se prendían, entre otros emblemas la Cruz de Isabel la Católica, la de Sant Jordi y la del Mérito Constitucional. Como todas eran parte de su currículo jurídico, no renunciaba a ninguna de ellas, ni a su evolución ideológica, ni a su solemne «juro guardar y hacer guardar fielmente y en todo tiempo la Constitución española, con lealtad a la Corona» que en su día, y apoyando con firmeza la palma de la mano derecha sobre un ejemplar de la edición príncipe de la Carta Magna, pronunció ante el rey Juan Carlos. Sin duda, con el paso del tiempo, Carles Viver cambió de Constitución y cambió de lealtad. No solo *la donna è mobile qual piuma al vento*, también *l'uomo è mutabile*.

Sí, hubo en él una mudanza, como juez y como vicepresidente del Tribunal Constitucional, fortín de garantías de la Constitución, ¡casi nada! Y tuvo la valentía de reconocerlo públicamente:

> He llegado a la conclusión, ya hace años, de que la única solución que tiene Cataluña es la de la independencia. Lo que me sabe mal es no haberme dado cuenta antes. Pero no renuncio a nada de lo que he hecho profesionalmente. Lo mantengo.[74]

Pusieron a su cargo catorce personas de total fiabilidad: técnicos, administrativos, diez juristas, y entre estas dos juezas en activo, las magistradas Matilde Aragó y Silvia Ventura. Todos comprometidos bajo secreto, todos trabajando a destajo en el diseño de lo que había de ser la «desconexión» de Cataluña con España, y todos a sueldo de la Generalitat. También mantuvieron en secreto las identidades de los miembros del equipo, por salvaguardar sus puestos de trabajo si, al final, las cosas se ponían feas. Escritos en una pequeña nota de papel, el juez y senador Santiago Vidal i Marsal guardó ese papel escondido entre los archivos de su ordenador, hasta que se lo descubrieron en un registro policial.

El texto definitivo se nutría de tres borradores.[75] De ahí el largo embarazo.

Llegó un momento en que, mantenido el secretismo mientras duraba el trabajo, los jueces Carles Viver y Santiago Vidal convinieron en que ya era hora de empezar a informar y, ¿por qué no?, a entusiasmar al pueblo que debía votar la nueva Constitución, y dejar entrever la arcadia feliz que se venía preparando para esos catalanes que habían decidido cortar amarras, ser el Estado que querían ser y regirse por sí mismos.

Repartiéndose o no los papeles, tanto Viver como Vidal se emplearon con entusiasmo en una serie de conferencias y mítines por distintas localidades para ir abriendo la caja de las sorpresas.

Viver, más ponderado y discreto que Vidal, se refería casi exclusivamente a «los escenarios, no fáciles, con que podemos encontrarnos, si no se logra pactar la secesión con el Gobierno de España»; «si el referéndum que ha de confirmar la nueva Constitución no es consensuado, sino prohibido por el Gobierno español»; «si la Unión Europea excluye de su seno, temporal o definitivamente, a Cataluña; aunque no nos pondrán aranceles, porque aquí hay unas 6000 empresas europeas que no tolerarían que se los impusieran»; «si los Fondos de Liquidez Autonómica, los FLA, con que el Gobierno central rescata a las comunidades autónomas quebradas, no acuden en nuestro socorro y se produce al principio de la andadura cierta asfixia económica o serias dificultades durante varios meses».

Eran advertencias realistas, para que nadie se llamara a engaño, pero no precisamente cautivadoras, más bien alertas metemiedos. No obstante, Carles Viver añadía a su discurso un *happy end* de esperanza: «No os hemos escondido las dificultades de este proceso; pero tampoco os escondemos, porque faltaríamos a la verdad, que aun sin el acuerdo y la colaboración del Estado, este *procés* se puede hacer: es perfectamente factible si se da una unidad entre las fuerzas políticas y si hay un movimiento social constante que no desfallezca, que no se canse…, ¡no nos podemos cansar! Si se dan estas circunstancias de sintonía entre el movimiento social y las instituciones políticas, ¡¡¡el proceso es perfectamente factible!!! Considerando solo el escenario de la no colaboración del Estado, obviamente el *procés* será más complicado, pero eso no quiere decir que sea imposible. Se necesitará mucha inteligencia política; ahora bien, si el *procés* tiene a la gente detrás, apoyando, empujando…, ¡esto al final tira adelante!».

El juez Viver transmitía rigor, objetividad y afán de transparencia, poniendo el carro por delante de los bueyes al describir las dificultades. En cambio, ocultaba algo muy grave que en privado le confesó a una catedrática de Derecho Constitucional, Teresa Freixes, cuando esta le opuso varios peros jurídicos al texto: «Sí, Teresa, lo sé, lo sé yo y todos los aquí reunidos somos conscientes de que lo que estamos haciendo es anticonstitucional, pero… ¡vamos a ver si cuela!».[76] Estaban montando, pues, el edificio del nuevo Estado catalán sobre un entramado falso de cartón piedra. O edificándolo conscientemente al margen de la Constitución española de 1978, a la que ya le habían dado la espalda.

«Os tenemos fichados a todos»

Más locuaz, con desparpajo simpático y sin pelos en la lengua, el juez y senador Santiago Vidal —autor de uno de los tres proyectos— pronunció una batería de conferencias, desvelando contenidos de alto voltaje de la Constitución que regiría la futura República de Cataluña. Vidal peroró por diferentes localidades de la región: Barcelona, Sentmenat, Matadepera, Garcia, Tarragona, Granollers…, en locales atestados de público ansioso de curiosidad. Él mismo contabilizó «hasta 19 bolos, por todo el país, entre septiembre de 2016 y enero de 2017», para calentar el ambiente popular cara al referéndum decisivo del 1O.

No le preocupaba que entre el público —en su mayoría militantes de Junts pel Sí— hubiese algún agente del CNI, que los había, o catalanes españolistas, que también, grabando su discurso.

Quizá estaba al tanto de que la ANC pensaba potenciar el gran «destape» colgando íntegro en la red el mitin de Santi Vidal. Y lo hizo en el Vallès Occidental.

Decía algo, mucho, no todo —aunque tenía fama de «bocachancla»—, pero lo suficiente con carga novedosa capaz de impactar, sorprender y encender la ilusión en sus auditorios, augurándoles que «en adelante, la vida en Cataluña podrá ser muy distinta si todos a una votáis el día D».

Empezaba soltando una bomba acusatoria:

—Debo decir que varias de las medidas que la Generalitat está llevando a cabo, cara a la independencia, son ilegales. ¿Ilegales? Sí. O admiten acuerdos —puras injerencias— con Estados extranjeros. —Se cortaba el aire—. Por ejemplo, la Generalitat ha obtenido ilegalmente los datos tributarios de los ciudadanos catalanes... Habéis oído bien: tiene todos vuestros datos fiscales, que son datos reservados y están protegidos por la ley de bases de datos. ¿Por qué no íbamos a tenerlos nosotros? Era un paso necesario para construir una Agencia Tributaria y saber con qué dinero de impuestos podremos contar. Hemos tenido acceso a ellos y no os diré cómo. ¡Solo faltaba que un juez os enseñara cómo se comete un delito! —Y, tras las carcajadas del público, entre bromas y veras repetía—: Lo cierto es que ¡estáis todos fichados!

Una pausa, para que el estupor hiciera efecto, y enseguida otra descarga—: Un Gobierno extranjero, que nos entiende, está formando actualmente una unidad de *mossos d'esquadra* especializados en tácticas y tecnologías de contraespionaje, una especie de CNI a la catalana, probablemente entrenados por los servicios de inteligencia del BND alemán o por el Mossad israelí. Y a la vez, se está haciendo una investigación, un escaneo, digamos, para detectar a agentes del CNI que se nos han infiltrado. ¡Autodefensa elemental!

Vidal se afilaba la perilla puntiaguda y pasaba a otro renglón:

—El *conseller* Raül Romeva, encargado del Diplocat, la diplomacia exterior de Cataluña, en sus múltiples contactos con la OTAN y con once estados de la UE ha conseguido que al menos Letonia, Lituania y Estonia apoyen nuestra declaración de independencia. Por otra parte, un Estado importante, no europeo…, y comprended que no os dé más datos, ha ofrecido a la Generalitat créditos blandos, generosos, con bajo interés y muy amplio margen de devolución, en cuanto declaremos la independencia. Y también tenemos ya acuerdos con dos fondos de inversión no europeos que nos abrirán una línea de crédito de hasta doscientos mil millones de euros, en previsión de que el Gobierno central nos suspenda las ayudas FLA.

»En todo caso, para organizar el referéndum y construir las estructuras del Estado hay una dotación de cuatrocientos millones de euros. No os diré en qué epígrafes de los presupuestos están incluidos, porque nos los impugnarían inmediatamente desde Madrid. Pero, tranquilos, están debidamente camuflados.

Una sonrisa pícara, entre divertida y maliciosa, y saltaba a otro terreno. Se ponía muy serio ante lo que iba a anunciar —y él debía de saberlo bien, pues era asesor del *conseller* de Justicia—:

—Se ha hecho un trabajo de campo, meticuloso, caso a caso, y hemos determinado quiénes, de los 801 jueces españoles destinados en Cataluña, comparten nuestros sueños e ideales… y quiénes no. Y no digo solo jueces, también fiscales, inspectores de Hacienda, altos funcionarios del Estado. Por tanto, sabemos ya cuántos se quedarán y cuántos se irán. Yo calculo que unos trescientos jueces que trabajan aquí podrán jurar fidelidad al marco legal de la república catalana. El resto, hasta quinientos, no...

Alguien del público suelta en voz alta:

—O sea, ¿que han hecho ustedes ya unas listas negras?

Vidal se acomoda el micrófono y responde:

—Digamos, más bien, una selección lógica... No se puede obligar a nadie a que viva y trabaje en un lugar donde no se siente a gusto, y menos si ha de ser imparcial al impartir justicia, al hacer un informe tributario, al aplicar la ley sin mirar a quién.[77]

Vidal percibe susurros incómodos. Vuelve a encender el piloto rojo del micrófono:

—A los funcionarios que se quieran quedar en el nuevo Estado de Cataluña, se les dará un plazo de tres meses para que tomen su decisión de irse o quedarse. Si se quieren quedar, deberán pasar unos filtros. Filtro primero, acreditar un nivel mínimo, nivel C, de catalán. Filtro segundo, presentar el informe oficial favorable de una Comisión de Evaluación, creada expresamente, que habrá valorado su posible sintonía e integración con la nueva república. Lo que no podemos tener, y menos en cargos públicos, es gente que se quede aquí de quintacolumnistas.

Iba en serio el plan de criba selectiva. Viver i Pi-Sunyer había escrito y dicho lo mismo en otro lugar, pero con palabras más duras:

—A los funcionarios del Estado destinados a Catalunya que no sean catalanes de origen y que pertenezcan a determinados cuerpos de la Administración se los repatriara a España y no les permitiremos acceder a la nacionalidad catalana.[78]

También planteó Viver que, «para desincentivar a inversores, se les recordará que cabe legislar sobre "expropiación forzosa", o presionar a las empresas y grandes fortunas por "las consecuencias de tener al nuevo Estado catalán en contra"».

Días después, diversos *consellers* salieron a los medios a desmentir a Vidal —con Viver no se atrevieron—; pero Vidal se mantuvo en lo dicho y en algún caso aumentó el cuanto de los dineros camuflados: por ejemplo, «una partida de 130 millones de euros, de fondos interdepartamentales, que están también ahí quietos y disponibles». O aclaró que lo de la lista negra de jueces no lo había tratado con el *conseller* de Justicia, Carles Mundó, sino con su predecesor en el cargo, Germà Gordó, en varias conversaciones.

Y por no dejar en evidencia que el departamento de Junqueras no había sido lo previsor y eficaz que se debía esperar de Presidencia, Economía y Hacienda, se abstuvo de denunciar lo que el jefe de la Hacienda catalana, Josep Lluís Salvadó i Tenesa, sin disimular su disgusto y preocupación, le había contestado a otro compañero de partido, Raül Murcia, más conocido como «Muto», asesor de Difusión Institucional de la Generalitat, que de parte de Puigdemont, y faltando menos de un mes para el referéndum, le preguntaba detalles sobre «cómo iba la cosa»:

—Cualquiera con dos dedos de frente lo sabe... —respondió Salvadó a Muto—. No hay capacidad, ni tenemos control de Aduanas, ni banco donde meter..., ni el aparato de recaudación tributaria separatista a punto. ¡El oxígeno financiero! No podemos llegar al posreferéndum asfixiados económicamente, que es como vamos a llegar. ¡Una chapuza, tío! Y estos las hacen de todos los colores. La cosa pinta muy muy muy verde. Pero ¿sabes?, me da pánico que, si transmitimos cómo está el patio en realidad, el *president* y los suyos del PDeCAT se pongan a temblar y acaben desmontándolo todo, no autorizando que sigamos adelante y echándole las culpas a Junqueras como responsable máximo, por no haber preparado las estructuras del país y llevarnos al desastre el 1 de octubre, mejor dicho, el 2. Y yo, la verdad, Muto, temo más nuestras jodidas peleas internas que la propia chapuza...[79]

¿Un miniejército para Cataluña?

Ajeno remotamente al fracaso del 1O, no admitiendo ni de lejos esa posibilidad, el juez Santi Vidal seguía de bolo en bolo vendiendo humo. Bueno, más que humo imaginario, proyectos de proyectos, con voluntad de realización. Todo estaba escrito, debatido y aprobado. Él sobreactuaba, pero no mentía. «La Generalitat ya ha contratado expertos internacionales para adaptar el modelo de Administración de Cataluña a los de Finlandia, Noruega o Dinamarca —decía—. Queremos y podemos ser en Europa "la Dinamarca del sur". ¿No os hace ilusión?»

Ni Viver ni Vidal declaraban el gasto de publicidad que, con peso institucional y descarado sesgo secesionista, venía invirtiendo la Generalitat para sacar adelante el *procés*: en plena crisis económica, periodo 2014-2015, 10,1 millones de euros; que al año siguiente se triplicaron: 30,3 millones de euros. Aparte de esto, pero saliendo de la misma caja, los medios de comunicación independentistas percibieron 7,32 millones de euros anualmente, en inserciones publicitarias, bajo la condición de estimular el uso de la lengua catalana. Y en 2017 se excluyó de la ayuda en publicidad a los periódicos, digitales y emisoras que no informasen sobre el referéndum. *Abc* y

La Razón, entre otros. Una discriminación ideológica contraria a la libertad de expresión, que el Tribunal Constitucional prohibía.

En uno o en varios de sus mítines, el senador y juez Vidal se refirió al futuro en el que Cataluña, ya independiente, participaría en la OTAN, no como miembro y sin fuerzas armadas, pero aportando ayuda humanitaria, su envidiable situación geoestratégica mediterránea y, si fuera necesario, se podría artillar buena parte de su costa. Habló incluso de un acuerdo ya suscrito para que en Cataluña se instalase una fábrica de helicópteros de transporte militar. No especificó el tipo, pero dio la impresión de que se refería a helicópteros Boeing CH-47 Chinook, para transportar tropa —entre 40 y 45 soldados— y hasta diez mil kilos de vehículos y equipos de armamento pesado, con armas de fuego exterior como defensa de la tropa en una operación de desembarco. En el año 2008, este tipo de helicópteros ya costaba 35 millones de dólares por unidad, al adquirir un lote. Fácilmente se entendió que esos Chinooks solo intervendrían como apoyo logístico, si se los requería en alguna acción bélica. El montaje de piezas y el mantenimiento podrían realizarse en Cataluña, pues, además de sus cuatro aeropuertos, dispone de cuatro aeródromos y un helipuerto.

Nadie preguntó y Vidal no se sintió en la obligación de informar más en este capítulo. Pero hubiese podido encandilar al respetable público exponiendo el proyecto que aún seguía palpitando bajo el cráneo de Artur Mas: disponer de un pequeño cuerpo militar de defensa aeronaval. En su día, ya hizo gestiones con Israel a fin de comprarles doce aviones cazabombarderos F16, justo cuando Israel iba a renovar su flota con cazas F35 de tecnología más avanzada e indetectables. Y una dotación de patrulleras ligeras, por supuesto no competitivas con las de las marinas de guerra española e italiana, sus vecinas.

En cambio, Santi Vidal sí dijo, como paquete colofón y con expresión ufana: «Tenemos ya todo el *software*, que es carísimo, y puedo aseguraros que está todo preparado para el día D+1: decretos, créditos blandos, censo, urnas, papeletas... y la cartografía oficial de la nueva república, con los mapas del espacio aéreo y del domino marítimo y terrestre».

No agregó explicación ni comentario alguno. En ese punto, se envolvió en una hermética prudencia. O no sabía más, o aquel no era el lugar ni el momento de alzar el velo de un asunto que más que ninguno exigía labios sellados, pues detrás de esa cartografía oficial «con los mapas del espacio aéreo y del dominio marítimo y terrestre de la nueva república», pasando ya del papel a la realidad, solo podía esconderse la llave de la soberanía, cuestión esencial cuando se aspira a erigir un nuevo Estado.

¿Ignorancia, negligencia apresurada, olvido?, ¿o iban de farol, metiendo miedo con una independencia ficticia, «¡que viene el lobo!»?, ¿o tenía razón Salvadó Tenesa, el segundo de Junqueras, y todo aquello era una sarta de chapuzas, *copyright* de unos gobernantes tan torpes como temerarios?

Cuando Artur Mas tramitaba su pequeña flota de patrulleras, de helicópteros Chinook y de cazas F16, ¿sobre qué aguas jurisdiccionales propias y sobre qué espacio aéreo propio pensaba movilizarlos? ¿Desconocía que esa apropiación «soberana» por la Generalitat de las aguas que se iniciaban en sus costas, y del cielo que cubría todo el territorio catalán requerían unas comunicaciones oficiales ineludibles y terminantes del Govern a los ministerios de Fomento y de Defensa, en concreto, al Mando Aéreo de Combate (Macom), ubicado en Torrejón de Ardoz, que automáticamente implicarían el desenganche respecto del Estado español y salir de la subordinación, paso previo inmediato a la soberanía aérea de Cataluña?

Ciertamente, en uno de sus mítines Santiago Vidal habló de la incautación de los bienes muebles e inmuebles contenidos en Cataluña que hasta entonces hubieran pertenecido al Estado español. Pero en ningún momento se refirió a los «centros de control» de vuelos, ni al centro civil de Gavà, una pequeña ciudad del Baix Llobregat, junto a El Prat, ni al centro militar de Roses. Y, curiosamente, de ambos dependían los vuelos y sobrevuelos gestionados desde todos los aeropuertos de Cataluña. Como tampoco dijo una palabra de que, una vez realizada la desconexión aérea, Cataluña quedaría fuera de la supervisión del Escuadrón de Vigilancia Aérea (EVA) y de su trama de radares[80] y pasaría a estar bajo la coordinación y gestión de Eurocontrol, como un país nuevo segregado del Estado matriz.

Y lo mismo harían, por su cauce legal, en lo pertinente a las aguas jurisdiccionales ribereñas de Cataluña: dominio de las costas, Zona Económica Exclusiva (ZEE), zona de «paso inocente», medición y limitación de su mar contigua y de su alta mar, explotación del suelo submarino…, suscribiendo ya como República de Cataluña el compromiso de observancia del derecho del mar establecido en la Convención de Naciones Unidas reunida en Jamaica y vigente desde 1982.

Podrían tener toda esa cartografía oficial de tierra, mar y aire, pero lo cierto es que no habían dado el paso clave para la desconexión: un simple *email* anunciando al Gobierno español que, a partir del día D, minuto M, esos tres espacios pasarían a ser propiedad soberana del nuevo Estado República de Cataluña. La declaración de independencia desde el Parlament y con toda solemnidad sería, en su momento, la comunicación del hecho político sin revés.

En este entretiempo de espera —espera del pueblo, desconocedor de lo que se tramaba en el sanctasanctórum del Palau—, en algunas seseras pensantes surgía la duda, incluso la sospecha, de si el jefe Puigdemont todavía no había dado la orden o si, en esa cuenta atrás con todos en vilo, a algunos miembros del Govern, incluso al mismo *president*, les temblaban las piernas por quién sabe qué déficit de valentía.

Y, mientras sí o no, los heraldos mitineros contentaban al público con el juego engañabobos de amagar y no dar.

Desde hacía años, con Artur Mas de *president*, la Generalitat venía planteando al Gobierno central la ampliación del aeropuerto de El Prat de Llobregat.[81] Parecía una petición caprichosa, por ambición y prestigio, pero innecesaria, pues la magnitud de ese aeropuerto y su capacidad de acogida de viajeros había aumentado a velocidad récord de treinta mil a cincuenta mil pasajeros diarios. Disponía de dos terminales: T1 y T2, que sumaban 268 mostradores de facturación y 64 pasarelas de embarque. Tres pistas de despegue y aterrizaje, dos en paralelo y una cruzada.[82] Más una terminal corporativa y un centro de carga aérea. Era el primer aeropuerto de Cataluña en extensión y tráfico; y en el año 2012 alcanzó el tercer puesto del *ranking* europeo y el primero de España, superando en pasajeros de vuelos directos al Adolfo Suárez Madrid-Barajas. En 2016 el tráfico total en El Prat rebasó los 44 millones de viajeros y siguió ascendiendo. Por otra parte, la ampliación en pistas, zonas nacionales e internacionales, iniciadas en 2012 permitiría al aeropuerto acoger hasta 55 millones de usuarios al año.

Hangares, *fingers*, salas de espera, numerosas cintas rodantes para recogida de equipajes, capillas, autobuses, metros y trenes de cercanías con estaciones y apeaderos en el propio aeropuerto… Más una inmensa superficie con abundantes cafeterías, restaurantes, servicios médicos, zonas recreativas, salas vips con ordenadores, líneas wifi, teléfonos, tiendas, establecimientos *duty free* donde el viajero puede adquirir tanto unas botellas de vodka ruso como un metro de Toblerone suizo, una corbata Hermès, un perfume, un artilugio electrónico, un desfibrilador ventricular... y todo libre de impuestos.

No se veía necesaria ninguna ampliación, salvo que quisieran emular el JFK de Nueva York. Pero la pertinaz insistencia catalana consiguió arrancarle al Gobierno varias reformas. Sabían argumentar y llevaban el tema bien estudiado. Ponían sobre la mesa de los ministros interlocutores o del presidente del Gobierno los datos de los últimos años: «Con el aumento de pasajeros en 2016 y el previsible aumento de unos tres millones de pasajeros/año, llegaríamos al colapso de 55 millones en 2023 o antes. ¿No ven ustedes que será más que necesaria la ampliación de la T1 con otra terminal satélite alrededor de la torre de control, entre las pistas? Hay que ser anticipativos y empezar a trabajar ya, con urgencia, en una infraestructura para que la capacidad de El Prat pase de 55 millones de usuarios a setenta, sin crear congestiones. Además de ampliar unos quinientos metros la pista más próxima al mar y construir la nueva estación del AVE en el aeropuerto de Girona-Costa Brava y otra conexión regional, también del AVE, al aeropuerto de Reus, para desviar hasta allí el tráfico *low cost*».

Logrado el visto bueno sobre este proyecto, abordaban sin pausa nuevas reclamaciones, también sobre El Prat, pero estas más garbanceras: *els diners*. Reivindicaban lo que les correspondía. Por un lado, querían *la pela*, su parte en los multimillonarios beneficios de Aena, sociedad mercantil de participación estatal, con su monopolio de ofertas comerciales y de servicios, diseminados en el vasto mundo interior de los aeropuertos: cafeterías, restaurantes, plastificado de equipajes, consigna, sillas de ruedas, servicio médico, conexiones telefónicas, salas vips de espera, coches de alquiler, cajeros automáticos, centro de negocios, peluquería, tiendas de artículos de regalo, *souvenirs*, ropa de moda y los frecuentados *duty free*.

Aena opera en 45 aeropuertos y dos helipuertos en España y, a través de su filial Aena Internacional, participa en la gestión de quince aeropuertos en Europa y América, lo que la convierte en la primera operadora aeroportuaria del mundo, por número de pasajeros.

«Nos parece bien que Enaire y Aena controlen y gestionen todos los aeropuertos del territorio español, más los contratados en suelo extranjero; pero ¿por qué del internacional de El Prat, el más dinámico comercialmente y el que más ganancias les reporta, o de los otros tres, Girona-Costa Brava, Reus y Lleida-Alguaire, no nos llega un céntimo? —protestaban—, ¿por qué ese dineral se invierte cada año en aeropuertos deficitarios o va a parar a las arcas de distintos ministerios?»

No hablaban de calderilla; el 23 de enero de 2015 informaba RTVE: «El Gobierno aprueba la salida a bolsa del 28 % de Aena, por la que ingresará hasta 2310 millones». Y medio mes después, el 11 de febrero de 2015, el diario *Expansión*: «Aena brilla en su estreno en Bolsa con una subida del 20 %». La propia Aena notificó el 25 de febrero de 2020: «El beneficio neto de Aena aumenta un 8,6 % en 2019 hasta los 1442 millones de euros». Por su parte —la parte del león—, Enaire, dueño del 51 % de Aena, no solo gestiona toda la navegación aérea en España, sino que es el titular único de las torres de control de todos los aeropuertos, aunque esas torres de control sigan dependiendo de los ministerios de Fomento y Defensa.[83]

En estos mítines y conferencias de Viver y de Vidal, bien porque era demasiado pronto para levantar ese velo, bien porque los propios mitineros ignoraban la letra pequeña del tema, bien porque todavía el «cuarto oscuro» debía seguir siendo el secreto mejor guardado, lo cierto es que ni uno ni otro hablaron de algo que no se sustanciaba en los aeropuertos, ni en las icónicas torres de control, ni en los negocios de Aena, sino en los muy discretos «centros de control» que gestiona Enaire —cinco en toda España, pero de enorme alcance cada uno—, desconocidos por la casi totalidad de los ciudadanos, de ubicación estratégica y acceso superrestringido; como tampoco se mencionaron las redes de radares Lanza y Eva, mallas interconectadas entre sí y con el Mando Aéreo de Torrejón, invisiblemente envolventes y que vigilaban todo movimiento en el espacio aéreo español.

Sin embargo, esos enigmáticos «centros de control» tenían mucho o todo que ver con el *to be or not to be* de lo que el Govern se traía entre manos: el clic definitivo de la desconexión entre Cataluña y España.

Las cuentas del Gran Capitán

En Sentmenat, un pequeño pueblo del Vallès —28 kilómetros cuadrados—, entre Terrassa y Granollers, de escasa población, apenas nueve mil habitantes, y una antiquísima historia, de la que da fe su dolmen del Neolítico, Santi Vidal sacó a relucir las cuentas del Gran Capitán:

—Un estudio encargado por la *Conselleria* de Economía y Hacienda de la Generalitat cifra en 76 000 millones de euros la deuda que tiene el Estado español con Cataluña. Supongo que, de entrada, tantos ceros os parecerán mucho dinero, ¡y tanto! Para que os hagáis una idea, el presupuesto de un año de la Generalitat, ¡de toda la Generalitat!, son cuarenta mil millones. Es decir, España nos debe el presupuesto de dos años por adelantado.

Y siguió aportando novedades en el área económica:

—El plan de la Generalitat es sentar al Reino de España en una mesa arbitrada por el Tribunal Internacional de Justicia de La Haya y negociar una separación de activos y pasivos, además de otras cuestiones, como que el Gobierno siga pagando las pensiones a los catalanes que ya estén jubilados. En cuanto nos sentemos a la mesa arbitrada por el Tribunal de La Haya, lo primero que haremos, lo primero, y por eso España pone tantas pegas, será decir: «A ver, me debes 76 000 millones de euros. ¿Qué te debo yo?». Y ya sabemos que a día de hoy lo que debemos al Estado español son diecinueve mil millones de euros. Todos sabéis restar, ¿verdad? La diferencia es tremenda, un saldo de 57 000 millones favorable a Cataluña. ¡Brutal!

En estos pueblecitos, el público aplaudía alborozado, se sentían repentinamente ricos, como si les hubiese tocado la Primitiva. Para templar los entusiasmos, Vidal se ponía muy serio. Un sorbo del agua que le habían puesto al lado y continuaba:

—¿Pagaréis más impuestos? En el nuevo Estado no se escaqueará nadie. Ah, pero en el momento en que acabemos de nacer como Estado, Cataluña pasará a ser el número catorce de la UE. Después, pasará del catorce, zas, zas, zas, al ocho. Y España se irá al veintiuno. ¡De cajón! Porque en cuanto las empresas belgas, alemanas y francesas de grandes infraestructuras empiecen a invertir aquí millones y millones de euros, Cataluña pasará, del 24,7 % de tasa de paro, a un 11,3. Y no es el cuento de la lechera. Estos números han sido validados por organismos internacionales y os cito, por ejemplo, el Deutsche Bank alemán. En estas fechas, tenemos comprometida la palabra de 31 Estados para hacernos de banco.

Los asistentes, al salir del local, las manos enrojecidas de aplaudir y sobrados de entusiasmo, pisaban fuerte. Les habían contado en presente un sueño subjuntivo y futurible. Y volvían a sus casas con los bolsillos llenos de mentiras deseables. Ilusionados y engañaditos, como niños sin malicia.

El asombro, el pasmo y, cómo no, la euforia que esparcieron con esos mítines entre gentes sencillas fue enseguida conversación en el bar, en el casino, en la agrupación del partido…, también los periódicos se hicieron eco, unos con titulares amarillistas y otros con crónicas casi literales, de lo que Vidal propalaba aquí y allá. No tardó en llegar a los oídos de Puigdemont y de Junqueras.

Oriol Junqueras, de carácter templado y genio embridado, no pudo resistir a la iracundia. Como presidente de ERC, llamó a capítulo a Santi Vidal, miembro de la ejecutiva de su partido, y sin contemplaciones desenfundó su enfado:

—No sé si me duele o no me duele decírtelo, pero lo que has hecho es imperdonable. Se te ha calentado la boca y nos has echado los perros encima…, al partido, al Govern y a toda Cataluña. Supongo que eres consciente de que nos has puesto a los pies de los caballos y muy probablemente te has cargado el referéndum. Sí, sí, no pongas cara de asombro: nos has hecho un daño grave y, lo que es peor, irreversible. Haz lo que en conciencia debas hacer. No tengo más que decirte.

Estaba todo dicho: ¡puerta!

Sin remolonear ni cinco minutos, Santiago Vidal i Marsal dejó el cargo que tenía en la ejecutiva nacional de ERC, dimitió como asesor de Justicia del Govern y devolvió su acta de senador.

Pero todavía les esperaba, a él y a su colega judicial Carles Viver i Pi-Sunyer, un golpe más duro: un par de meses después, al cabo de una precisa instrucción, el 25 de enero de ese mismo año 2017 ambos fueron expulsados de la judicatura, por decisión del Tribunal Supremo. Y es que, por distintas vías administrativas y en fechas diferentes, uno y otro abandonaron la carrera y la condición judicial.

Sin embargo, el «ajuste de cuentas del Gran Capitán» no acababa ahí; más bien, ahí empezaba.

Un ciego fue el primer denunciante

Miguel Durán es abogado, tiene su bufete en Madrid con varias sucursales asociadas en Barcelona, Sevilla, Zaragoza y Valencia. Miguel Durán es ciego y sonríe socarrón cuando sobre él se escribe o se dice que es invidente:

—Aunque bienintencionada, es una hipocresía social: creen que decir que un cojo es cojo o un ciego es ciego es algo «políticamente incorrecto». Para ellos, en el fondo, lo políticamente incorrecto es ser cojo o manco o ciego, y piensan que cambiando la palabra disimulan la realidad.

El 26 de enero de 2017, Miguel Durán estaba en Barcelona, terminando de almorzar solo en Botafumeiro. Ya a los postres llegó su sobrino Miguel Ángel, abogado también y socio suyo. Se sentó frente a él. Sin esperar a que les sirvieran el café, empezó a hablar muy acelerado:

—Oye, que a estos tíos los han pillado.

—¿A qué tíos?

—A Santi Vidal, senador de Esquerra Republicana... y juez. Y creo que andan también detrás del otro juez, Carles Viver i Pi-Sunyer.

—¿Santi Vidal, el que va por ahí dando charlas y mítines? ¿Y en qué lo han pillado?

—La verdad, no sé si por encargo o por sus pistolas, lleva meses pateándose media Cataluña y contando a militantes y no militantes de ERC el tráiler tremebundo de lo que el Govern tiene ya listo para ponerlo en marcha en cuanto declare la república. Pero, vamos, cosas atroces… Y expuestas con datos, cifras y detalles, por un hombre que habla desde dentro, que conoce lo que se ha cocido, y no fabula: está en sus cabales. No es un *flatus vocis* que se le haya escapado sin querer; no, él allá donde mitinea dice más o menos lo mismo, como si llevara un guion mental fijo. Puede ser un «bocachancla», un bocazas, pero no es un cuentacuentos. La impresión que produce es que va de heraldo, de avisador, preparando a la gente sobre lo que viene si se gana el referéndum de secesión.

Miguel Ángel saca de su portafolios un ejemplar de *El País* y empieza a leer párrafos seleccionados de «algunas cosas feroces, auténticas atrocidades, que estos tienen ya a punto». Para informar a su tío, va desgranando algunas perlas fuertes que el juez Santiago Vila va soltando ante públicos diversos. Miguel Durán, que ha escuchado en silencio, deja de mesarse la barba y pregunta:

—Todo eso, ¿dónde lo ha dicho?

—Pues… en diecinueve sitios. Lo ha dicho en Granollers, lo ha dicho en Sentmenat, y en tres o cuatro pueblos, con prensa camuflada entre el público, por ejemplo, en Gracia, en Matadepera, en Barcelona. La última, en Granollers.

—Además de lo que recogieran los periódicos, ¿hay alguna grabación?

—Sí, hay grabación, porque al menos una la colgaron en la red.

—Ah, pues entonces, voy a denunciarlo.

—Hombre, tío, espérate, ten un poco de calma…

—¿Calma? ¿Después de lo que me has contado? Un puñado de delitos, uno tras otro... Si eso está grabado, si hay una prueba, no podemos cruzarnos de brazos... A mí esto me quema en las manos. Y lo que más, que se carguen la Justicia, por donde más pueden contaminar a los jueces y perjudicar a los justiciables, ¡a todos!; porque si discriminan en razón de la ideología, hacen trizas la independencia judicial, inutilizan el palo mayor de una democracia garantista.

Salen de Botafumeiro y se van al bufete en la avenida Diagonal 472, esquina a Via Augusta. Durán hace un esbozo rápido de la denuncia en su ordenador con teclado braille.

A la mañana siguiente, viernes 27, se levanta muy temprano, a las cinco, en la casa de Sant Boi de Llobregat donde se aloja, un pueblo cerca de Barcelona y sin problemas de tráfico para llegar al bufete. Normalmente madruga y hace ejercicio en la cinta mecánica de caminar. Aquel día hizo menos, porque quería ponerse a redactar la denuncia cuanto antes.

Como Santiago Vidal es senador, Durán dirige la denuncia a la Sala Segunda del Tribunal Supremo, por tratarse de un aforado. Cuando está ya metido en faena, saltan unas alertas sonoras, que suele tener programadas con *El País, La Razón* y algún otro periódico, y sueltan la noticia de que «Santiago Vidal i Marsal ha dimitido como senador».

—¡Coño! Pues menos mal que lo han dicho hoy y hemos podido enterarnos a tiempo. Bueno... Cambiaré simplemente la dirección de la denuncia y en vez de ir al Tribunal Supremo, la paso a un juzgado de guardia, al juzgado de instrucción en Barcelona. Como no va a ser larga, podrá entrar en el juzgado de guardia hoy mismo, 27 de enero, antes de las dos de la tarde.

Reproduce, citando al periodista Cristian Segura, de *El País*, algunas de las afirmaciones de Santiago Vidal e indica que, de ser ciertas, sus autores, miembros de la Generalitat, podrían haber incurrido en actuaciones ilegales como preparativos de una rebelión o sedición para segregarse del Estado español y proclamar la República de Cataluña.

Recoge, entre otras afirmaciones de Santiago Vidal, la posible malversación de cuatrocientos millones de euros traspasados de unas a otras partidas presupuestarias, «y muy bien camuflados», para afrontar los gastos del referéndum, lo que apuntaría a un delito de malversación de caudales públicos.

Menciona los créditos de doscientos mil millones de euros, apalabrados con Gobiernos extranjeros, y varios acuerdos secretos con otros Estados —injerencias admitidas y en todo caso buscadas—, a espaldas del Gobierno español, incluso la contratación de asesores de las administraciones públicas de Finlandia, Noruega y Dinamarca a fin de diseñar las estructuras de la futura república catalana. Asimismo, la campaña de búsqueda de apoyos políticos con al menos 31 países europeos, entre los que menciona como ya conseguidos los de Lituania, Letonia y Estonia.

En otro jalón, clava el acento denunciante sobre la obtención ilegal de datos fiscales y tributarios de todos los ciudadanos residentes en Cataluña, lo cual vulneraría la protección de datos, derecho del gobernado y deber del gobernante; y pondría en evidencia presuntos delitos contra la custodia de documentos y la revelación de secretos, cometidos por funcionarios de la Generalitat; y presumiblemente, la prevaricación, dado que, según el denunciado Santiago Vidal, el fin de tales ilícitos era preparar las estructuras de una futura Cataluña independiente.

Indica también los artículos del Código Penal aplicables a cada supuesto, solicita la investigación de los hechos y que se los tenga por parte en la instrucción como acusación popular.

Después de redactarla, se baja a desayunar con su sobrino donde acostumbran siempre que pasan más de un día en Barcelona: Casa Toni, en Via Augusta, al lado del despacho. Un café y unas pulguitas de ibérico y queso, y luego Toni los obsequia —es ya una costumbre— con un trozo de chorizo picante y una cerveza.

—Miguel Ángel —le dice a su sobrino, mientras apura el último sorbo—, del texto de la denuncia vale todo, solo hay que cambiar el encabezamiento y dirigirla al juzgado de instrucción. De todos modos, échale un vistazo. Luego, saca el coche y te vas enseguida para entregarla en el juzgado que esté de guardia.

—Pero, tío, hoy es viernes, le pondrán la estampilla de entrada, pero no van ni a leerla, ¿no será mejor dejarla ya para el lunes?

—No, no, no. Ya te dije que a mí esto me quema en las manos, porque lo que estos tíos están preparando es cortar con España y montar su república. Y si puedo hacer algo por impedirlo, por mínimo que sea, he de hacerlo. Para serte sincero, no las tengo todas conmigo, no dejo de pensar «esta denuncia, ¿en manos de qué juez va a caer?, ¿en uno de esos trescientos que son leales a una Cataluña independiente o en uno de los quinientos no leales?».

Antes de las dos de la tarde de aquel viernes 27 de enero, los Durán entregan la denuncia en el juzgado de guardia y pagan las costas correspondientes como parte acusadora, con lo que la denuncia pasa a ser querella. Desconocen si hay ya en marcha alguna otra actuación de denunciantes o de fiscales contra estos hechos. No saben que son ellos quienes acaban de poner en marcha a la justicia contra el *procés*, denunciando a un sujeto concreto.

El 30, como es preceptivo los lunes, en el decanato del juzgado de instrucción se procede al reparto de asuntos. La querella del bufete Durán y Durán recae en el Juzgado de Instrucción n.º 13 de Barcelona, cuyo titular es Juan Antonio Ramírez Sunyer.

Pocos días después, unos abogados de Vox presentan también una denuncia contra Santi Vidal. Y como es un tema similar, idéntico, al que ha presentado Durán, el juzgado de guardia lo pasa, por conexión o conexidad[84], al Juzgado n.º 13 donde ya se está llevando esa causa. Así, a la denuncia de Durán se suma la de Vox. Cuando Miguel Durán se entera de que Vox también está personado, duda si debe seguir o renunciar a ser acusación popular. Lo habla con su sobrino Miguel Ángel:

—Un partido político legal, sea de derechas, de izquierdas, de centro o ultra, da igual, con implantación nacional, con representación en todas las circunscripciones, tiene toda la legitimidad, no más, pero sí toda la legitimidad para representar la acusación popular. Por otra parte, como Vox está empezando a funcionar, les interesa mucho adquirir brillo y protagonismo. Lógico. Ahora bien, nosotros tenemos un bufete en varias ciudades y con distintos asuntos y clientes, no quisiera que nos asimilasen a una opción de partido.

Y ahí se queda la cosa: decisión en duda.

Entre tanto, la causa del *procés* seguía en los tejados de la Audiencia Nacional, del Tribunal Superior de Justicia de Cataluña (TSJC), incluso en los del Tribunal Supremo, porque había acusados con fuero y acusados sin él, los delitos se habían cometido en Cataluña, pero afectaban a la unidad e integridad de todo el territorio nacional y además los autores habían buscado y conseguido injerencias de otros países. Sin embargo, nadie le hincaba el diente. Pero Durán no pierde el tiempo y mantiene contactos personales con el juez Ramírez Sunyer y con los fiscales José María Romero de Tejada (TSJC) y José Manuel Maza (fiscal general). No les pide nada, antes bien, les dice que no quiere crear interferencias, pero de algún modo les da el aldabonazo jurídico de conciencia de haberse movido él, a título de mero ciudadano, cuando el impulso tenía que haber partido del Ministerio Fiscal, en cualquiera de sus niveles. Tal vez por eso, solo por ver su disposición a arrimar el hombro, lo que escuchó de Maza, el fiscal general, fue un sincero *mea culpa* y un estímulo.

Cuando leyó el texto de la denuncia que Durán y Durán habían presentado, dijo lo que le salió a bote pronto: «Si esto es cierto, es muy grave... Y no parece que se trate de un cantamañanas metiendo miedo...». Durán le dio más detalles, verbalmente. Maza lo escuchó con atención.

—Miguel, tú y tu sobrino os habéis anticipado, ejerciendo un derecho que también es deber; en cambio, nosotros como fiscales no hemos presentado nada, y realmente el impulso de persecución del delito corresponde al fiscal. Y no te oculto que nos podéis crear alguna dificultad, pero vosotros tirad *p'alante*... Mira, si la Fiscalía General del Estado actúa, ¡y yo quiero que actúe!, no te preocupes, sigue avanzando, habla con el fiscal general de Cataluña, Romero de Tejada, dile lo que me has dicho a mí y que vas a poner toda la carne en el asador. —Porque él debió de notar que Durán estaba muy bravo—. Además, yo hablaré con él. Le diré que vas. Y, como lo conozco, sé que estará de vuestro lado.

—José Manuel, no quiero dejar de comentarte una cosa. Yo confío plenamente en el Ministerio Fiscal, aunque me ha decepcionado en el tema de Artur Mas y del Palau, porque allí la fiscal general, tu predecesora,[85] estuvo bastante blanda, hubo un chalaneo entre el Gobierno de Rajoy y los catalanes para que apoyasen la votación y que fuese presidenta del Congreso de los Diputados

Ana Pastor. Es algo indecente, que ocurre en todos los partidos, siempre unos con otros cambiando licencias de obras por votos, o presidentas del Congreso por denuncias por cohecho, robo o corrupción con el Palau... Así que las cosas claras: me ha decepcionado el Ministerio Fiscal; pero, por otra parte, confío en ti y quiero volver a confiar en él. Y no en uno, en todos los fiscales.[86]

—A las dos semanas de haber estado con Maza, a mediados de febrero, fuimos mi sobrino y yo a ver a Romero de Tejada —diría Durán después—. Yo le llamé unos días antes y me dijo que por Maza esperaba mi llamada. La reunión fue en la Fiscalía General de Barcelona, en Pau Claris, estuvo también Paco Bañeres, que era el teniente fiscal. Protocolaria, pero cordial, dinámica y yendo al grano. Yo no veía su rostro ni su aspecto, pero por el tono y la firmeza de su voz noté en él una decisión clarísima de actuar pronto y con eficiencia. Es más, nos dijo: «Durán, no somos incompatibles. Nosotros somos el Ministerio Fiscal y vosotros seréis la acusación popular. Ejerced vuestra labor, puesto que el Ministerio Fiscal tiene un papel de preeminencia. Pero los dos acusamos».[87]

Bien, Miguel Durán está motivado. Pero compartir la acusación popular con Vox, que es un partido político, lo echa para atrás, pensando en la imagen aséptica y apolítica, o al menos neutral, que deben mostrar sus bufetes. Lo habla con el juez del 13, también se lo explica a los de Vox, y retira su querella.

«¿Estos tíos están locos o van voceando que preparan un golpe?»

El equipo jurídico de Vox eran solo tres: en primer lugar, Javier Ortega Smith, hispano-argentino, alto ejecutivo del partido, concejal, diputado, abogado. Los otros dos del equipo Pedro Fernández, diputado por Zaragoza y concejal por Madrid, abogado, profesor de Derecho en varias universidades españolas y que, curiosamente, pese a su adscripción política de derechas derechas, fue asesor de Izquierda Unida durante diez años, y Juan Cremades Gracia, el socio catalán, del bufete Gilabert & Bofarull, que ejerció en su día la acusación contra Quim Torra.

Ya en 2014 interpusieron una querella ante el Tribunal Superior de Justicia de Cataluña para ejercer la acusación popular cuando Artur Mas convocó las elecciones no refrendarias del 9N. Estudiaron los hechos previos y posteriores, vieron elementos no muy claros legalmente y concretaron su querella por los delitos de rebelión, desobediencia, malversación, usurpación de funciones... La pusieron contra Mas y cinco *consellers* de su Govern. Abonaron la fianza. Eran los únicos acusadores. De pronto se presentó también Manos Limpias. Aunque habían llegado después, el Tribunal Superior de Justicia de Cataluña (TSJC) les dio la dirección letrada. Vox recurrió. Cuando en la investigación empezaron a aparecer implicados con fuero, el TSJC fue subiendo desmesuradamente el monto de la fianza. «Nosotros, como partido, estábamos empezando —recordaban años después los jurídicos de Vox—, éramos cuatro gatos y secos de dinero; ni volviéndonos boca abajo hubiésemos podido pagarla. Además, justo por entonces estalló el caso Nóos, la imputación de Urdangarin y de la infanta Cristina, y salieron a la luz los escándalos de Manos Limpias, el juego sucio de acusar a un imputado para luego retirar la acusación o minimizar los delitos a cambio de dinero. No quisimos entrar en esa historia oscura y lo dejamos.

»A finales de 2016, nos llegan por diversas fuentes informaciones, creíbles y muy verificadas, sobre unas conferencias y debates que se están produciendo en foros públicos, con publicidad. Los oradores, el cartel, por así decir, eran personajes bien conocidos en los círculos barceloneses: Carles Viver i Pi-Sunyer, juez y exmagistrado del Tribunal Constitucional. Josep Lluís Salvadó i Tenesa, secretario general de Junqueras. Y el tercer conferenciante o mitinero era Santiago Vidal Marsal, un estudioso de estos temas, senador de ERC y también juez. Por cierto, más adelante, Viver y Vidal fueron inhabilitados como jueces por el Consejo General del Poder Judicial. Estos tres hombres, Viver, Vidal y Salvadó i Tenesa, iban diciendo, más o menos, vanagloriándose incluso, que ellos y otros muy por encima de ellos estaban preparando la independencia de Cataluña. Y ya se había redactado una Constitución, lo cual era verdad: Carles Viver redactó una Constitución, convirtió el Estatuto catalán en una Constitución para la República de Cataluña, por encargo o por idea suya, pero muy celebrada y muy seguida, pues fue la que luego se escogió entre otras. Él era el cerebro realmente de lo que podríamos llamar un golpe de Estado: el golpe de Estado del 1O por el que se cambiaba la forma de gobierno, pasando de monarquía a república, se seccionaba el territorio catalán del resto del Estado español, nacía un nuevo Estado y se daba el hachazo de ruptura de la soberanía nacional.

»Una tarde nos reunimos los tres del equipo jurista de Vox. Pero bueno, ¿estos tíos están locos y todo eso es una ficción o andan voceando y destapando ante el público que van a dar un golpe? Porque lo que cuentan es un golpetazo de Estado. También dicen que se han creado estructuras de Estado paralelas, inspiradas en las de los países nórdicos; hablan incluso de unos servicios de inteligencia propios, el Cesicat; de una Agencia Tributaria propia y una Seguridad Social también propia. Tienen la relación y los datos de todos los censados en Cataluña... Ah, y listas de jueces, fiscales, altos funcionarios, con ánimo de hacer una depuración, una purga discriminatoria para poner de patitas fuera de Cataluña a los que no comulguen con el independentismo.

»No dejan parcela sin tocar; por ejemplo, el Cuerpo de Mossos d'Esquadra se reconvertirá —dicen— en el embrión de unas fuerzas armadas o una especie de ejército de Cataluña. Aseguran que tendrán, o tienen ya en maqueta, un *software* sustitutivo de la Seguridad Social, una Agencia Tributaria y una Hacienda propias, y también propia su política exterior…

»En alguno de esos discursos o mítines o lo que sean, han llegado a hablar de que ya habían desviado u ocultado cuatrocientos millones de euros del presupuesto de la Generalitat como fondos de respaldo, en favor de la nueva república catalana.

»Nuestra duda era si se trataba de una teoría, un deseo, "una ensoñación" —que diría más tarde con ironía el magistrado del Supremo Luciano Varela—, si hablaban por agradar al auditorio catalán o si estaban lanzando globos sonda para testar la reacción ciudadana… Ya aquel día, los tres de equipo nos planteamos en serio, ¿y si resulta que todo esto es verdad o va a ser verdad? ¿Cómo es que lo cuentan en público, incluso hay periodistas, y no se les detiene, no se mueve un papel, nadie protesta, ni denuncia, ni interpone una querella? ¡Pues planteemos una querella nosotros! ¿Están engañando al público?, ¿es una diversión? Son personas en sus cabales y tratando cosas demasiado serias, y demasiado graves, como para hacer de eso un *show*. ¿O están contando conscientemente un plan de golpe de Estado, con idea de preparar el terreno?

»Entonces interponemos una querella contra los tres, contra Viver i Pi-Sunyer, Salvadó Tenesa y Vidal Marsal. Primero vamos al TSJC, pero por cuestión de fuero [Santi Vidal ha dimitido como senador justo en esos días, el 27 o 28 de enero de 2017] no les corresponde esa sede judicial y nos remiten al Juzgado de Instrucción n.º 13 de Barcelona. Vamos a personarnos como acusación popular.

»En el Juzgado n.º 13 había ya una denuncia contra uno de estos, Santi Vidal, interpuesta por Miguel Durán. Por conexidad, nuestras querellas caen en ese mismo Juzgado, van a la mesa del juez titular, Juan Antonio Ramírez Sunyer. Este señor nos dice que debemos asimilarnos a la primera que llegó. Pero Durán, aunque ya había abonado las costas, renuncia a la suya y nos quedamos nosotros como única parte acusadora popular.

El juez del nº. 13 se jugaba el pellejo

»En este punto —siguen Pedro Fernández y Javier Ortega Smith, recordando juntos— hay que subrayar y remarcar con fosforito la valentía del juez Ramírez Sunyer, al admitir nuestra oposición popular. Era presumible que la del fiscal sería agua de rosas. Y es que nuestros tres querellados eran personajes muy conocidos en la vida cultural y jurídica de Cataluña. Estaban en ese discurso independentista, tenían prestigio, mucho público, mucho aplauso y muy buena acogida. Y el juez Sunyer, al admitirla, sabía que se ponía a mucha gente en contra, incluso dentro del gremio y en el poder político. Vamos, que se jugaba el pellejo.

»Nosotros ahí damos un salto, porque en un principio habíamos puesto la querella por si acaso, por si no estaban locos y lo que predicaban era el anuncio deliberado de un plan de verdad. Con esa querella, el juez del 13 incoa una batería tremenda de diligencias policiales, de intervenciones telefónicas, cuarenta registros, se intervienen cientos de *emails*, pone en marcha a la Guardia Civil, como Policía judicial. Hay un teniente de la Guardia Civil que dirige todo este operativo.

»Empiezan a investigar y van encontrando conexiones, porque estos tres individuos no actuaban solos. Pero nada de eso se hizo a petición del fiscal, sino por mandato del juez Ramírez.

»Un día —cuenta Ortega Smith— me invitan a un centenario, un aniversario o no sé qué celebración de la Guardia Civil en Barcelona. Durante la comida, uno de los oficiales o jefes me dice: "Usted no me conoce, pero usted y nosotros nos hemos leído mucho". ¿Cómo es eso? "Porque nosotros recibimos las diligencias que ustedes piden al magistrado Ramírez Sunyer y él nos ordena hacerlas, de modo que vemos qué es lo que ustedes piden y en qué sentido lo piden. Nosotros investigamos y encontramos lo que ustedes buscan y no lo pueden obtener porque no son Policía judicial. De modo que me parece que vamos a lo mismo."»

»El coronel jefe, Baena, dotó al equipo de guardias constituido en Policía judicial para este caso de muchos medios tecnológicos y agentes. Llegaron a ser más de treinta agentes dedicados a investigar esto. El caso era muy grave, estaba ya maduro, casi en vísperas de activarse, y lo que se iba a poner en marcha era la sedición, la ruptura de la integridad nacional.

»Valoraron bien el asunto y se fiaron de nosotros. Eso era importante. Como ciudadanos corrientes, nosotros no podíamos hacer mucho. Ellos sí, claro. Por las diligencias policiales que, como parte acusadora, tenemos derecho a conocer, salvo cuando el juez ordena el secreto, y también por nuestras propias pesquisas, vamos viendo como empiezan a aparecer conexiones entre *consellers* del Govern, todos aforados: Junqueras, Romeva, Mundó, Forn… Son ya hechos jurídicos. Vamos al juicio. El juez Ramírez Sunyer nos puso una fianza normal, asequible; pero al haber aforados, tiene que remitir los hechos al TSJC y es ahí cuando el caso se empantana, notamos demoras sin explicaciones, un *impasse* largo, no avanzamos. Es más, en el TSJC nos exigen fianzas muy altas, porque han dividido la causa en dos piezas, la de los juristas, los cerebros, y la de los miembros del Govern, los que tienen fuero, y por cada pieza nos imponen trece mil euros de fianza para ser acusación popular. Claro, nosotros, veintiséis mil euros no los teníamos ni vueltos boca abajo y tuvo que ser a base de pedir a nuestros militantes, cooperantes o miembros de Vox. Éramos pocos, cuatro gatos, prácticamente apenas habíamos despegado como formación política, ¿cómo íbamos a afrontar esos gastos, más los viajes y estancias en Barcelona? Era un revés. Pero nos movimos pidiendo a unos y a otros hasta conseguir los veintiséis mil euros. Los pagamos y nos presentamos.

»En el Juzgado n.º 13, todo se hizo porque el juez Ramírez y su equipo se volcaron, pero el fiscal no cooperó, no movió un dedo, ¡y eso que le correspondía hacerlo! En cambio, el fiscal del TSJC, que era Romero de Tejada, ese sí que se mojó e impulsó el procedimiento.

—Hombre, a veces el estímulo te llega por otra parte —interviene el abogado Pedro Fernández—. Un día, regresaba yo de Barcelona a Madrid en el AVE, venía de asistir a una declaración testifical. En la cafetería del tren se me acerca un señor a quien yo no conocía. Él a mí, sí. Se presentó con un nombre y apellido y me dijo: "Soy abogado del Estado, y perdona que te aborde aquí, pero quiero trasladarte un mensaje de unos cuantos colegas de la Abogacía: por favor, aunque os pongan muchas trabas, no os retiréis de la acusación popular. Sois la garantía de que esta causa sigue adelante, porque no os dejaréis presionar…". Al ver mi cara de asombro, se explicó: "Desde el Gobierno, por personas interpuestas, pueden presionar a jueces, a fiscales, a abogados del Estado, lo han hecho siempre que les ha interesado. El presionado no tiene más narices que plegarse y obedecer o marcharse: es un funcionario, un 'empleado', por alto que sea su cargo. Vosotros, en cambio, sois libres. ¡No os retiréis!". Y claro, eso nos animaba más a resistir, aunque, durante el juicio en la sala del Supremo, nos humillaran, acusados y testigos nos negaran la palabra, porque nos veían como fachas, posfranquistas, antidemócratas, gente rancia... y nos lo decían a la cara, o se negaban a responder a nuestros interrogatorios. Yo recordaba aquel mensaje del AVE: "Sois nuestra garantía ¡no os retiréis!".

»Pedimos ver al fiscal general del Estado, a José Manuel Maza. Queríamos saber qué había de fondo. Estaba todo muy confuso todavía, las diligencias eran secretas, no había información, no se sabía muy bien por qué de repente ese juez del 13 ponía boca arriba a toda la Barcelona oficial, hacía un registro, otro, otro... ¡cuarenta registros! Y una reata de detenciones. No entendíamos la rapidez intrépida de las actuaciones de un simple juez de instrucción y, por contra, la parálisis del TSJC, siendo la misma causa.

—Nos da hora. Entramos en la Fiscalía General por la calle Fortuny, o sea, por la parte de atrás, pues la fachada principal queda justo al otro lado, dando a la Castellana. Vamos Pedro Fernández y yo —relata Ortega Smith—. Nos encontramos al fiscal Eduardo Fungairiño, en su silla de ruedas, y al fiscal Luzón. "¿Qué hacéis por aquí?". Les explicamos, *grosso modo* sin entrar en detalles, lo que estamos viendo, de qué va el Juzgado n.º 13 y los frenazos en seco del Tribunal Superior de Cataluña.

¿Sedición?, ¿rebelión?, dicho en plata, golpe de Estado

»Luzón y Fungairiño se toman el tema en serio, ven nuestros documentos, piden otros, cotejan, hacen una buena criba, seleccionan y se lo pasan a Maza. Ya conocían, más o menos, lo que contenían esos papeles.

»Por entonces, Maza acababa de hacer cambios entre los fiscales. Uno aquí, otro allá…, y había nombrado a tres fiscales que iban a ser muy útiles. Los pone a estudiar "los papeles de Cataluña", la cuestión catalana. A nosotros nos recibe, aparentando no tener prisa, pero la tiene. "Os agradezco profundamente todo lo que me habéis traído y el trabajo que os habéis tomado, sin que nadie os lo mandara. Estáis en vuestro derecho… y también, como ciudadanos, en vuestro deber."»

»Le explicamos lo que realmente nos preocupaba. Se nota que sabe y calla. Al despedirse y con un brillito simpático en la mirada nos dice: "Creo que pronto tendréis noticias de la Fiscalía General del Estado."»

»Con Maza tuvimos otra reunión más. En la segunda le dijimos que habíamos interpuesto una querella, en primer lugar, en Cataluña, en el Juzgado n.º 13, y esta había pasado al TSJC, como órgano superior; pero que, más que cansados de esperar, perplejos por el *impasse* del TSJC, la habíamos presentado ante la Audiencia Nacional y ante el Tribunal Supremo. Esto podía parecer un arrebato nuestro. Le explicamos que "es que los delitos que señalamos en nuestra querella pueden ser sedición o rebelión, dicho en plata, señoría, golpe de Estado. Y en tal caso, afectarían no solo a Cataluña, sino a todo el territorio nacional. Sobrepasarían el territorio de Cataluña y, por tanto, su jurisdicción. Un delito de rebelión es un delito contra la Constitución, contra la forma de gobierno del Estado español". Podía parecer que intentábamos dar lecciones pedantes al fiscal general, pero Maza nos escuchaba con una media sonrisa, casi diría yo que complacido. Nos animamos y le dijimos: "Creemos que, desde hace tiempo, años, hay una puesta en común de un grupo de personas con poder, de Cataluña y de muy lejos de Cataluña, con la idea fija de cometer un delito, un delito político, un crimen. Y al hecho de que unas personas se agrupen y organicen para delinquir se le llama 'organización criminal'. ¿O estamos equivocados y exagerando?".

»Maza no nos responde en directo, pero nos dice lo suficiente: "¿Habéis presentado vuestra querella en la Audiencia Nacional y en el Tribunal Supremo? Pues me parece que debe ser así, según que los imputados tengan o no tengan fuero."»

»"Pero, señoría, la Sala de lo Penal, que la preside Marchena, no se pone en marcha, no hace el primer acto procesal que tendría que hacer: pedir un informe a la Fiscalía. Es el fiscal quien tiene que perseguir de oficio el delito, a él le corresponde el impulso. Y si no, el coche no arranca. Marchena dirá si admite o no nuestra querella, para que actúe el Tribunal Supremo. Vale. Pero ha transcurrido un mes y el Supremo está en silencio, ¿qué está pasando?"

»La expresión de Maza era la de quien ni puede ni debe decir más, pero transmitía ánimo.

»Lo necesitábamos. Alguien nos había dicho bien claro: "Chicos, no os van a dar a vosotros, a Vox, un partido del que se sospecha todo, que sois fachas, que sois ultras y antidemocráticos, que sois la derecha más rancia… No os van a dar la medalla de haber descubierto un intento de rebelión en Cataluña".

»Hasta ahora todo eran trabas, pero estábamos hablando en directo con Maza. Y le habíamos dejado el mensaje. Esperaríamos a ver si Marchena se movía. Pero pasaban los días y ahí no había movimiento. Marchena no activa al fiscal del Supremo. Y el fiscal no activa a Marchena, porque a él mismo no lo activa nadie.

»De repente, ocurre algo. Maza nos había dicho: "Creo que pronto tendréis noticias de la Fiscalía General del Estado". En efecto, el 7 de septiembre de 2017 el fiscal general Maza convoca a la prensa para comunicar una noticia, que salga al aire y no se quede escondida y sin voz en un cajón: que va a interponer dos querellas con el mismo texto, una contra el *president* Puigdemont y su Govern, dirigida al Tribunal Supremo; y otra contra Carme Forcadell, como presidenta de la Mesa del Parlament, y los miembros de la Diputación Permanente, dirigida a la Audiencia Nacional. Ambas con el mismo texto y fecha. No necesita decirlo —es evidente—: con esa sencilla jugada, ha sacado la causa del TSJC, de la jurisdicción de Cataluña.

»Estamos a 7 de septiembre de 2017. Se están calentando motores para el 1O y ultimando los mil detalles de papeletas, locales, apoderados, urnas, medios de transporte para personas mayores… Se prepara el referéndum. Y están aprobadas las leyes de transición y de ruptura en el Parlament catalán. Puigdemont ha hecho un cambio de Govern y a tres o cuatro *consellers* que estaban dubitantes, temerosos, no muy de acuerdo con el referéndum a contrapelo y a contra Estado, o no eran partidarios de una independencia unilateral, o temían las represalias judiciales y políticas, ¡adiós muy buenas!, los cesó y nombró a otros más en sintonía con la secesión y la independencia: Turull y Forn, entre ellos.»*

---

* Relato de los abogados de Vox Pedro Fernández y Javier Ortega Smith, como acusación popular. Nota de la autora.

Tres llamadas de Moncloa, presionando al fiscal Maza

¿Por qué hace el fiscal Maza un comunicado ante la prensa, sin preguntas ni respuestas, y presenta el texto de las querellas? ¿Por qué ese preámbulo? ¿Para crear expectación, a tres semanas del referéndum?

Quiere que se sepa que saca el tema de la jurisdicción de Cataluña y lo residencia en la capital del Estado. Pero, sobre todo, es un aviso a navegantes: un signo de stop a los que andan con los preparativos de la consulta ilegal y de toda la cola de decisiones graves que seguirán indefectiblemente a la declaración de independencia… Un *están ustedes a tiempo de quedarse quietos y no seguir con esta sinrazón, porque la ley va a actuar, y con todo su peso. Por mucho que le tapen los ojos, la justicia ve y no duerme: vigila.*

Extrañamente, la primera, y quizá la única reacción, es del Gobierno, y no precisamente alentadora. Maza recibe ese mismo día tres llamadas en su despacho. Son tres presiones y bastante coercitivas. Una es del ministro de Justicia, Rafael Catalá. La siguiente es de la vicepresidenta Soraya Sáenz de Santamaría. La tercera es del presidente del Gobierno, Mariano Rajoy Brey. Estaba en su despacho una persona de su confianza que las presenció, pudo escucharlas, y además el propio Maza se las reprodujo a continuación. El ministro Catalá, en una indebida presión hacia el Poder Judicial, le dice:

—Escúchame, José Manuel, me han pedido que te llame para decirte que levantes el pie del acelerador; que esto nos desborda, no es el momento, es muy fuerte…

—Lo que es muy fuerte, Rafa, es la ruptura del Estado. ¿Y te dicen que me pidas que levante el pie del acelerador… los que han dejado que las cosas lleguen hasta estos extremos, por no pisar ellos el freno a su debido tiempo?

—También has anunciado unas querellas al máximo nivel, que nos van a complicar muchísimo las cosas... Hombre, José Manuel, ponte en mi piel, a mí esto me pilla recién nombrado. Siquiera, como ministro reciente, dame un tiempo para intentar remediar la situación, dame una oportunidad.

—No, Rafa, creo en conciencia que tengo que hacerlo, incluso por lealtad al puesto que se me ha confiado. Es un tema muy grave y lo he estudiado mucho, he leído y releído uno por uno todos los papeles, todas las declaraciones de unos y de otros, todas las leyes del Parlament. Si al Gobierno se le ha ido de las manos, lo único que yo puedo y debo hacer es tratar de parar a la bestia que se nos viene encima.

Al cabo de un rato, o al día siguiente, temprano, se produce otra llamada. Es Soraya Sáenz de Santamaría, vicepresidenta del Gobierno:

—Mira, José Manuel, no has interpretado bien la llamada de Rafa Catalá. Él no te pedía un favor personal, él te ha llamado en nombre mío. ¿Eres consciente de la gravedad del asunto?... José Manuel, ¿me estás oyendo?

—Sí, sí, estoy callado para oírte mejor.

—Nos estás poniendo en un mal paso, en una disyuntiva muy fuerte, en una situación difícil, y justamente ahora, que estamos negociando un concierto con ellos, para darles un poco de aire y no de atosigue. Tu querella los provocará, es muy fuerte esto... En estos momentos, estamos dialogando con el gobierno de Cataluña, cosa nada fácil. Estamos en una operación diálogo, para ver si se llega *in extremis* al pacto fiscal que tanto pretendía Artur Mas, o a cualquier cosa que no sea tocar la sustancia de la independencia, ni tocar el Estatuto, ni provocar la desobediencia a la Constitución... Por favor, José Manuel, afloja el piñón.

Le viene a decir lo mismo: «Afloja el piñón», «levanta el pie del acelerador». Maza no hace nada, continúa adelante, no detiene ni suspende ni altera el texto de sus querellas aún no enviadas, porque debe seguir el curso de los acontecimientos que se esperan.

Un par de días después de la llamada de la vicepresidenta se produce una tercera. Es del presidente Mariano Rajoy. Va flechado a la cuestión:

—Esas querellas tuyas nos crean a todos una situación gravísima, y en un momento muy complicado. Estás poniendo en riesgo la estabilidad de Estado. —Maza gira el teléfono para que su persona testigo pueda oírlo—. Yo he confiado en ti, José Manuel, he confiado... y no puedes hacerme esto.

Maza responde:

—Señor presidente, no haberme nombrado.

Y cuelga.

Transcurren muy pocas semanas, y Maza muere en Argentina a consecuencia de un envenenamiento durante un congreso. Pero ese suceso mortuorio tiene otro enmarque y merece su punto y aparte. También mereció una autopsia y no se la hicieron.

A continuación, se produce el referéndum, el 1O; dos semanas después, la Declaración Unilateral de Independencia, la DUI. Y a renglón seguido, la respuesta del Gobierno: el pepinazo del artículo 155, que se estrenaba en esa ocasión. Caía el Govern, cesado automáticamente.

Maza encarga al juez Pablo Llarena, del Tribunal Supremo, que instruya este asunto. El Tribunal Supremo tiene una autoridad y potestad jurídica para atraer a sí todo tema que tenga que ver con un aforado. Entonces todo viene a parar al Tribunal Supremo, también los Jordis, que no son aforados. Lo extraño es que no hayan ido a parar también Trapero y los policías, los *mossos*... que son juzgados en la Audiencia Nacional por la jueza Lamela.

El fiscal Zaragoza, en alarma desde 2015

Es justo decir que Javier Zaragoza, fiscal jefe de la Audiencia Nacional, aragonés turolense de Alcorisa, vicioso del trabajo, tesonero, un *bulldog* que una vez muerde la pieza no la suelta, ya estaba investigando desde el 5 de noviembre de 2015, cuando Artur Mas y Oriol Junqueras, aliados como Junts pel Sí, forman Govern y con la CUP presentan en el Parlament una propuesta de resolución en la que se acordaba «declarar solemnemente el inicio de creación del Estado catalán en forma de república» y que debía ser votada el 11 de noviembre. Ante esa noticia, a Zaragoza se le encienden todas las alarmas y, como fiscal jefe, cursa a los mandos de la Policía, Guardia Civil y Mossos d'Esquadra y a los jefes de Información de Barcelona una instrucción en la que enumera los delitos en los que es competente la Audiencia Nacional. Y en el listado, remarca los relacionados con el proceso independentista catalán. Menciona en concreto «los cometidos contra la forma de gobierno» y «declarar la independencia de una parte del territorio nacional»: la rebelión, la sedición y la conspiración, la proposición y la provocación, como posibles fases previas para cometer ambos ilícitos.

En ese mismo escrito, ordena que, «si se tiene conocimiento de cualquier hecho delictivo que encaje en esos preceptos, se elabore con urgencia el atestado o informe oportuno y —salvo que los autores sean aforados— se remitan subrayando el carácter urgente al Juzgado Central de Instrucción y al fiscal de la Audiencia Nacional que se encuentre en funciones de guardia».

Zaragoza es, pues, el pionero en esta investigación. Pero, desde su escrito de instrucciones del 5 de noviembre de 2015, no recibe *notitia criminis* alguna sobre esos temas hasta el 15 de marzo de 2016, que es cuando le llegan dos atestados por presuntos delitos de sedición, malversación, prevaricación y/o desobediencia, remitidos por la Policía judicial de la VII Zona de Guardia Civil de Cataluña. Uno de ellos se refiere a la creación del Centro de Seguridad de Información de Cataluña (Cesicat), el llamado «CNI catalán». El otro, sobre la creación de la Administración Tributaria Catalana «como una de las estructuras de Estado que darán soporte al proceso unilateral de independencia».

Se cala las gafas, desenfunda la estilográfica y, rápido rápido, firma dos decretos incoando diligencias de investigación y designa a un instructor para cada caso.

Operación Anubis, por sorpresa

Por su parte, Ramírez Sunyer, el juez del 13 de Barcelona, acumulando denuncias y ordenando diligencias de investigación a la Policía judicial, integrada en este caso por miembros de la Guardia Civil, acabará siendo a la hora del juicio al *procés* la caja de los truenos o, usando una imagen del fiscal Zaragoza, «el caballo de Troya».

La prueba del algodón de la salud mental y el temple físico del juez Ramírez fue la Operación Anubis, el 20 y 21 de septiembre de 2017, sin pausa ni interrupción, coordinando a la Policía judicial durante los 41 registros simultáneos y por sorpresa en domicilios, dependencias y despachos oficiales de la Generalitat, más la detención de dieciséis cargos públicos. Y todo ello, afrontando el asedio masivo de decenas de miles de catalanes, cuarenta mil, convocados a base de wasaps urgentes y «pásalo» por las asociaciones separatistas Òmnium Cultural y ANC. Arengados por sus líderes, Jordi Sànchez y Jordi Cuixart, acudieron rápidos y bloquearon Les Rambles y la Via Laietana, a la altura de la plaza Sant Jaume, para impedir la acción de la comitiva judicial en su misión de entradas y registros.

El arma era la masa, pero la masa no llevaba armas. Así estaba previsto en el código de *civisme i no violència*. Ingrediente esencial para que, al no haber «alzamiento armado», no se los pudiera acusar de rebelión. Toda la artillería de tan imponente masa se redujo a empellones, resistencia corporal contra los escudos policiales de metacrilato, escupitajos, «hijos de puta», algún que otro rodillazo en lugar doloroso y lanzamientos de botellines de plástico vacíos.

Aquella misma noche y a la mañana siguiente, un torrente de análisis indignados, polifonía áspera con las voces solistas de Anna Gabriel (CUP), Joan Tardà, Alfred Bosch, Carme Forcadell (ERC): «Un estado de excepción que no toleraremos»; «podrán confiscar lo que quieran, pero no lo más importante: la gente» (Junqueras); «esto es un golpe de Estado, *de facto*», «Madrid ha suspendido, de hecho, nuestro autogobierno; pero el día 1 votaremos» (Puigdemont).

Incluso desde el Congreso de Diputados, en Madrid, donde se celebraba el pleno habitual de control al Gobierno, Rufián (ERC) increpó a Rajoy: «¡Le exijo que saque sus sucias manos de *les conselleries*!».

Abandonaron el hemiciclo los diputados de ERC y con ellos los de PDeCAT, entre gritos, pitos y aplausos... «¡Golpistas, fascistas!», «¡Golpistas y rompepatrias vosotros!». Convulsión en los graderíos. Rajoy, en pie desde su escaño y mirando hacia la cúpula del hemiciclo, como si se dirigiera al ciclorama del planetario, pedía a Cataluña: «¡Den ustedes marcha atrás y vuelvan al sentido común!».

Un año después, durante el juicio en el Supremo, como los letrados de la defensa reclamaban reparaciones de daños y uno de los manifestados aquella tardenoche del 20S fue herido en un ojo, se llegó a hablar de «una intervención policial violenta, casi una acción de guerra, ¡y con víctimas!».

Un balance, no menos doloroso, pero sí más sereno, de los daños declarados y certificados se ajustaría más a la verdad diciendo: 20S, la guerra en la que «murió» un ojo.

En uno de los registros del 20S, el del domicilio de Josep Maria Jové, mano derecha de Junqueras y secretario general de la *Conselleria* de Economía y Hacienda, confiscaron su libreta Moleskine, donde él redactaba de puño y letra cuanto se discutía y decidía en las reuniones secretas donde se iba diseñando la sedición. Ahí figuraban hasta cuarenta personajes públicos, asistentes a varias o a todas las reuniones conspiratorias. La Moleskine no probaba la rebelión ni la sedición, pero sí era un acta, autógrafa, de la conspiración, desde 2015, para la ruptura de Cataluña con el Estado español fuera de las vías legales. También a Jové le incautaron un *power point* de 41 páginas, sin firma, titulado *Enfocats* y subtitulado «Reenfocando el *procés* de independencia para un resultado exitoso». Pretendía ser la auténtica hoja de ruta soberanista con cuatro escenarios alternativos de confrontación abierta frente al Gobierno, combinando elecciones, referéndum y dobles urnas.

Enfocats fue una prueba de gran fuerza acusatoria en el juicio que se celebraría en el Tribunal Supremo y acabaría con el vicepresidente Oriol Junqueras, los *consellers* Jordi Turull, Raül Romeva, Joaquim Forn, Dolors Bassa y Josep Rull, la presidenta del Parlament, Carme Forcadell, y los Jordis —Jordi Sànchez y Jordi Cuixart— investigados y en prisión. Y junto a ellos ocho *consellers* más, hasta cuarenta imputados, por delitos que conducían al referéndum del 1O, la ruptura con el Estado español y la instauración de la República de Cataluña.

La Operación Anubis se saldó con la captura de nueve altos cargos, tres técnicos de la consulta refrendaria, dos custodios del material electoral y diez millones de papeletas impresas ya con el «sí» y el «no», incautadas en una imprenta en Bigues i Riells, un pueblecito de Barcelona, en el valle del río Tenes.

Puigdemont: «El Gobierno se ha bajado los pantalones»

Al día siguiente de los registros sorpresa y las detenciones para evitar destrucción de documentos, veinte mil independentistas volvieron a echarse a la calle, esta vez concentrados ante el Tribunal Superior de Justicia de Cataluña, donde los había citado la CUP, para protestar por el operativo policial de la noche víspera, los registros y las detenciones, y afirmar su decisión de votar el 1O. Al mantra coreado, *Votarem, votarem!*, se añadía el que aportó Carme Forcadell: irrumpió por sorpresa en la algarada, animando con ritmo pareado *No tenim por, no tenim por!* (¡No tenemos miedo, no tenemos miedo!). Y con megafonía a todo decibelio, el líder de la ANC, Jordi Sànchez, respondía a Rajoy y al Gobierno: «¡No vamos a dar ningún paso atrás! Entérese: la gente en las calles es nuestra única fuerza y la garantía de que el 1 de octubre votaremos».

Puigdemont convocó al Govern con urgencia. Eran conscientes de que desde la Moncloa se había desmantelado toda la logística del referéndum. No solo por la detención de los organizadores y técnicos de base, también porque los habían dejado sin carteles de propaganda y sin papeletas. Aun así, apoyando con energía sus dos puños sobre la mesa, Puigdemont aseguró: «Que Madrid y Bruselas digan lo que quieran: ¡no vamos a dar ningún paso atrás!». Remedaba a Jordi Sànchez, el muevemasas de la

ANC. Junqueras pidió la palabra. Sin contradecirle abiertamente, expuso la situación real: «Las condiciones hoy son diferentes». Buena parte de su equipo estaba en los calabozos policiales.

Cinco años después de las estériles negociaciones entre Mariano Rajoy y Artur Mas, el Gobierno, sintiendo ahora que el referéndum de la ruptura va en serio, desentierra aquel discutidísimo Pacto Fiscal que en 2012 era imposible, inconstitucional, rompepatria... Incluso se muestra dispuesto a reformar la Constitución para detener la secesión de Cataluña. Entra, entonces, en escena el ministro de Economía, Luis de Guindos, declarando en *The Financial Times,* cara a los inversores internacionales:

> En 2012, estábamos en plena crisis, y la atención fija en evitar el rescate de España. Ahora la situación ha cambiado, hay una recuperación, tenemos más espacio fiscal y eso abre nuevas oportunidades para la discusión [...] Cataluña ya tiene una gran autonomía, pero podríamos hablar, ¿por qué no?, de una reforma del sistema de financiación y de otras cuestiones.
>
> «La independencia es imposible. En Cataluña, el riesgo es tener un Gobierno al estilo Syriza.»

Y agregaba:

> «Una declaración de independencia supondría dejar fuera de Europa a Cataluña. El Gobierno español no puede permitirlo.»

Guindos aprovechaba para recordar las tesis del Ejecutivo de que

> «España ha pasado, de ser el *enfermo de Europa,* a ser uno de los países que encabezan la recuperación».

Viéndole las orejas al lobo, el Gobierno se plantea conceder «más dinero y autonomía financiera» a la Generalitat. Y no descarta otorgar a Cataluña el Pacto Fiscal. Donde dije digo, digo Diego. Pero hay trenes políticos que, aun teniendo frenos, no tienen marcha atrás.

«El Gobierno —dice Guindos ahora, el 21 de septiembre de 2017, ante la inminencia del referéndum catalán— se muestra dispuesto a negociar «si Cataluña desiste de sus planes de independencia.» Recomienda «serenidad, y no echar a rodar el carro por el precipicio».

Sirviéndose del mismo rotativo británico, añade unas condiciones más ceñidas a las demandas catalanas. Anuncia que «el Gobierno de España se plantea cambiar el sistema de financiación y darle más autonomía a Cataluña si dan marcha atrás en sus planes de independencia. Una vez los paren, podremos hablar.»

Y a pie de calle, ante los micrófonos de todas las emisoras que le pusieron delante sus alcachofas multicolores, remachó: «El plan de las autoridades catalanas de llevar a cabo un referéndum independentista es una pantomima sin legitimidad legal. Cataluña no tiene ninguna oportunidad de ser independiente».

En concreto, y después de lanzar con ironía esta advertencia, el ministro deja entornada la puerta del famoso Pacto Fiscal y propone conceder «más dinero y autonomía financiera» a la Generalitat.

Puigdemont lee esas declaraciones, dobla el *Financial* y lo arroja sobre la mesa como un papel sin valor. Viéndose con todas las bazas en la mano, y ante un Gobierno que «se ha bajado los pantalones» y que «no tendrá *collons* para lanzarnos el 155», responde hablando consigo mismo: *El que hem dit: o referèndum, o referèndum. I només cal parlar.*[88]

6

Hoja de ruta hacia el precipicio

El rey a Puigdemont: «prefiero que me dejes al margen»

2017. El 23 de mayo Puigdemont asiste a un acto de entrega de becas de posgrado que la Fundación La Caixa concede a 120 estudiantes. Preside el rey y con él están la vicepresidenta del Gobierno, Soraya Sáenz de Santamaría, el delegado del Gobierno en Cataluña, Enric Millo y por La Caixa, Isidre Fainé, Jaume Giró y Jordi Gual. El discurso del rey es sobre la apuesta por la educación y el desarrollo. Ni media palabra de política.

Terminado el acto protocolario, las autoridades pasan a una sala para hablar más distendidamente. El rey hace un aparte con Puigdemont:

—*President*, te quiero comentar una cosa —le dice—. Verás, en una conferencia que diste ayer en Madrid, citaste una frase mía que dije en el Parlament hace muchos años… y quería decirte que prefiero que me dejes al margen.

Efectivamente, Puigdemont citó al rey, recordando una frase que el monarca había pronunciado cuando aún era príncipe.

—No fue en el Parlament —le aclara—, sino durante una visita que hizo usted a Girona en 1990.

Lo que dijo Puigdemont el día anterior en Madrid fue literalmente: «Pedimos lo mismo que expresó en Girona, el 21 de abril de 1990, el entonces príncipe y hoy jefe del Estado, el rey Felipe VI, cuando afirmó: "La democracia expresa sus proyectos en las urnas"».

—No quiero contradecir ni matizar nada —le explica el rey muy educadamente—. Solo te quería pedir que me dejaras al margen, porque eso me compromete y yo quiero quedarme al margen de lo que está pasando.

El tono del rey era tan amable, casi como si no se atreviera a hacerle esta petición, que Puigdemont lo asumió en clave positiva.

—Lo entiendo perfectamente; lo último que yo quisiera ahora sería ponerlo en un compromiso. No queremos comprometerlo.

—Muchas gracias, *president*.

«Si el rey se mantuviera al margen de todo esto, sería una gran victoria —pensaba después, sin tenerlas todas consigo—. Pero no será fácil, porque, a medida que nosotros vayamos dejando al Estado en fuera de juego, los poderes de Madrid presionarán al rey. Y cualquier día acabará saliendo en la tele, como hizo su padre el 23F, y diciendo aquello de "la Corona no puede tolerar en modo alguno...". Por eso, todo el mundo compara lo que estamos haciendo con un golpe de Estado... Y Felipe puede llegar a hacer lo mismo. Lo hará para que le aplaudan, porque sabe que así la Corona recuperará reputación en España.»[89]

Síndrome de *president* por la puerta de atrás

Empieza junio. Ni primavera ni verano, un entretiempo sin interés. Y eso que este junio debiera ser un mes de actividad casi febril, de cuenta atrás y preparativos del gran acontecimiento 1O. Pero, hojeando la agenda oficial del *president*, ninguna de sus jornadas merece relato y menos aún que se levante acta de cara a la historia. Tal vez lo importante, lo enjundioso, no figura deliberadamente en su agenda oficial.

Sin embargo, Puigdemont toma notas continuamente de no se sabe qué, de cualquier frase que le dicen o de las que dice él. Lleva una rara especie de diario permanente… ¿Estará preparando sus memorias?

Más que metido en su rol presidencial, ha llegado al punto de estar «poseído» por la conciencia continua de que él es el *molt honorable president*; por tanto, el protagonista de la historia de su país en este tiempo presente. Y todo cuanto haga o piense es relevante y digno de crónica. De ahí sus incesantes notas. Si se queda en el Palau a dormir, en la Casa dels Canonges, si le sirven de cena rape a la plancha con verduras o si regresa, tarde y cansado, a su casa, al chalé de Sant Julià de Ramis, junto al golf, en Girona, y se mete en la cama sin ducharse y sin cenar. Todo lo apunta. Si entre reunión y reunión come galletitas. Alguien se pregunta: ¿y cuándo trabajará este hombre?

Sus jornadas no son otra cosa que reuniones. Reuniones del Govern. Reuniones del partido, vacías: un gran plato lleno de nada. Discusiones sobre el vacío de las reuniones… «y tienen razón los que nos dicen que no están enterados de nada, que todo lo llevamos en secreto». Discusiones sobre lo que ha declarado en la prensa el conseller Jordi Baiget, poniendo en duda que haya referéndum y lanzándole una pulla al *president*: «Se muestra muy distante en las reuniones de Govern». No tiene mayor entidad. Es una opinión libre, pero Puigdemont lo ha apuntado en su libreta de notas y a Baiget —que ya está en el borde de la cornisa— le costará el puesto. Discusiones sobre cónclaves secretos, rumores y chismorreos sin contenido de fuste; y encima, a espaldas del *president.* «Hemos llegado a un punto en el que hacemos tantas reuniones internas que ni yo mismo sé qué es secreto y qué no lo es», comenta un día el *president.* Discusiones sobre si la alcaldesa Ada Colau sacará o no sacará las urnas... o si a ella no le incumbe lo de las urnas, porque es un asunto en el que el Ayuntamiento de Barcelona no tiene nada que decir. Discusiones bizantinas y lingüísticas sobre la pregunta del referéndum, que si se menciona o no la palabra «república»: «¿Quieres que Cataluña sea un Estado independiente?», «¿Queréis que Cataluña sea un Estado independiente en forma de república?». Quizá, al tener un doble contenido, la pregunta exige una respuesta binaria y puede ser un lío para muchos catalanes... Discusiones acerca de cómo dirigirse al individuo votante: de tú, ¿quieres?; de usted, ¿quiere?; o de un vos elidido, pero más comunitario, ¿queréis? Para algunos mayores la palabra «república» todavía está asociada a crímenes, a gente envalentonada y con armas por la calle, a juicios sumarísimos, a represiones, a una época dura y no deseable. «Pues se les explica que no tiene por qué ser así y que no va a ser así, ¿o no somos demócratas...?» Y la palabra entra en las papeletas, ¿acaso no es una república catalana lo que quieren? ¿A qué vienen esos remilgos a la hora de llamar a las cosas por su nombre? Matan el tiempo discutiendo, como quien mata moscas con el rabo. Según ellos, «amarrando detalles, no debe quedar ni un cabo suelto». Discusiones, estas a puerta cerrada, sobre la compra, el escondite y la guarda de las urnas. Solo al final del final descorrerán la cortina de la sorpresa: estaban bien escondidas en una nave industrial de amigos de toda confianza, en un pueblecito del sur de Francia o, como ellos dicen, en la «Cataluña Norte». Pero aún habrá más cortinas y más sorpresas con el asunto de las urnas.[90]

Y en pleno tedio, ¡zas!, Puigdemont da un puñetazo en la mesa y provoca una crisis de Gobierno.

Se veía venir. En cuanto a él, ya tenía ganas de quitarse el síndrome de haber llegado a *president* por la puerta de atrás, sin elecciones populares y teniendo que gobernar con unos *consellers* nombrados por Artur Mas. Algo que ya en su día experimentaron varios presidentes de Estados Unidos: Harry S. Truman, «montando el tigre» por sorpresa, cuando el mítico Franklin D. Roosevelt fue derribado por un derrame cerebral masivo. O Lyndon B. Johnson, sustituyendo con urgencia al recién asesinado John F. Kennedy y jurando sobre su cadáver aún caliente, a bordo del Air Force One. O Gerald Ford, entrando en la Casa Blanca sin haber pasado por las urnas, cuando el *impeachment* destituyó a Richard Nixon por el escándalo del espionaje en el hotel Watergate, el improvisado cuartel general del Partido Demócrata... En España, lo más parecido, convertirse en habitante y señor de la Moncloa, no por los votos populares, sino por un pacto de heterogéneos y una moción de censura, aún no había ocurrido, pero no iba a tardar: sería el caso de Pedro Sánchez.

No les miente, pero los engaña

Aparte esa incómoda sensación de obtener el poder por carambola, la crisis se veía venir también por el enrarecimiento del ambiente en el Palau, una química *non grata*: nervios. Miedo. Inquietud. Desconfianza. Confidencias en voz baja («pero yo de esto no te he dicho nada, eh»). Chivatazos de refilón. Secretitos rinconeros. Grupitos dentro del partido. Solapadamente, todos contra todos. Empezando por la cumbre: Puigdemont y Junqueras apenas coinciden en razonamientos, en planes políticos personales, en horizontes de futuro. No sintonizan. No abrochan. No empatizan. Y no se fían. Son socios de gobierno, pero rivales políticos. Hasta para comparecer juntos en un acto público de la coalición Junts pel Sí han de consultar cada cual con sus asesores. Y convencerse mutuamente de que «es bueno que nos vean juntos: transmitiremos la imagen de que estamos de acuerdo y vamos a lo mismo».

Desconfianza entre los miembros de Junts pel Sí: miradas oblicuas entre los de Esquerra Republicana y los del PDeCAT. Y, en vísperas del referéndum, lo que faltaba: recelo del *president* Puigdemont hacia varios de sus *consellers*, su Govern. Intuitivo, y perito en sospechas, detectaba quién estaba indeciso, quién temeroso, quién poco convencido, quién dándoles vueltas a los riesgos de un referéndum con el Estado en contra, a las consecuencias penales del 1O, a la incógnita del 2O y siguientes...

Aprovechando las declaraciones inconvenientes del *conseller*, Jordi Baiget, en *El Punt Avui*,[91] Puigdemont abre la crisis del Govern, que venía rumiando desde meses atrás. La presenta a sus *conselleres* y *consellers* como puente de plata, para que nadie se vaya resentido, ni con la cabeza gacha, ni cambie de bando. Habla con todos, uno a uno. Y hace que esté presente quien en realidad los nombró: Artur Mas.

No les miente, pero los engaña. Para empezar, les anuncia:

—Yo no voy a presentarme a la reelección.

Buena forma de indicarles que su puesto presidencial está disponible. Quien quiera hacer carrera tiene el camino expedito.

En efecto, no les miente, pero... los engaña. Él no se presentará a la reelección, cierto, porque no estará en condiciones..., ni será libre, ni estará habilitado, ni siquiera estará en España. Pero esta segunda parte de la verdad, la oculta. Media verdad, media mentira.

A continuación, les pinta un panorama oscuro, peligroso, hostil, con muchas desventajas.

—Hay cuatro riesgos —les explica—. Nos jugamos prisión, inhabilitación, multa y patrimonio. Y cada cual tendrá que comerse entero el lote de condenas que le caigan. Serían penas individuales, no pueden trocearse ni delegarse.

Subliminalmente, está transmitiendo a los miembros de su Govern que es comprensible, incluso razonable, que alguien diga «yo no sigo, me bajo en marcha». Continúa: «Si pensando en lo que nos puede venir encima, me dices que dimites, que abandonas, no lo entenderé como una deslealtad, sino como un acto de libertad responsable y respetable».

Cuatro *consellers* se le descuelgan voluntariamente del Govern. ¿Desleales? Más bien, sensato instinto de supervivencia, ponerse a salvo antes que la factura penal de la justicia los electrocute.

En siete días de julio ha remodelado el Govern. Unos se bajan del carrusel y otros entran, aprovechando que se les abre una oportunidad de ascender y... ¿quién sabe qué más?

«*President*, me dicen que tengo que frenarte»

A él mismo lo cercan donde menos se lo espera, tratando de disuadirlo de «seguir adelante con esa locura de la independencia». Amigos, vecinos, parientes, burgueses, grandes empresarios de la industria, del comercio, de las finanzas, del mundo de la comunicación, incluso más de un obispo, que lo visitan. Todos quieren pararle los pies. A veces, cara a cara, a solas: «Carles, no te hablo como al *president*, sino como al amigo»; o en una cena de «buenos conjurados»; o valiéndose de un *conseller* intermediario, por ejemplo, Santi Vila, que juega a dos paños, lo oye todo, se entera de todo, da la razón a todos y luego va a contárselo al *president*:

—Me han dicho que tengo que frenarte…, ¡como si yo pudiera!

—¿Y quiénes te lo han dicho?

—Todos los importantes: Javier Godó, *La Vanguardia*; Artur Carulla, Agrolimen; Ferran Rodés, Havas Media, Acciona; José Creuheras, o sea, Planeta y Atresmedia; Osak Andik, el de Mango; Josep Oliu, presidente del Sabadell… Y algún catedrático de Constitucional, y algún jurista con bufete potente como Miquel Roca, y algún editorialista influyente…

Puigdemont abre su libreta y con descaro anota todos esos nombres, mientras rumia: «Este Santi no es un zascandil, aunque cabildea sobre el referéndum con demasiada gente y no es su encargo ni entra en su sueldo. Él mismo está en duda. Y va transmitiendo a unos y a otros que "el *president* es un soñador y nos está llevando al borde del precipicio". Y no solo crea mal ambiente entre los convergentes del PDeCAT, no le importa encizañar con dudas a los de Esquerra. Eso he oído… Pero prefiero tenerlo dentro y cerca. Le ofreceré el puesto de Jordi Baiget para desconcertar».

Puigdemont está remodelando su parte del Govern, el PDeCat (que con ERC fusionados o coaligados fueron el Junts pel Sí). Ahora, Junqueras debería mover también algún peón de ERC, pero no lo hace. Puigdemont sí hace cambios y lo consigue en siete días de julio. Durante esas jornadas, piensa, duda, tantea a los propios *consellers* que pueden continuar y a los que van a ser cesados, habla con los posibles… y toma notas rápidas en su libreta.* Su futuro es incierto. Intuye que este puede ser su último acto como *president*. Dejarle hecho el Govern al sucesor, como Mas se lo dejó a él. ¡Menudo *marrón*!

Si tuviera más edad, se pasmaría al ver que está razonando como el generalísimo Franco cuando sus generales cabildeaban y conspiraban «estipendiados» por Churchill: en vez de empurarlos y mandarlos a un castillo, los ascendía. «Al que enreda, se le enfaja», decía. Les imponía el fajín de general o les daba un grado más, agregando entorchados de oro a los borlones... A unos, los destinaba a África como altos comisarios; a otros, los retenía cerca como jefes de su Casa Militar. También hay amigas de Marcela Topor, la mujer de Puigdemont, que van por la vía sibilina: «¡Qué valiente es Carles!». Y luego, «¡Pero, ay, la que puede caerle encima!», «¡Acabará en la cárcel! ¿Aguantará?», «Y tú, sola con las niñas, ¿qué haréis? La cárcel no es cosa de un mes o de un año, ¿soportaréis?», «Tener al marido en prisión, además de no tenerlo a él, es que todos los que te bailaban el caldo empezarán a hacerte fú. Como cuando un barco naufraga: ¡hasta las ratas abandonan!». Eso, día tras día, va haciéndole mella. Entre unas y otras, le ponen el corazón en un puño.

Puigdemont lo sabe, pero no le habla del tema. «Se pone muy nerviosa, no puede evitar angustiarse. Y no quiero que se angustie aún más. Cada día me hago yo la misma pregunta: estoy a tiempo, ¿no debería pararlo?»[92]

* Solo en la última línea de la página 439 de sus memorias *Me explico* (2020), en las anotaciones del 13 de julio de 2017, a las diez y media de la noche, después de cerrar con Joaquim Forn el acuerdo para que se incorpore como *conseller* de Interior, podrá afirmar: «He completado la remodelación del Govern».

En casa, últimamente, evita la conversación política. Él sabe que ella sabe. ¿Para qué hurgar en el tema? Sus hijas, pululando por el cuarto de estar, siempre son una buena coartada. Hablan de las vacaciones, que este año serán cortas y novedosas, en un *camping*, el de Sant Pere Pescador, porque a las niñas les ilusiona conocer amigos y amigas de su edad.

Días raros, días de cierre del curso, último Consejo del Govern. Retales de asuntos pendientes. Se echa la persiana, pero no del todo. Enseguida empezará el zafarrancho de combate. Anuncio de que «a la vuelta de vacaciones, nos meteremos de lleno en la Ley del Referéndum y la de Transitoriedad Jurídica. Luego, la Diada, que este año será la Diada del Sí. Y ya... todos a cargar las pilas para el 1O».

Al mismo tiempo, la Guardia Civil continúa sus interrogatorios por instrucción del juez del n.º 13, Ramírez Sunyer, para verificar los planes de sedición que propalaban los jueces Santi Vidal y Carles Viver i Pi-Sunyer.

Y, todavía en julio, una visita del rey para conmemorar los veinticinco años de los Juegos Olímpicos en Barcelona. El rey y Puigdemont hablan apenas unos minutos. Don Felipe le cuenta cuando él fue abanderado de los Juegos en el 92, encabezando a todo el equipo olímpico español. Le chispean de alegría los ojos al recordarlo:

—Aquello fue una emoción muy grande. No lo he olvidado nunca... Y tú, Carles, ¿qué hacías entonces?

—¿Yo?, ¿hace veinticinco años? Pues... hacía de periodista.

—Ah, claro, es verdad, tú eres periodista...

Lo que Puigdemont no le dice es que mientras Felipe, como deportista y príncipe heredero —*blazer* azul marino, pantalón blanco y sombrero pajizo canotier—, ondeaba orgulloso la bandera de España por el estadio barcelonés y él «hacía de periodista» —sin titulación— en el diario *El Punt,* desde allí organizaba clandestinamente un concierto en el parque de la Devesa de Girona para pasar la gorra y enviar la colecta a los presos independentistas detenidos días antes, cuando se disponían a armarla parda en los Juegos Olímpicos.[93] Media verdad, media mentira.

La batuta fantasma de Carme Forcadell

Allí arriba, en aquel altar de presidenta del Parlament, Carme Forcadell dominaba los escaños del hemiciclo mirando en panorámica a todos y a nadie, sin parpadear. La voz firme, un punto imperativa y poco frecuente, lo imprescindible. El rostro afilado. Los labios prietos. Sonreír no debía de entrar en el reglamento. Y su figura, que unos años antes podía recordar a aquel ruiseñor de Serrat, «es menuda como un soplo y tiene el pelo marrón y un aire entre tierno y triste, como un gorrión», poco a poco había adquirido esa fortaleza femenina, en apariencia frágil, pero capaz de traspasar todos los umbrales de una misión con riesgo. Y sin mirar atrás.

Los días 6 y 7 de septiembre de 2017, desde muy temprano y hasta las tantísimas, Carme sabía qué importantes cosas dependían de ella. Tenía que atravesar una frontera de cristal blindado, pasar de la ley a la no ley, o de la ley no querida a la no ley deseada, hasta llegar al otro lado, al territorio nuevo de la independencia. Era el tramo final sin Ley del Referéndum, ni el pueblo podría decidir en qué sistema quería vivir; ni los dirigentes políticos tendrían un aval —papeletas en mano— que los respaldase ante el lucero del alba para demandar «este es el Estado en forma de república que nuestro pueblo quiere».

Y al día siguiente, votar la Ley de Transitoriedad Jurídica, para asegurar que el *intermezzo* entre el referéndum y la proclamación de la república con su propia Constitución no sea un tránsito sin garantías legales, una especie de limbo político. La oposición enseñaría los colmillos y las garras, se aferrarían —y no sin razón— al absurdo de aprobar una ley para «después del referéndum», cuando todavía este no se ha celebrado y está por ver si gana o pierde la propuesta del Estado independiente y republicano. Cualquier *diputat* del PSC, de Ciudadanos o del Partido Popular podría levantarse y preguntar: «¿Acaso el Govern ya tiene preparado el pucherazo y por eso está tan seguro de que las urnas van a decir "república"?».

Desde que Forcadell presidía el Parlament, entre ella —ella y cinco miembros de la Mesa— y el Tribunal Constitucional se había entablado una dialéctica de enfrentamientos sin palabras, pero inexorables. No era el juego fastidioso «¿de qué se trata?, que me opongo» ni el incordiante *si tu dius blanc, jo dic negre*. Era una dinámica de desobediencias continuas, quebrantando la Carta Magna, cuya vigilancia obligaba al Tribunal de Garantías. La práctica venía ya de atrás, abarcó todo el *procés*, desde marzo de 2014, cuando la declaración de soberanía y el derecho a decidir.

Ante cada iniciativa inconstitucional, el TC advertía por oficio a los responsables implicados, y muy personalmente a la presidenta y miembros de la Mesa, de que no admitiesen a trámite ni el debate ni la votación de esa propuesta, porque en tales y cuales puntos, o en su totalidad, infringía la Constitución. Vez tras vez, Carme Forcadell hacía caso omiso del auto de advertencia. Y vez tras vez, el Tribunal anulaba la «ley» emanada ilegalmente del Parlament.

La liturgia jurídica era como «la crónica de una partida anunciada»: auto del TC, advirtiendo. Sentencia del TC, anulando la ley. Y si, pese a ello, la ley se debatía, se aprobaba y se publicaba en el *Diari Oficial del Parlament*, querella de la Fiscalía, denunciando.

¿Que todos estos trámites llevaban su tiempo, y tiempo caro de juristas que cobraban por estudiar y redactar cada asunto, y de parlamentarios que jugaban a echarle pulsos a la Ley de leyes? Indudable. Y además, enervante, porque, tras cada revés, iba calando en el pueblo la idea de que «el Estado español no nos deja ser lo que queremos ser, pensar como queremos pensar, vivir como queremos vivir…, por eso nos prohíbe las urnas». Era la tarea de propaganda de los políticos secesionistas. Y, llegados a las vísperas del referéndum, el eslogan inoculado en vena: «¡Cuidado!, que al final, esos tíos de Madrid imputarán a todo el pueblo solo por ir a votar».

Faltan unos minutos para las nueve de la mañana. Todavía hay escaños vacíos y grupitos de *diputats* que apuran hasta el último segundo para terminar una conversación. Carme Forcadell, ya instalada en la tribuna, lee en su móvil la crónica de la apertura del año judicial, que fue ayer, día 5, en el Tribunal Supremo, sesión de gala como cada año y presidida por el rey. Se fija en un par de frases destacadas en negrilla. «Maza, fiscal general del Estado: Ante el abuso de los que se sitúan fuera de la ley, no tienen cabida vacilaciones de ningún tipo.» Y «Lesmes, presidente del Consejo General del Poder Judicial: Las voluntades unilaterales son inaceptables y violentan la propia democracia».

«Saben perfectamente lo que hoy y mañana se va a votar aquí —piensa Forcadell— y ya nos avisan, ¿o nos asustan?, con dos cañonazos de guerra»: "los que se sitúan fuera de la ley» y «voluntades unilaterales". Disparan en directo contra nosotros.» Pero era el último paso de su misión y nada la haría detenerse. «Por mucha toga y mucho poder que tengan para condenarte y encerrarte veinte años o treinta o cuarenta, ignoran que yo, y otros muchos como yo, no tenemos miedo a nada ni a nadie.»

Comenzaba un pleno que desde el primer instante se entrevió que sería agitado, borrascoso. Una disputa a voz en grito. Las bancadas enfrentadas y a la greña. Y echando mano de todas las tretas del filibusterismo parlamentario. Carme Forcadell llamaba al orden, exigía silencio... Pero nadie escuchaba a nadie. Desde el sitial de su altarcito, ella subía el volumen del micrófono para hacerse oír. Apretaba con fuerza la yema del pulgar de su mano derecha sobre el dedo índice combado, como si sujetara una batuta inexistente. Necesitaba no solo presidir sino imponerse a aquella turbamulta de voces. Dicen quienes han perdido un pie, o un brazo, o una mano, que sienten el frío o el calor del miembro fantasma y Carme sentía entre sus dedos la batuta como si realmente la tuviera.

Se hacían discursos de larga duración con digresiones por las ramas, para que el debate no avanzara; se interrumpía la sesión cada vez que la oposición reclamaba informes a los letrados o exigía reunirse con la presidenta, la Mesa del Parlament y los portavoces de los grupos para discutir esto, lo otro y lo de más allá, o para protestar por las continuas arbitrariedades contrarias al Reglamento...

—Ustedes lo que pretenden es ganar tiempo o hacérnoslo perder a todos y que esto se eternice... sin llegar a votar el proyecto.

—Nosotros lo que pretendemos es que no se admitan a trámite, ni se voten ni se aprueben —porque numéricamente ustedes son más— unos proyectos de ley que son ilegales. El Tribunal Constitucional lo ha dicho tajantemente: conculcan en médula la Constitución, quiebran la unidad de España, y desoyen lo que opina el inmenso resto de los españoles, que tienen tanto derecho como ustedes a manifestarse y a quienes ustedes, ¡tan demócratas! ni siquiera les preguntan.

Durante las reuniones en la sala de portavoces sonaban palabros fuertes, Forcadell se vio cercada, asediada por varias reclamaciones a la vez... en tono agrio y áspero. Se pasó más allá de la insolencia. En más de un momento le faltaron al respeto, la tildaron de inexperta, de incompetente, de parcial y entregada a los suyos, los del Govern. Los de Junts pel Sí ni siquiera salieron a defenderla. Ella tragaba saliva, apretaba el pulgar sobre el índice y volvía a sentir una mezcla de ira y decepción en la batuta fantasma:

—¡Señores, guarden las formas, el respeto es lo último que se puede perder en esta casa!

—El respeto... ¡a la ley! Eso sí que es lo último que se puede perder en esta casa. Pero ustedes se lo pasan por el forro. Votarán lo que quieran votar, aunque sea a contra ley, pero a los que no estamos de acuerdo no nos hagan ser cómplices, al trágala. Ni cómplices ni testigos. ¡Nos vamos!

La oposición en bloque abandonó el hemiciclo, coreando «¡Democracia, democracia, aprended lo que es democracia!».

Quince horas después de haberse iniciado la sesión, el pleno continuaba ya en la recta final de la votación. El Govern se reunió en una sala del Parlament, la 4. Los *consellers* apenas hablaban. Cansados, ojerosos, con las mejillas oscurecidas por el rebrote de la barba. Y tensos, aunque habían sacado adelante la Ley del Referéndum. En esa sala 4 firmaron colegiadamente la convocatoria a urnas para el 1 de octubre.

Puigdemont apuntó en su libreta: «El Govern al completo firma el decreto del Referéndum a las 23:35 del martes, 6 de septiembre de 2017. Lo hemos conseguido». Todos usaron su bolígrafo o su pluma; él lo firmó con un boli de propaganda de la ONCE que estaba a mano. No podía saber ni imaginar que fue un ciego, Miguel Durán, expresidente de la ONCE, quien con su denuncia puso en marcha el proceso al *procés*. En el bolígrafo ponía: «El día de la ilusión». Fetichista, Puigdemont se lo guardó.

Antes, mientras el último *conseller* estampaba su rúbrica, el *president* dijo enfáticamente: «Queda convocado el referéndum sobre la independencia. Esa consulta vinculará a todo el Govern».

Una excrecencia verbal innecesaria, pues es el Govern quien ha propuesto esa ley, es el Govern —su grupo parlamentario— quien la vota y aprueba, es el Govern quien la firma y se ha de encargar de organizar la consulta: campaña, propaganda, papeletas, locales, urnas, comisarios de mesas; y después, poner por obra lo que salga de esas urnas el 1O. ¿O acaso eso de «vinculará a todo el Govern» es un aviso a navegantes, por si a la hora de afrontar la justicia, algún *conseller* intenta escaquearse? Todos lo han entendido así, «juntos nos hemos embarcado y, si hay represalias judiciales, juntos nos hundiremos». Otra cosa es que, cuando pinten bastos, haya quienes den la cara y paguen entrando en prisión dando tumbos en un furgón de cristales negros, *emmanillats*, y además *emmanillats* por la espalda; haya quienes negocien rebajas de penas a cambio de informar; haya quienes delaten, canten *La Parrala* en do mayor y salgan de rositas; y haya quienes tomen las de Villadiego y huyan en coche oficial.[94]

Filibusteros en el *Parlament*

Ya de madrugada, la Mesa del Parlament, saltándose el orden del día, admitió a trámite la Ley de Transitoriedad Jurídica y Fundacional de la República, herramienta principal para la desconexión con el Estado, impulsada por Junts pel Sí y la CUP, más los votos a favor de los cuatro miembros de JxSí en la Mesa, incluida la presidenta Forcadell; en contra, los votos de los representantes de Ciudadanos y el PSC; y con la abstención de Joan Coscubiela, representante de Catalunya Sí Que Es Pot,[95] cuya intervención, desde una ideología sindicalista de izquierda, fue sorprendentemente muy crítica contra el *procés* «por su sectarismo nacionalista intolerante». Entre otras cosas, defendió «el derecho a poder vivir tranquilos en Cataluña sin ser independentistas»:

—No quiero —dijo— que mi hijo Daniel viva en un país en el que una mayoría pueda tapar los derechos de quienes no piensan como ellos. —Y aclaró—: Estoy dispuesto a partirme la cara por que ustedes puedan celebrar el referéndum.

Pero fue flechado a denunciar «el procedimiento bucanero, que no podemos avalar, con que pretenden aprobar esta Ley del Referéndum, [...] Junts pel Sí y la CUP tienen más votos que todos los demás juntos, sí, y valiéndose de esa fuerza, ¿qué?, ¿pretenden suspender los derechos de todos los diputados de la oposición? Si quieren hacer un referéndum para conocer, pero de verdad, lo que desean los catalanes, no ignoren a las minorías. Eso no es democracia. Eso tiene otro nombre: ¡cacicada! Entérense bien, ustedes están rompiendo la democracia».

Su discurso indignó a la coalición gubernamental, descolocó a sus propios socios de CSQP y en cambio arrancó entusiastas aplausos de la oposición.[96]

Pasadas las dos de la madrugada, los conserjes procedían a apagar las luces del Parlament. Carme Forcadell ordenaba los papeles de su mesa de despacho. Estaba nerviosa y necesitaba paz, porque a la mañana siguiente temprano comenzaría el otro pleno. Una idea muy atrevida le venía a la mente: recusar en bloque a todos los miembros del Tribunal Constitucional. Aunque no lograra nada, podía hacerlo. Y mientras se aceptaban o no las recusaciones, el TC quedaba maniatado frente a esas leyes que vetaba. No podría actuar contra el Parlament, ni contra ella, ni declarar nulas las leyes del Referéndum y de la Transitoriedad, ya admitidas y tramitadas pese a la advertencia de que eran inconstitucionales. Terminaba la jornada, aún sin haber regresado a casa a dormir, con un ejercicio de filibusterismo. Uno más, porque cambiar el orden del día también lo era.

Y en esa misma línea de piratería bucanera iba Puigdemont, cuando propuso a puerta cerrada: «Ceso a todo el Govern y así os libro de responsabilidades judiciales». Naturalmente, se negaron todos. Después lo pensó mejor: «¿Qué hace en el exilio un Govern cesado?».

Otro filibusterismo, el que se le ocurrió a Inés Arrimadas, portavoz de Ciudadanos: presentar allí mismo, a bocajarro, una moción de censura contra el *president.* Por supuesto, la habría perdido; pero la moción tiene sus trámites, sus pasos, sus tiempos. Y, sobre todo, mientras está en marcha una moción de censura toda otra actuación parlamentaria queda paralizada.

Y no acabaría ahí el recurso a la panoplia de tretas lícitas para demorar una ley. Esta vez fueron los socialistas de Miquel Iceta, los Ciudadanos de Arrimadas y los populares de Albiol. Por sorpresa, apelaron al Consell de Garanties Estatutàries para quejarse de que la Mesa les había negado los autos del Tribunal Constitucional que desautorizaban esas dos leyes y los dictámenes también negativos de los letrados de la Mesa que desaconsejaban a la presidenta admitir a trámite ambos proyectos de ley. A mediodía de aquel mismo 6 de septiembre, en pleno debate de la Ley de Referéndum, Joan Egea, presidente del Consell de Garanties, comunicó a la Mesa que PSC y Ciudadanos tenían derecho a que se les entregasen los dictámenes que reclamaban. Y hubo que dárselos.

—Ha sido una puñalada por la espalda —comentó, más bien bramó, Puigdemont, buscando el asentimiento de Junqueras, que no parecía estar tan enfadado como el *president*—. ¡El Consell no tenía ninguna obligación de reunirse, ni de hacerles caso, ni de emitir ningún dictamen…!

Y como Junqueras se encogía de hombros, diciendo sin decir «¿quién sabe…?», Puigdemont siguió desahogando su indignación consigo mismo:

—Lo han hecho a nuestras espaldas.

Curiosa reflexión, ¿habría llegado a creer Puigdemont que las espaldas del Parlament eran también sus espaldas? ¿Se sentía señor del ejecutivo y del legislativo?

Regresando a casa en el coche oficial después de aquel pleno, largo y áspero, medio adormilada por la oscuridad de las lunetas entintadas, Carme Forcadell recordó una cosa que le decía su madre cuando, siendo universitaria, se metió a tope en la lucha activa del independentismo y además con la vehemencia de la juventud:

—Eran los años sesenta y más adelante, ya con la democracia, me advertía: «Podéis acabar mal, Carme, podéis acabar en la cárcel. Porque esto no ha cambiado tanto como pensáis. La justicia está en las mismas manos y el Gobierno y las autoridades son los mismos, o son otros, pero muy parecidos». Nosotros nos reíamos, pero ella tenía razón.[97]

Operación Copérnico y el ejército en «prevengan»

En efecto. Las cosas no habían cambiado tanto. El Gobierno podía estar «distraído» o haciendo el Don Tancredo; pero Justicia, Ejército y Policía tenían los motores activados; los judiciales no habían dejado de estar en marcha y ahora pisaban el acelerador: en menos de veinticuatro horas, dos querellas del fiscal del Tribunal Superior de Justicia de Cataluña, Romero de Tejada: una contra el *president* Puigdemont, el *vicepresident* Junqueras y todos los miembros del Govern; y otra contra Carme Forcadell y cuatro miembros de la Mesa de Portavoces. Total, veintiún querellados de una tacada: los del Parlament, por haber permitido la votación de la Ley del Referéndum y los del Govern, por haber aprobado con sus votos la convocatoria del 1O. ¿Acusaciones? Desobediencia al TC, prevaricación y malversación de caudales públicos.

Cinco días después, el 13 de septiembre, el Tribunal Constitucional, ya libre de manos —si es que llegó a considerarse siquiera por un día la recusación de Forcadell—, vuelve a dar señales de vida y ordena a la Sindicatura Electoral, el órgano que supervisa los referendos, que tienen 48 horas para renunciar a sus cargos.

Por orden judicial, la Guardia Civil clausura la web del referéndum. Y lo hará tantas veces cuantas vuelvan a habilitarse otras nuevas.[98]

Dentro de la Operación Copérnico, el Gobierno ha comenzado el envío, en tandas sucesivas, de hasta diez mil miembros de la Guardia Civil y de la Policía Nacional a Cataluña.

El TC advierte a los 948 alcaldes catalanes y a 62 cargos de la Generalitat de que no pueden participar en la organización del 1O. Por su parte, el 13 de septiembre, una semana después de la firma de la Ley del Referéndum, el fiscal general del Estado, Maza, ordena que se cite a declarar como testigos o como imputados a los alcaldes que se adhirieron con su firma al decreto de apoyo al 1O. Como respuesta, más de setecientos ediles de las cuatro provincias catalanas se desplazan a Barcelona esgrimiendo sus varas de mando: en el Ayuntamiento son recibidos por la alcaldesa Ada Colau, quien a continuación cruza con ellos la plaza Sant Jaume, hasta el Palau de la Generalitat. Ella no entra. Tendrá sus motivos. ¿O está en tiempo de ambigüedad calculada?

Puigdemont los espera en el rellano de la escalera gótica. Allí, les agradece el gesto. «Ánimo, y a dar la cara si vienen mal dadas», «Lo conseguiremos», «Ahora entenderán que no se debe subestimar la fuerza del pueblo». Frases como estas les ha ido diciendo el *president,* mientras los saluda uno a uno.

Ya en el frontispicio de la Constitución, en el Título Preliminar, se lee que «es misión de las Fuerzas Armadas garantizar la soberanía e independencia de España, defender su integridad territorial y el ordenamiento constitucional».[99] De modo que les incumbía de todas todas. No pretendían hacer el coco. Se mantuvieron sin hacerse presentes, pero estratégicamente dispuestas por si tuvieran que intervenir. Aunque, como dijo un indepe, reunido con otros en una casa rural del Pirineo: «Tranquilos con esa tropa. Los ves y te meten miedo, pero el ejército español nunca disparará contra su pueblo».

Desde agosto, un contingente de artillería estaba, «supuestamente de maniobras», en el Campo de San Gregorio (Zaragoza), a trescientos kilómetros de Cataluña. Lubricado, armado, con instrucciones para el despliegue por el territorio catalán y atento a las noticias del día a día. La orden era que, al aprobarse la DUI, se activara. Y así se hizo. Pero a los ocho segundos, cuando Puigdemont dejó la DUI en suspenso, como gesto de mano tendida a un acuerdo —se supuso que con el Gobierno de Rajoy—, el dispositivo se desactivó.[100]

Como todos los años, en el Port Vell del puerto marítimo de Barcelona se celebraba el Salón Náutico, exposición de barcos deportivos, cruceros y buques de la Armada con visita abierta al público. Aquel año, 2017, fue en octubre, si bien su instalación comenzó en septiembre. Era costumbre que la Armada enviase algún buque, por invitación de los organizadores. En esta ocasión, el almirante jefe del Estado Mayor de la Armada, Teodoro Esteban González Calderón, mandó una fragata de la clase Santa María —138 metros de eslora y 14,3 de manga—, debidamente artillada, que atracó y permaneció en el puerto. A bordo de la fragata, un helicóptero medio Seahawaks SH-60B, y escoltando al buque, dos cazaminas. El almirante González Calderón visitó el Salón Náutico, como un invitado más, para desvincular la presencia de los barcos de guerra con el proceso de escisión que Cataluña vivía en esos días.[101] Ni un movimiento más, pero la preguntita del 1O los puso en actitud de «prevengan».

Sin embargo, desde el baluarte judicial sí se daban pasos y, si eran necesarios, se ponían palos en las ruedas para detener la cabalgada hacia el precipicio. Así, el 8 de septiembre, la Fiscalía exigió al *president* Puigdemont y a los *consellers* de su gobierno una fianza de 6,2 millones de euros como garantía en depósito de los gastos que el referéndum ilegal pudiera causar al erario público. También ordenó el cierre de todas las páginas web promovidas por la Generalitat para promocionar el 1O.

Las decisiones del Tribunal Constitucional y de la Fiscalía respecto al referéndum del 1O han hecho a muchos alcaldes palparse la ropa. Ada Colau remolonea, dice que ella personalmente está por el referéndum, pero pide garantías al Govern para poner urnas en Barcelona en las actuales circunstancias: «Yo no puedo poner en riesgo ni la institución del Ayuntamiento ni a los funcionarios ni a ningún trabajador municipal». Informó de que podría disponer de 260 espacios diferentes en los que habría más de 1300 mesas de voto. Pero insistió en que le dieran explicaciones y garantías.

Las críticas fueron inmediatas. Jaume Ciurana, portavoz del grupo Demòcrata, dijo: «Lamento la falta de coraje de la alcaldesa y le urjo a que decida si está con el Parlament o con el TC, si está con Puigdemont o con Rajoy». Y para que no se quedase en el tintero, añadió: «Le recuerdo a la señora Colau que más de seiscientos Ayuntamientos ya han anunciado que respaldarán la convocatoria y abrirán sus locales el 1 de octubre. ¿Qué tiene de diferente Barcelona de todos esos Ayuntamientos?». Y por megafonía, en la velada del Fossar de les Moreres,[102] la típica *vetlla* en vísperas de la Diada, o por tuits, un pimpampum de reproches a Colau y a otros alcaldes socialistas de ciudades grandes como L'Hospitalet de Llobregat, Santa Coloma de Gramenet o Mataró, que habían dicho que no, o guardaban silencio. Quizá el mensaje más duro fue el de Jordi Turull: «Menos revoluciones, menos postureo y más poner locales para el referéndum [...] No hay espacio para guardar equidistancias, o se está con las urnas o se está con la Guardia Civil». Y Marta Rovira, número dos de ERC, reclamó a los concentrados en el Fossar: «Faltan once días, ¡ya podéis poner las pilas a los demócratas, para que vayan a votar el 1O! Que sepan que esto no va de independencia sí o no, sino que va del derecho a la autodeterminación, del derecho a votar, incluso de la libertad de expresión». Marta sabía que no era así, que aquel 1O iba de independencia sí o no.

1O, batalla campal

Que sí, que lo que querían era votar y luego irse a tomar el vermú, pero antes de acercarse a la urna, antes incluso de entrar en el local —no se sabía si era un colegio, un centro de la tercera edad sin ancianas dentro o un gimnasio desmontado y fuera de uso— veían a un energúmeno vestido de astronauta y blindado de la cabeza a los pies que se lo impedía alzando una porra, se revolvían con los puños crispados y buscando inútilmente dónde golpear al poli, al *civilón* o a lo que fuera aquel matón de uniforme. «Pero ¿qué coño vas a impedirme tú a mí, tú, forastero de mierda?, ¿a mí, que estoy en mi tierra, en mi pueblo, en mi barrio, y tengo todo el derecho del mundo…? ¿Cómo dices? ¿Prohibido por la ley? ¡Esa ley vuestra me la fumo yo como un puro! ¡Te digo que vengo a votar y voy a votar!… ¡Y tú, por muy parachutado que vayas, no eres quién para…!» Un simple empujón y empezaba el forcejeo cuerpo a cuerpo. Al poli o al guardia se le unían enseguida dos o tres más, vestidos también de energúmenos extraterrestres y con ganas de repartir leña. Entonces, otros vecinos, «pacíficos y cívicos votantes», entraban en la gresca. Y, no pudiendo pegar, porque lo impedían los escudos, soltaban artillería de insultos, «pégale a tu puta madre», «¿así hacíais con los de la ETA?», «¿que cumplís órdenes?, ¿y quién es el cabrón que os ha dado esa orden de venir a nuestros pueblos a soltar zurriagazos?».

Si se echaban al suelo, como pegados con alquitrán para no abandonar el local, los guardias los arrastraban a estirones hasta la calle.

Alguien de la mesa de votación filmaba, filmaba… Y cuando al fin estallaban las porras, se encaramaba de un brinco a la mesa y se ponía morado de filmar. Con las chicas, todavía más. Si eran ellas las que se resistían tiradas al suelo, haciendo cadena humana, más minutos de vídeo. Y a tope el sonido: amenazas, insultos, gritos…

La policía golpeaba. Los catalanes se defendían, pero también provocaban envalentonados cuando ellos eran más y los polis solo una pareja. Si alcanzaban a alguno de los energúmenos astronautas, le daban por donde podían, por los resquicios donde el escudo blindado, el casco y los chalecos antibalas dejaban hueco: un codo, un brazo, la espalda, un golpe bajo, el empellón y al suelo el poli o el piolín. «¡Te tengo, tío!» Pisoteándole las piernas, pateo duro, más brutal en las espinillas. Todo muy rápido, hasta que un compañero del Cuerpo llegaba al rescate… Fracción de segundos.

Ni unos ni otros eran angelitos ni se andaban con chiquitas. Cada quien defendía lo que creía su deber o su ideal. No había un odio previo. Ni se levantaron aquella mañana para ir a cazar. Pero a unos la prohibición y a otros la provocación los encanalló.

De pronto, desde un rincón esquinero, un indepe solidario lanza una pedrada con mucha traza, que rebota, ¡zas!, en el casco del *civilón* caído. A este, le atruena dentro como una bomba. Se ha quedado sonado, ni ve ni oye. Casi pierde el sentido. Un instante. Oye que fuera alguien dice a otro alguien:

—¡Jodeer, tío, el de la pedrada se lo ha *cargao*! ¡Corre, tú, vámonos, largo de aquí!

El guardia, al sentirse vivo, se levanta del suelo encabronado. Enardecido como un rayo, se lía a descargar su porra con saña, con mala uva. No hay quien lo pare. Menudo aguafuerte para Goya. Enemigos desconocidos, en reyerta caliente.

Uno de octubre y la ira bramando por las calles. Frente a los colegios, descargas policiales ciegas, caiga quien caiga.

—¿Qué, *catalans del prusés,* dónde se han metido hoy vuestros *mossus*? ¿No vienen a defenderos? Como es domingo, habrán cogido el día libre y a darle al bingo.

Y el que custodia la urna allá dentro grita al astronauta de la puerta, le da igual el que sea:

—¡Lárgate de una puta vez! Vete a dormir al barco y… ¡que te den!

Patadas y golpes a los civiles que pretendían votar. Patadas y golpes a la Policía y a la Guardia Civil. Nadie llevaba armas, pero los *civilones* y los polis tenían porras y escopetas calibre 12 con bocacha para lanzar pelotas de goma, o lanzadores 40 mm, también para pelotazos antidisturbios y no letales. A uno le saltaron un ojo. El ojo que salió en todas las crónicas y en los recuentos oficiales de víctimas…

¿Pero fue este ojo?, ¿no hubo también un ojo perdido, cuando la concentración masiva del 20S por los registros policiales?

Sí, llevas razón: yo leí, no hace ni dos semanas, «la guerra donde murió un ojo».

El rocambolesco voto del señor Platino

Ha madrugado. Es el día D y no quiere perderse nada.

—Marcela —le dice a su mujer—, hoy hemos de estar con mil ojos.

—Y con mil oídos —responde ella señalando hacia el techo de la casa: zumba cerca el motor de un helicóptero de la Guardia Civil.

En el desayuno, comentan que un vecino de la urbanización había llamado a los Mossos la otra noche para informarles de que un dron estaba sobrevolando la casa del *president*, «un dron pequeño, moderno, con cámara de visión nocturna», les dijo. Pero cuando los *mossos* intentaron localizarlo, el aparato se había esfumado.

Podría ser un relato fantasioso, pero desde ese momento, Puigdemont pidió más protección. Reforzaron su escolta habitual con un equipo del GEI[103] de los Mossos, asesorado por el SEK alemán para operaciones de alto riesgo, rescates, antiterrorismo... Piensa que corre peligro. «Hay mucha tensión y a cualquier exaltado puede darle un arrebato, y yo soy una diana inconfundible.»

La víspera anunció que votaría en Sant Julià de Ramis, donde está censado. Por discreción, debía haberlo silenciado. Pero le gustan las cámaras, los aplausos, las alcachofas de los micros cerca de su boca... Más aún, ha aceptado que cubra toda la jornada electoral junto a él una periodista italiana muy prestigiosa de *La Repubblica* y de la RAI-3, Concita De Gregorio. Por el móvil, el *conseller* de Interior, Forn, va dándole datos de aglomeraciones, algunas cargas policiales, urnas de sobra que han salido de todas partes o las están vendiendo los chinos a cinco euros. Hay nervios y tensión entre los que quieren votar sin hacer cola... Los mismos ciudadanos ocupan las sedes para protegerlas y hay colegios donde no cabe un alfiler. Se ven muchos niñatos que no han votado en su vida y esta ocasión no se la pierden. También pandillitas de adolescentes, a ver si cuela... ¡y cuela! En Sant Julià de Ramis, un pueblo con poco más de tres mil habitantes, y quinientos de ellos sin edad de votar, hay un centenar de guardias civiles. «Tocan a veinticinco habitantes por guardia, ¡qué barbaridad!» Pronto empiezan las cargas.

—*President* —le dice un escolta—, hay muchos disturbios en este colegio y en la zona: los guardias reparten leña y han abierto a hachazos la puerta del pabellón. La gente grita, llora, pide socorro... No hay heridos, pero ¿histeria? ¡a manta!, y prensa y cámaras de tele, a tope, porque esperan que llegue usted... De Interior nos indican otras alternativas, Sarrià de Ter y Cornellà del Terri.

—¿Sarrià de Ter?, ¡pues vamos a Sarrià!

Comitiva en marcha. El *mosso* al mando da las órdenes por radio interna:

—Platino y Brillante, al Audi A6.

«Platino» es Puigdemont y «Brillante», Marcela Topor. Con ellos, la periodista italiana. Dos *mossos* en los asientos delanteros. En otro coche, un Skoda gris, dos escoltas y Pep Rius, jefe de la oficina del *president*, y el responsable de Prensa, Pere Martí, que reparte cruasanes a quien tiene apetito, ha comprado un paquetón. En el tercer coche, un Volkswagen Passat, solo van dos mandos de los Mossos. En un cuarto vehículo, Toyota Land Cruiser, varios efectivos del GEI. Y no acaba ahí la comitiva de Platino, diana de alto riesgo: a cierta distancia para tener perspectiva y que no parezca que son del equipo de seguridad, un quinto coche, Ford Mondeo.

Arriba, a muy poca altura, los sigue un helicóptero de la Guardia Civil, que no se les despega. Puigdemont empieza a imitar el flap, flap, flap del acompañante volador. Deciden despistarlo.

—Simularemos que volvemos a casa de Platino —sin preguntar, informa por radio un agente experto—. Aprovechamos un túnel que hay en el camino. Nos metemos, y allí dentro Platino y Brillante cambian de coche y desdoblamos la comitiva. No iremos a Sarrià. Platino y Brillante votarán en Cornellà, donde por ahora hay normalidad.

Concita De Gregorio garabatea en su bloc a toda velocidad, encantada de que por fin haya aventura y acción para su crónica.

Los cinco vehículos se detienen unos segundos bajo el túnel, a un kilómetro del chalé de Puigdemont. Actuarán muy rápido. Mandan los del GEK. En cinco segundos, Platino y Brillante cambian de coche.

—No lleven los móviles, por favor —les dicen.

Los dejan en el Audi A6, donde iban, y se pasan al Ford Mondeo. En ese momento, otros dos agentes se meten en el Audi, asientos traseros. Uno de ellos es mujer y se ha puesto una peluca muy morena, como la de Marcela. Serán los sosias de la pareja presidencial si el helicóptero, flap, fap, flap, sigue sobrevolándolos. De momento se ha detenido en suspensión sobre el túnel, y el ruido del rotor y las hélices los está dejando sordos. De pronto, salen disparados los cinco coches juntos, como entraron. El helicóptero se les pega. Siguen en comitiva hasta llegar a un cruce, donde la comitiva se bifurca. Unos —los sosias y dos coches más— van a la casa del *president.* Los otros dos se empistan hacia Cornellà del Terri, como si hubiesen concluido el servicio de protección. El helicóptero evoluciona de un grupo de coches al otro, al final opta por seguir vigilando el Audi donde viajan el falso *president* y la *mossa* empelucada hasta su domicilio.

Todavía un incidente más. La pareja ficticia no puede entrar en la casa, porque no les han dado las llaves. Y el helicóptero sigue ahí, pertinaz, flap, fap, flap. Deciden resguardarse bajo la cornisa, muy pegados a la puerta, haciéndose invisibles, hasta que el piloto deja de verlos. «El objetivo ha vuelto al nido», o algo similar, comunica a su jefe de operaciones. El helicóptero gira y se aleja.

Por supuesto, Puigdemont y Marcela votan, con sorpresa para los vecinos de Cornellà. Muchos aplausos de entusiastas, pero no hay prensa ni televisiones. No lo esperaban. El propio Puigdemont se encarga de dar la noticia en un tuit, junto a una foto que le ha hecho Pep Rius: «Acabo de votar en Cornellà». Y como no añade «del Terri», Antonio Balmón, el alcalde socialista de Cornellà de Llobregat, se tira de los pelos creyendo que se ha perdido el gran *scoop* de la jornada y del *procés*.[104]

Cuando se lo explican a Concita De Gregorio, se relame de gusto con la maliciosa anécdota y suelta un gritito:

—¡*Bravissima,* genial!

Mossos en la incineradora: brillan las pistolas

Habían mantenido las urnas escondidas y en secreto. Cada guardador sabía el sitio y la cantidad de su lote: en el almacén de un colaborador del Empordà, en el sotanillo de un librero, en una masía... También muchos alcaldes habían hecho acopio. Eran urnas chinas. Sobraron, porque los *mossos* obligaron a cerrar locales de votación. Pero los organizadores se desquitaron dejando votar a quien quisiera y cuantas veces quisiera, al socaire del censo universal, que vino a ser algo así como barra libre. Los chavales menores de edad hacían apuestas «a ver quién vota en más sitios».

Después, el escrutinio fue algo demencial. Según datos oficiales del Govern, acudió a votar el 43,03 % del total del censo. Y eso a tenor del censo que se tomase por válido, pues el Govern dio varios, en momentos diversos.

El censo inicial que barajaba el Govern para esta consulta —y del que no explicó el origen— era de 5 313 564 electores; pero justo una semana antes el mismo Govern informó de que los llamados a las urnas del 1O eran 5 343 358 ciudadanos, es decir, había treinta mil censados más, que no se habían contado y aparecieron de pronto. El Govern realizó y ofreció su recuento oficial en calidad de «administración electoral de Cataluña». Pero tampoco explicó cómo hizo la validación, no ya del censo, sino del cómputo de papeletas, una vez que disolvió la Sindicatura Electoral para evitarse abonar la multa de doce mil euros diarios que debían afrontar sus miembros.

La votación —ya en sí misma ilegal y expresamente prohibida por el Tribunal Constitucional— careció de garantías legales. La Generalitat contabilizó 2 286 217 votos. Y más tarde añadió «770 000 censados en los colegios clausurados por la Policía», pero ¿en qué bloque los añadió?, porque obviamente, con sus colegios clausurados, no llegaron a votar, ni sí ni no. Votos en el limbo. Las papeletas del sí fueron 2 044 038, el 90,18 % de los votos válidos. Por el no apostaron 177 547 (el 7,83 %) y por el voto en blanco, 44 913 (el 1,98 %). Sería interesante averiguar qué significaba aquel domingo 1O ir a votar, afrontando el riesgo de la policía que lo dificultaba y trataba de impedirlo, para al final entregar una papeleta en blanco o invalidada por garabatos, dibujos o letreros.

Parece lógico que esos votos nulos —deliberados, salvo error— fueran noes, rechazo a la pregunta del referéndum. Los síes, noes y blancos sumaron 2 266 498, que son los votos válidos, y a ellos hay que agregar los 19 719 nulos. El escrutinio era provisional, porque faltaban por contabilizar quince mil papeletas más las de los catalanes en el exterior. Más tarde, los síes aumentaron en 23 894 del recuento provisional al definitivo, y los noes, apenas en 981. Los blancos, de esos votantes desde el exterior, se redujeron: hubo 673 menos que el domingo 1O. Y también los nulos: 410 menos.

Sin embargo, en esos votantes foráneos se produjo otro descuadre: aunque se computaron 23 793 sufragios más desde el 1O, los síes que emergieron fueron 101 más. En total, votos emitidos fuera de Cataluña, 23 894. Y, dicho de otra forma, mientras que el número de votantes aumentó apenas un 1 %, el volumen de síes, favorables a la república, creció en un 1,2 %. Misterio aritmético que, en los tiempos autárquicos de Franco, ni siquiera el ministro Solís era capaz de explicar cada vez que en una consulta —y hubo muy pocas— votaban a favor del Gobierno el 101 o el 102 % de los españoles censados. Y, sin ánimo de agotar el tema, otro extraño botón de muestra: en algunos municipios se presentaron más votantes que personas registradas en el censo. La participación más baja se dio en Tarragona (36,82 %) y la más alta en la comarca del Priorat (85,42 %). En cambio, dentro del área de Barcelona, en el Baix Llobregat apenas el 32, 97 % acudió a las urnas. Y fueron los araneses los que, con el 83,99 %, dieron el menor apoyo a la propuesta de independencia republicana.

No son cifras fiables, porque no hubo un baremo imparcial que autentificara las cuentas de los votos válidos, inválidos, en blanco, duplicados, de votantes no censados, catalanes sin domicilio en Cataluña o sin edad para votar…

«Estos datos están desprovistos de validez jurídica», certificó la Junta Electoral Central (JEC). En un acuerdo adoptado por unanimidad, el organismo que vela por la marcha y el cumplimiento de todas las garantías en todos los plebiscitos y también en los procesos electorales en Cataluña afirmó que «el 1O de 2017 no tuvo lugar ningún proceso que pueda ser considerado como referéndum en ninguna de las modalidades previstas por el ordenamiento jurídico».

Dada la decisiva y audaz entidad de la pregunta «¿Quiere usted que Cataluña sea un Estado independiente en forma de república?», el hecho sin vuelta de hoja de que movilizara a menos de un tercio de la población supone, más que una victoria pírrica, un fracaso rotundo. La participación fue aún más baja que en la consulta no plebiscitaria del 9N en 2014, la que planteó Artur Mas. «¿Quiere que Cataluña sea un Estado? Y en caso afirmativo, ¿un Estado independiente?» Tanto con el resultado del 1O, como con el del 14N, la apuesta por la independencia no salía.

«Parieron los montes y nació un ridículo ratón.»[105]

El 26 de octubre, víspera de la aplicación imparable del 155, el Govern ya en sus últimos estertores ordena que con urgencia unos *mossos d'esquadra* destruyan una voluminosa cantidad de documentos comprometedores, guardados en la Central de Sabadell. La mayoría son datos reunidos durante años por los *Mossos* en sus «encargos» de espionaje a políticos, periodistas, empresarios, comisarios policiales, detectives privados, jueces, fiscales, sucursales bancarias y otras entidades civiles: una lista de 43 objetivos a espiar. La destrucción debe llevarse a cabo en la incineradora de Sant Adrià de Besòs, cerca de Barcelona.

Advertida de ese propósito, una patrulla de la Policía judicial se traslada al lugar para impedirlo. Como es natural, los *mossos* se resisten a entregar las cajas archivadoras. Hay un forcejeo verbal. Los policías muestran sus credenciales, pero «¡a ver!, ¿aquí quién es más que quién?», y en cierto momento de crispación y palabros, los judiciales desenfundan. Brillan sus pistolas. El incidente no pasa de ahí. No conviene que haya líos. Los *mossos* sueltan la carga y ven como los otros la van apilando en el furgón policial. «Nosotros también cumplimos órdenes», les dice el que parece estar al mando.

En el informe sobre los 313 documentos intervenidos a los Mossos, por orden de la Fiscalía de la Audiencia Nacional, aparte el detallado de los datos de espionaje, que se habría iniciado en el año 2011, y de contratos y pagos a una empresa italiana, Hacking Team, dedicada específicamente al espionaje político y financiero, figuran también 131 impresos de las patrullas de *mossos* que actuaron ese mismo mes de octubre, el 1O, en la jornada del referéndum.

Después de analizar los documentos de este último material, la Policía concluía afirmando que los Mossos d'Esquadra habían manipulado y falsificado un montón de actas sobre su actuación en los locales electorales del 1O, antes de enviarlas a la Fiscalía, y lo hicieron siguiendo consignas de sus mandos para que se ajustaran a las órdenes del fiscal y no hubiera versiones muy diferentes. Así, consta en los dos «libros» que la Policía remitió a la Audiencia Nacional sobre este material rescatado de la cremación. Existen «actas idénticas, redactadas con un mismo texto» para alegar que «cerraron los colegios después de las actuaciones de la Policía Nacional y la Guardia Civil». Asimismo, en otros documentos rescatados, «se especifican indicaciones genéricas para tramitar informes y oficios a la Fiscalía». Y detallan varias decenas de actas de las intervenciones de los Mossos durante la jornada del 1 de octubre, «empleando siempre los mismos términos», como si siguieran una falsilla. Así, en la mayoría de los impresos «se utilizan de forma recurrente» las mismas palabras, las mismas frases: «personas vulnerables», «gran número de personas concentradas y en actitud de resistencia pasiva», «presencia de niños», etc., para justificar la «imposibilidad de acceder a los centros de votación y proceder según las órdenes recibidas», cuando lo cierto es que en la mayoría de los casos, al llegar las patrullas, estos centros ya estaban abiertos y con gente votando; o aducen que «había personas concentradas en los accesos, que hacían imposible cualquier actuación» y ello unido «a la exigua dotación de un binomio —dos *mossos*— que se les enviaba»...

Para la Policía judicial era evidente que recibieron consignas sobre lo que debían comunicar a la Fiscalía:

> La coincidencia entre los testimonios reflejados en los 131 impresos de las diferentes patrullas sugiere el seguimiento de órdenes superiores, así como un formato de acta normalizado con ese mismo fin, rellenado a ordenador y, por tanto, no en el lugar de votación.

Destacan el hecho de que en 33 de los impresos «aparezcan anotaciones manuscritas haciendo clara referencia al contenido de las mismas, con instrucciones encaminadas a cambiar el texto que en ellas se redacta, incluso con sugerencias sobre lo que debe figurar en sustitución de lo ya escrito». Evidencia de que los *mossos* tuvieron una lectura censora posterior.

En un documento considerado clave por la Policía —y así se transmite a la Fiscalía de la Audiencia Nacional— «se incorporan las instrucciones relativas a la confección de actas del 1 de octubre: se indican modalidades diferentes para la elaboración de las minutas policiales y para las actas que van dirigidas a la Fiscalía». «Se detectan —añade el texto policial— varios impresos duplicados, con anotaciones respecto a los que ya no las tienen.»

«Lo que no se puede —apunta uno de los extractos de los *mossos,* salvados de la incineradora— es comenzar diciendo que "nos dirigimos al lugar para garantizar el normal desarrollo del acto", más que nada porque lo que la Fiscalía espera de nosotros es precisamente lo contrario.» En otro se indica: «Yo quitaría el párrafo que pone que el subinspector no iba uniformado, ya que en el lugar se celebraría presuntamente un acto de campaña a favor del sí. Creo que queda muy mal, ya que da la sensación de que [el subinspector] se quiere esconder». «Tampoco me gusta el párrafo —añade el *mosso* supervisor de esas actas— que dice que "no se ha entrado al lugar por el principio de oportunidad, porque había diez personas de estética alternativa", y menos cuando se ha dicho en otro sitio que se iba "de paisano". Tengamos en cuenta que esto va también a la Fiscalía de Barcelona.» «Todo el rato parece que no queremos...», finalizaba el miembro de la policía autonómica que revisó críticamente las actas y probablemente sugirió u ordenó que no se hicieran llegar a su destino, pues se volvían contra los propios *mossos*. Eso explica que las retuvieran en la Central de Sabadell y que, semanas después, sintiendo en el cogote el cerco judicial y gubernamental, intentaran destruirlas.

En su informe, la Policía judicial concluye:

> La coincidencia entre los testimonios reflejados en los 131 impresos de las diferentes patrullas sugiere el seguimiento de órdenes superiores. Insisten los especialistas, respecto a las posibles directrices, que pudieron ser impartidas para confeccionar de modo diferente las minutas policiales y las actas que iban dirigidas a la Fiscalía.

Figuran también 33 impresos de las patrullas de los *mossos* que actuaron en los colegios electorales del 1O, manipuladas a mano para hacer ver que intervinieron activamente en el cierre de puntos de votación. Por ejemplo, corrigieron varios documentos anotando un sí donde antes figuraba un no, respecto a si se habían impedido las votaciones o si se hizo constar de forma expresa que los locales quedaban vacíos ante las advertencias de los Mossos d'Esquadra, aunque en realidad se hubieran cerrado por voluntad de los convocantes. En otro impreso, falsearon la hora de cierre de uno de los colegios, poniendo las 7:45 horas (antes de la apertura oficial) cuando en realidad fue precintado a las 10:30 horas, pese a que los concentrados ya lo habían abandonado horas antes «sin dar explicaciones».

Otro dato de que los *mossos* dejaron hacer, sin herniarse para impedir que la gente votase cuanto quisiera, lo expresa el informe de la Policía judicial al afirmar que «la mayoría del material intervenido por los *mossos* lo es, o por entrega voluntaria de los responsables de los centros de votación o porque los *mossos* entran en los colegios cuando las votaciones ya han finalizado».[106]

Rajoy dejó pasar la hora del diálogo

Tras los sucesos del 1 de octubre, el rey había vaciado su agenda oficial desde el 2 hasta el 8 de ese mes y estaba reuniéndose con el presidente Rajoy y con otros líderes políticos, atento a si se producía o no la declaración de independencia, tomando el pulso a las disposiciones en los estamentos castrense y judicial y con línea abierta a distintas entidades de la Unión Europea. A la vez, en esa agenda de espera vigilante, la Zarzuela preparaba el mensaje del rey.

A Pedro Sánchez y a Miquel Iceta en la Casa Real les dieron a conocer el borrador —posiblemente también a otros políticos, demandándoles su opinión—. Sánchez, después de leerlo, le dijo a Iceta:

—He hablado con el rey y le he pedido que incluya la palabra «diálogo» y que tendría que hacer en su discurso alguna apelación al diálogo... No me ha dicho nada. Insiste tú otra vez.

Iceta trasladó por teléfono esta sugerencia al jefe de la Casa, Jaime Alfonsín.

—Miquel, no va a poder ser —le respondió Alfonsín—. Desde Cataluña no lo veréis igual, pero este es el mensaje del jefe del Estado a una nación herida, a la que se le prometió que no habría un referéndum y ha visto como se votaba.

La frase —interpretó Iceta— no dejaba lugar a dudas: iba contra Rajoy, que se pasó varios días asegurando públicamente: «no habrá referéndum». También desde la Zarzuela explicaron a Iceta:

—Al final, los errores del gobernante, en este caso Rajoy, acaban siendo los errores del rey. Los discursos se hacen aquí y desde la Zarzuela se envían a la Moncloa. El Gobierno interviene, si toca. Si el discurso está bien, no se toca. Cambiar por cambiar, tampoco. Ahora, si es necesario, se hace. De hecho, cuando se pasa a la Moncloa un discurso del rey, anteponemos un epígrafe «proyecto de palabras del rey». Y ese texto vuelve luego aquí. Cara a la gente y cara a la historia, los discursos no son de quien los escribe, sino de quien los asume y los pronuncia.

Pero ni Pedro Sánchez ni Miquel Iceta, metidos a correctores, entendieron que aquella no era la ocasión de los paños calientes, ni de *les parauletes en català*, ni de las alusiones bondadosas a un diálogo que recompusiera lo que un puñado de catalanes había dejado tan maltrecho. El mensaje real no pretendía ser un linimento de «cura, curita, sana...» que olvidase el desprecio de Cataluña a las leyes españolas y sus actos de rebeldía rupturista. No. Tampoco entendieron Sánchez e Iceta que la nación herida no era Cataluña, o una parte de Cataluña: la nación a la que el rey iba a dirigirse, 48 horas después del turbulento e ilegal 1O, era España, toda España incluida Cataluña, salvo que ella misma quisiera apagar el televisor, seguir soñándose república independiente y excluirse.

Y, en fin, quien les había prometido que no habría referéndum fue el presidente del Gobierno español, Mariano Rajoy, el mismo que no tuvo el aliento o la voluntad de redactar y pronunciar el discurso —ni prepotente y castigador ni blando y tolerante, sino firme con la firmeza de la ley— que la situación exigía y los españoles esperaban.

El mensaje de un rey sin miedo

Sentado tras su mesa de despacho, en el Palacio de la Zarzuela. En la pared que se entrevé detrás de él, un retrato de Carlos III, que reemplazó al de Felipe V desde que abdicó su padre, don Juan Carlos. Viste el rey un traje gris oscuro, camisa blanca y corbata granate. El plano de la escena, sobrio y sin adorno alguno. El rey domina el texto y «pasa» de la apoyatura del autocue. Su movimiento de manos, cuando quiere dar mayor énfasis a alguna frase, resulta natural, no sobreactuado. Saluda con un sencillo «buenas noches», pues la emisión para toda España es a las 21 horas. Su expresión es seria. Transmite firmeza y autoridad, pero no autoritarismo. Entra en materia sin dilaciones: qué está ocurriendo aquí, ahora…

> Buenas noches.
>
> Estamos viviendo momentos muy graves para nuestra vida democrática. Y en estas circunstancias, quiero dirigirme directamente a todos los españoles. Todos hemos sido testigos de los hechos que

se han ido produciendo en Cataluña, con la pretensión final de la Generalitat de que sea proclamada —ilegalmente— la independencia de Cataluña.

Desde hace ya tiempo, determinadas autoridades de Cataluña, de una manera reiterada, consciente y deliberada, han venido incumpliendo la Constitución y su Estatuto de Autonomía, que es la ley que reconoce, protege y ampara sus instituciones históricas y su autogobierno. Con sus decisiones han vulnerado de manera sistemática las normas aprobadas legal y legítimamente, demostrando una deslealtad inadmisible hacia los poderes del Estado. Un Estado al que, precisamente, esas autoridades representan en Cataluña. Han quebrantado los principios democráticos de todo Estado de derecho y han socavado la armonía y la convivencia en la propia sociedad catalana, llegando —desgraciadamente— a dividirla. Hoy la sociedad catalana está fracturada y enfrentada. Esas autoridades han menospreciado los afectos y los sentimientos de solidaridad que han unido y unirán al conjunto de los españoles; y con su conducta irresponsable incluso pueden poner en riesgo la estabilidad económica y social de Cataluña y de toda España.

En definitiva, todo ello ha supuesto la culminación de un inaceptable intento de apropiación de las instituciones históricas de Cataluña. Esas autoridades, de una manera clara y rotunda, se han situado totalmente al margen del derecho y de la democracia. Han pretendido quebrar la unidad de España y la soberanía nacional, que es el derecho de todos los españoles a decidir democráticamente su vida en común.

Por todo ello y ante esta situación de extrema gravedad, que requiere el firme compromiso de todos con los intereses generales, es responsabilidad de los legítimos poderes del Estado asegurar el orden constitucional y el normal funcionamiento de las instituciones, la vigencia del Estado de derecho y el autogobierno de Cataluña, basado en la Constitución y en su Estatuto de Autonomía.

Hoy quiero, además, transmitir varios mensajes a todos los españoles, particularmente a los catalanes. A los ciudadanos de Cataluña —a todos— quiero reiterarles que desde hace décadas vivimos en un Estado democrático que ofrece las vías constitucionales para que cualquier persona pueda defender sus ideas dentro del respeto a la ley. Porque, como todos sabemos, sin ese respeto no hay convivencia democrática posible en paz y libertad, ni en Cataluña, ni en el resto de España, ni en ningún lugar del mundo. En la España constitucional y democrática, saben bien que tienen un espacio de concordia y de encuentro con todos sus conciudadanos. Sé muy bien que en Cataluña también hay mucha preocupación y gran inquietud con la conducta de las autoridades autonómicas. A quienes así lo sienten, les digo que no están solos ni lo estarán; que tienen todo el apoyo y la solidaridad del resto de los españoles y la garantía absoluta de nuestro Estado de derecho en la defensa de su libertad y de sus derechos.

Y al conjunto de los españoles, que viven con desasosiego y tristeza estos acontecimientos, les transmito un mensaje de tranquilidad, de confianza y, también, de esperanza. Son momentos difíciles, pero los superaremos. Son momentos muy complejos, pero saldremos adelante. Porque creemos en nuestro país y nos sentimos orgullosos de lo que somos. Porque nuestros principios democráticos son fuertes, son sólidos. Y lo son porque están basados en el deseo de millones y millones de españoles de convivir en paz y en libertad. Así hemos ido construyendo la España de las últimas décadas. Y así debemos seguir ese camino, con serenidad y con determinación. En ese camino, en esa España mejor que todos deseamos, estará también Cataluña.

Termino ya estas palabras, dirigidas a todo el pueblo español, para subrayar una vez más el firme compromiso de la Corona con la Constitución y con la democracia, mi entrega al entendimiento y la concordia entre españoles y mi compromiso como rey con la unidad y la permanencia de España.

El discurso tiene dos claves y dos contenidos. De una parte, y «en unos momentos muy graves para nuestra vida democrática», es una seria reprimenda del máximo representante del Estado a las autoridades catalanas. No al pueblo, sino a sus mandatarios. Hay seis menciones claras y directas a «las autoridades de Cataluña», que han hecho un uso desviado, abusivo y desleal de la confianza y la potestad política depositadas en ellas. Y concreta, a, b, c…, una relación de sus conductas atentatorias contra el interés general del pueblo catalán y del pueblo español, vulnerando las leyes, tanto la Constitución como su propio Estatuto de Autonomía; desoyendo a los poderes del Estado, que ellos mismos representan en Cataluña; fracturando y enfrentando a la sociedad catalana; menospreciando el afecto y la solidaridad del resto de los españoles…

Inicia el rey su reproche en clave mayor, denunciando con todas sus letras «la pretensión de la Generalitat de proclamar —ilegalmente— la independencia de Cataluña», con su inmediata consecuencia: la secesión y quiebra de la unidad de España y de la soberanía nacional, «un derecho de millones y millones de españoles, que han decidido democráticamente hacer su vida en común, en paz y en libertad».

A tal fin rompedor, esas autoridades «se han situado totalmente al margen del derecho y de la democracia», actuando con pertinacia de espaldas a la ley de todos y, de un modo irresponsable, «han puesto también en riesgo la estabilidad económica y social de Cataluña y de toda España».

La segunda parte del mensaje tiene la intensa carga humana del hombre rey en persona que, cabría decir, quiere llegar con un abrazo cálido «a todos los españoles, y especialmente a los ciudadanos catalanes» —subraya «a todos»—, sabiendo que están preocupados e inquietos por la conducta de sus gobernantes: «A quienes así lo sienten, les digo que no están solos ni lo estarán; que tienen todo el apoyo y la solidaridad del resto de los españoles y la garantía absoluta de nuestro Estado de derecho en la defensa de su libertad y de sus derechos».

Transmite a todos, sin exclusiones, unas palabras de ánimo y esperanza: «Son momentos difíciles, pero los superaremos. Son momentos muy complejos, pero saldremos adelante. Porque creemos en nuestro país y nos sentimos orgullosos de lo que somos [...] Y en esa España mejor que todos deseamos, estará también Cataluña».

No ha sido precisamente una amable invitación a tomar el té ni una severa reconvención del jefe a sus subalternos. Sí ha llamado a las cosas por su nombre y ha puesto en su sitio a los promotores de la rebeldía y la ruptura, pero dejándoles claro que la España única de todos es también la España de ellos. En pocas palabras, del mensaje se podría decir: ni bandera blanca ni bandera rota.

Todas las televisiones del país conectaron con el discurso del jefe del Estado. 12,5 millones de espectadores y una cuota de pantalla del 76,7 %. Repercusión máxima, tanto en las televisiones y radios españolas como en los medios internacionales, que lo siguieron en directo.[107]

«Soy el pararrayos de toda Cataluña»

Puigdemont llama a todas las puertas: se reúne, escribe *emails* y wasap compulsivamente a medio mundo, telefonea, recibe y contesta cartas, mensajes electrónicos, busca mediadores para contactar con Rajoy o con Soraya Sáenz de Santa María, necesita saber qué piensan hacer en la Moncloa, quiere intentar un acuerdo... No se le pone nadie. Solo tiene conexión con la Moncloa cuando hablan entre ellos sus respectivos jefes de gabinete, Jorge Moragas y Josep Rius.

Primero ofrece un pacto con condiciones: «La DUI está proclamada verbalmente, pero no inscrita en el *Boletín Oficial de la Generalitat de Cataluña*. Y no publicada, claro. Yo renunciaría a declarar oficialmente la independencia, esa fue mi mano tendida, a cambio de la mano tendida del Gobierno: que se descarte la amenaza de aplicarnos el artículo 155, que los Jordis[108] queden en libertad, que salgan inmediatamente los Cuerpos y Fuerzas de Seguridad acantonados en Cataluña y que levanten la intervención de las finanzas de la Generalitat.

El mensaje llega a la Moncloa, pero no le dan línea con el presidente Rajoy. «No acepta esas exigencias. No quiere hablar. Habéis ido demasiado lejos», le dicen que ha dicho.

Finalmente, pedirá —si convoca elecciones— garantías de que no se las impedirán o entorpecerán y que la justicia les cancelará las penas y multas pendientes... Tampoco le dan seguridad alguna.

—Dependería de los jueces —le hacen saber, siempre a través de terceros de confianza— y con ellos no hay pactos, ni intercambios, ni promesas que valgan..., ¡sería prevaricación! Recuerda aquello de Pilatos: «Lo escrito, escrito está». Pues la cosa no ha cambiado mucho en veinte siglos. Y cada vez que Junqueras o tú habláis de que no tenéis interlocutor y que enfrente hay una silla vacía, la dichosa *cadira buida*, un fiscal del Supremo, de los que Maza ha escogido justo para el *procés*, se pone malo de oírlo y salta: «¡Pero qué silla vacía ni qué cojones de falta de interlocutor! ¡Si son ellos los que han puesto su propia silla a cuatrocientos kilómetros de la raya roja de la ley!, ¿qué interlocución va a haber?».[109]

Puigdemont pide árnica, la mediación de empresarios, banqueros, abogados potentes, Cuatrecasas, Joaquim Coello (Petronor), Emiliano López, Puig, eclesiásticos con peso social: los abades de Poblet y de Montserrat; los cardenales Omella y Osoro; hasta unos voluntarios hacen gestiones para conseguir una carta del papa Francisco; miembros de los partidos de Junts pel Sí, directivos de medios de comunicación... Se dirige a personas con acceso al Gobierno de Rajoy, a fin de «desescalar» —es la palabra en boca de todos—, rebajar la tensión y que el Gobierno no pida al Senado la puesta en vigor del artículo 155, a la vez hay *diputats* de Junts pel Sí que entregan su acta parlamentaria y además se dan de baja en el partido, unos del PDeCAT y otros de Esquerra.

Puigdemont recibe presiones ingentes y en sentido opuesto: unos le aconsejan que vaya a elecciones, otros que declare la independencia y la publique sin vuelta atrás en el *Diari Oficial de la Generalitat de Catalunya*. Gente que lo aborda por la calle, conocidos vips o no vips, el presidente Urkullu e Iceta, dos apoyos incondicionales; sus *consellers*, Donald Tusk, del Consejo de Europa; los vecinos de su urbanización en Sant Julià de Ramis...

Alguien le ha dicho, y él mismo lo piensa: «Si un *president* es hombre de Estado, debe escuchar a todos, pero no puede dejarse presionar por nadie. Ha de ser impermeable y muy reflexivo, escuchar los consejos sensatos y después decidir él en solitario, desde su responsabilidad de servicio al pueblo y respeto a la ley». Y a fuerza de escuchar a todos y aguantar ese continuo acribille de descargas eléctricas sin dejarse impresionar, en cierto momento abre la libreta de sus confidencias y escribe: «Estoy solo. No me acompaña nadie. Ni mi Govern. Y tengo la sensación de ser el pararrayos de toda Cataluña».

Reunido con su grupo parlamentario, se desahoga, intenta explicar la confusión de unos y otros, las opiniones encontradas y contradictorias que le llegan; y que todos intentan presionarle.

—Los de la CUP dicen que el paso que voy a dar de convocar elecciones es una deslealtad con el pueblo. Es salvar mi pellejo... En cuanto a ERC, Junqueras estatuario. No dice ni mú, no se moja, pero lo quiere todo. Marta Rovira pide a gritos que vayamos a la DUI. Se ve que no ha pensado en serio que, si declaro la independencia, el Estado nos cepilla, nos cesa de un plumazo a todos, nos desaloja, perdemos las instituciones. Y tenemos que partir de cero si queremos seguir en esta lucha... ¿Qué digo partir de cero? ¡Partir de un ajuste de cuentas con la justicia y a la cárcel por decenas de años! Junqueras calla, en su mejor versión Junqueras. Realmente, quiere elecciones y arrasarnos echándonos la culpa del 155; pero no quiere decir que las quiere. Es más airoso mantener públicamente que defienden la DUI a cualquier precio, que hay que ser hombres y saber encajar la cárcel, si es lo que toca.

»Ya sé que, si frenamos el 155, estaremos en el lado correcto de la historia. Pero ¿era ahí donde queríamos estar?, ¿no queríamos una república independiente?

Al cabo de un rato, dice otra cosa:

—Si es por el bien de todos, o de muchos, lo haré, renunciaré a la DUI y convocaré elecciones. Eso sí, yo no me presentaré. Ya os lo dije. Me retiraré de la política, por haber tomado una decisión «correcta» que no podré explicar... Y que no es lo que me piden ni mi ánimo, ni mi conciencia... Ahora bien, si me dan garantías, vale, convoco las elecciones y me voy a mi casa. Es lo que debo hacer. Por eso, el tuit de Rufián me ha dolido mucho, «155 monedas de plata»; como me ha dolido ¡muchísimo! la deslealtad de los de ERC anunciando que el Govern abandona e incitando a que los manifestantes me llamen traidor y hagan pancartas con la palabra TRAIDOR en letras enormes y exhibiéndola en la puerta del Palau… Y había pactado lealtad con Junqueras, varias veces me repitió: «Te acompañaremos en la decisión». Y ¿cómo me acompañan? ¡Dándome puñaladas!

De tarde en tarde, alguien, Irene Rigau, por ejemplo, sale en su defensa:

—Debemos defender al *president*, sin más dudas. Esta situación requiere auténticos hombres de Estado.

Al decirlo, Rigau ha mirado casi desafiante a Junqueras, que se revuelve de puntas como un erizo:

—¡No me faltes al respeto!

—Más le habéis faltado al respeto vosotros en toda la mañana. En mitad del camino no se puede abandonar a un gobierno —remata Rigau.

Puigdemont hace que desde su gabinete pidan «línea para una llamada urgente entre Rajoy y él, sería lo más rápido y sencillo». La situación es grave, es mucho lo que está en juego. Y la decisión última ha de tomarla él. Espera. Mira su reloj continuamente. Pero no hay tal llamada. Nadie de la Moncloa responde. Ni siquiera Soraya se pone al teléfono.

Aunque ya le había enviado mensajes días antes, habla otra vez con el cardenal Omella.[110] Esta vez percibe el tono de su voz muy seco, desabrido:

—Tienes que cumplir la ley —le dice, casi riñéndole—. Si os habéis saltado la ley, ahora no esperéis según qué, ni garantías de nada.

Marta Rovira —la voz del mudo Junqueras— solo quiere la DUI. Para ella, «cualquier otra cosa es cobardía, derrota, traición». En cambio, Junqueras quiere elecciones, pero no quiere decir que las quiere. En realidad, lo quiere todo. Y está dispuesto a ir a la cárcel. A Puigdemont se le ocurre una de las suyas…, ¿por qué no quitarse de en medio y que otro cargue con el marrón? En una de las innumerables reuniones, delante de todos le ofrece traspasarle temporalmente la presidencia… Menuda sorpresa se lleva cuando Junqueras, sin inmutarse y sobre la marcha, dice que sí, «pero… con una condición: moción de investidura en el Parlament. Es decir, yo no quiero ser *president* como tú, por la puerta de atrás, porque Artur Mas te dio el puesto como se puede dar una camiseta del Barça».

Puigdemont captó enseguida el peligro: «Este aprovecha su discurso de investidura para anunciar la independencia y la república…, recoge los votos del Parlament y se cuelga él las medallas».

Al poco, el *president* ha cambiado de idea:

—Con el ánimo de proteger a todo el Govern, he pensado que cesemos todos, yo también; pero antes nombro a un Govern de ancianos jubilados… ¡A ver qué hace entonces Rajoy con el 155!

La propuesta no aguanta ni medio minuto de debate.

Han sido días de dudas, de discusiones desagradables entre los dos partidos del Govern, incluso enfrentamientos verbales dentro de cada uno de ellos. Días tensos con un peso inquietante gravitando sobre todos: la espada de Damocles del 155, cuya tramitación empezó a debatirse en el Senado el 26 de octubre, a las diez de la mañana. Ese día, Puigdemont mira el reloj como si fuera un amuleto magnético. Sabe que se han presentado muchos votos particulares de varias páginas y se han escrutado y discutido largamente, aunque el PP tenga mayoría absoluta en la Cámara

Alta. Es pronto aún para que voten y den el resultado. Algún informante le pone un mensaje: «Aprobarán el 155, para que os sirva de escarmiento, pero posiblemente lo suspenderán. Sería como un gesto de "generosidad" del PP. En el fondo, nadie quiere que os lo apliquen. En tus manos está todavía darle la vuelta al escenario».

Una llamada del lehendakari Urkullu:

—Carles, no han votado aún. Me consta que hay un compromiso tácito de no aplicaros el 155 si convocas elecciones, pero no están dispuestos a darte ninguna garantía.

Puigdemont recapacita, convoca rueda de prensa, para anunciar que «cuando está a punto de expirar mi potestad de convocar elecciones al Parlament, en cuanto entren en vigor las medidas de la aplicación del 155, he vuelto a considerar la posibilidad de ir a las elecciones, aunque sin haber firmado todavía el decreto de disolución del Parlament al que corresponderá proceder según lo que decida la mayoría».

A la vista del bamboleo del *president*, girando días y días como una peonza sobre su propia duda, el corresponsal del *New York Times* pregunta a un colega catalán: «Por si no le he entendido bien, ¿abandona declarar la independencia y vuelve a la idea de las elecciones, que había descartado? O sea, ¿elecciones sí, elecciones no, y ahora elecciones sí?». Por lo que reflejó en su tuit, el del *New York Times* debía de estar ya tan mareado como la peonza de Puigdemont.[111]

Un emisario de Putin trae una oferta a Puigdemont

Esa misma tarde, un wasap de Víctor Terradellas, amigo y antiguo colaborador:

—¿Y esto ahora? —Puigdemont, leyendo el wasap que acaba de entrarle. No lo esperaba o no se acordaba y Terradellas se lo ha metido de clavo.

TERRADELLAS: A las 5 venía el emisario de Putin. Estamos en la puerta de Palacio. Nos has de recibir. Retrasa y danos tiempo.

PUIGDEMONT: Yo ahora tengo que hacer comparecencia.

Puigdemont añade que les cae ya el 155 y él va a hacer un último intento por detenerlo, anunciando elecciones. Y en otro wasap: El pulso con el Estado es insostenible, Víctor.» Este Víctor Terradellas es un personaje muy político, durante años manejó con habilidad las relaciones internacionales del partido, cuando el PDeCAT todavía era Convergència. Para Puigdemont es un patriota catalán que jamás se da por vencido. Y un amigo.

Otro wasap de Terradellas: «Pues lo retrasas. Y hablamos. Estamos aquí, a 50 metros. Vamos hacia Canonges».

Logra su propósito. Esa tarde, Puigdemont recibe a una delegación rusa, a iniciativa de Terradellas, que oficia de presentador. Con uno de los rusos, Serguéi Motin, excoronel, ya había estado Puigdemont. Ahora se suma un hombre «del entorno del Kremlin» —dice Terradellas señalando a Nikolái Sadovnikov—, diplomático, empresario con varias sociedades domiciliadas en la Plaza Roja de Moscú y fichado por servicios de inteligencia europeos.

Convocada a toda prisa, asiste también a la reunión Elsa Artadi, economista, alto cargo de la Generalitat y estrecha colaboradora de Puigdemont, que ya había estado presente, por indicación del *president*, en otro encuentro con enviados rusos, reunidos en el hotel Colón.

Al parecer, Sadovnikov, que ha llegado esa misma tarde a Barcelona desde Moscú, trae una oferta, pero antes quiere saber qué tipo de hombre es Puigdemont y si va a seguir adelante con la secesión. No habla español. Eso permite a Puigdemont no ser demasiado explícito sobre su último cambio de plan ni hablar del 155 ni de posibles elecciones forzadas por el Gobierno de Madrid. Sadovnikov, ante la hipótesis de una Cataluña independiente, que es lo que Terradellas ha ido transmitiéndole desde hace meses, le ofrece por si necesitara defenderse, pues supone que la nueva república carece de un ejército, el apoyo de hasta diez mil soldados bien equipados, ayuda financiera, de doscientos a trescientos millones de euros para pagar la deuda pública de la Generalitat; también provisión energética —gas licuado de Lukoil— y la posibilidad de una videoconferencia con el presidente Vladímir Putin. A cambio, pide una legislación permisiva, tolerante, para establecer una plataforma de criptomonedas que podría convertir a Cataluña en una nueva Suiza virtual desde la que desplegar divisas digitales que hicieran tambalearse el orden económico actual. Por su parte, al independentismo le habría permitido escapar del control monetario de Madrid y financiar el presupuesto del nuevo país durante sus primeros meses de vida. A Puigdemont le interesaba maniobrar con criptomonedas, como medio de evasión fiscal y encriptado del dinero evadido ilegalmente, y crear una criptomoneda catalana.

Tiempo después, declarando Terradellas como imputado ante el magistrado Joaquín Aguirre, titular del Juzgado de Instrucción n.º 1 de Barcelona, en el contexto de una causa más amplia, el caso Voloh, en el que se investigaba una presunta trama de financiación de los independentistas catalanes fugados a Bélgica, además de un supuesto tráfico de influencias para conseguir negocios privados, dijo que «Puigdemont se cagó encima cuando, traduciendo yo a Sadovnikov, le dije que Putin estaba verdaderamente dispuesto a enviar soldados a Cataluña». Puigdemont, por lo visto, no había tenido noticia de que el Centro Nacional de Inteligencia español detectó en los días próximos a la consulta del 1O la presencia en Barcelona de efectivos del GRU, el grupo de élite del espionaje militar ruso.

Era poco creíble que el Kremlin facilitara soldados a los independentistas. Pero tampoco cabía descartar que Putin aprovechase los planes de secesión de Cataluña poniendo una pica rusa, no en Flandes, pero sí en otro territorio de la OTAN, para desestabilizar o, cuando menos, incordiar a Europa y facilitar cobertura a su red de espías diseminados y operativos por buena parte de España, si prosperaba lo tratado en esa reunión.

En las tres horas de declaración ante el juez, Terradellas puntualizó que «Puigdemont no dio crédito a la oferta rusa y le pareció inviable». No obstante, el Parlamento Europeo tiene abierta una investigación sobre esos contactos y la posible injerencia rusa en Cataluña, en el marco de los habituales intentos desestabilizadores del Kremlin en Europa.[112]

27 de octubre, Forcadell proclama la República catalana

En esta historia de los emisarios de Putin, de apariencia truculenta, lo realmente sospechoso es el último giro de la peonza de Puigdemont: aquel día, acababa de anunciar —en rueda de prensa— su intención, ahora sí, de convocar elecciones legislativas; pero después de la visita de Serguéi Motin y Nikolái Sadovnikov, cambia una vez más de criterio y plantea llevar al pleno del Parlament la Declaración Unilateral de Independencia. Con esa DUI, el 155 le cae encima indefectiblemente como un obús. Puede ser su muerte política. ¿Por qué de repente se la juega?

Saben él y todos sus *consellers* que el precio judicial de esa decisión es altísimo. Acuerdan que la votación sea secreta, dado que varios *diputats* tienen ya causas en los tribunales relacionadas con el *procés*, y por salvaguardar la identidad de todos. Un momento antes de votar, el diputado Roger Torrent pide la palabra y solicita a la presidenta que sea ella quien lea la Declaración de Independencia. Así lo ha decidido Puigdemont, así debe ser y así se hace. Sentado en su escaño, escucha en silencio. Y desde su altarcito, allí arriba, consciente de que no solo está viviendo sino haciendo historia, Carme Forcadell lee:

> Constituimos la república catalana como Estado independiente y soberano, de derecho, democrático y social; disponemos la entrada en vigor de la Ley de Transitoriedad Jurídica y Fundacional de la República e iniciamos el proceso constituyente, democrático, de base ciudadana, transversal, participativo y vinculante.
>
> Afirmamos la voluntad de abrir negociaciones con el Estado español, sin condicionantes previos, dirigidas a establecer un régimen de colaboración en beneficio de ambas partes. Las negociaciones deberán ser, necesariamente, en pie de igualdad.
>
> Ponemos en conocimiento de la comunidad internacional y las autoridades de la Unión Europea la constitución de la república catalana y la propuesta de negociación con el Estado español.
>
> Instamos a la comunidad internacional y a las autoridades de la Unión Europea a intervenir para detener la violación de derechos civiles y políticos en curso, y hacer el seguimiento del proceso negociador con el Estado español y ser testigos.
>
> Manifestamos la voluntad de construcción de un proyecto europeo que refuerce los derechos sociales y democráticos de la ciudadanía, así como el compromiso de seguir aplicando, sin so-

lución de continuidad y de manera unilateral, las normas del ordenamiento jurídico de la Unión Europea y las del ordenamiento del Estado español y del autonómico catalán que transponen esta normativa.

Afirmamos que Cataluña tiene la voluntad inequívoca de integrarse lo más rápidamente posible a la comunidad internacional. El nuevo Estado se compromete a respetar las obligaciones internacionales que se aplican actualmente en su territorio y a continuar siendo parte de los tratados internacionales de los que es parte el Reino de España.

Apelamos a los Estados y a las organizaciones internacionales a reconocer la república catalana como Estado independiente y soberano.

Instamos al gobierno de la Generalitat a adoptar las medidas necesarias para hacer posible la plena efectividad de esta declaración de independencia y de las previsiones de la Ley de Transitoriedad Jurídica y Fundacional de la República.

Llamamos a todos y cada uno de los ciudadanos de la república catalana a hacernos dignos de la libertad que nos hemos dado y construir un Estado que traduzca en acción y conducta las inspiraciones colectivas.

Asumimos el mandato del pueblo de Cataluña expresado en el referéndum de autodeterminación del 1 de octubre y declaramos que Cataluña se convierte en un Estado independiente en forma de república.

TV3 retransmitió la imagen impresionante del Parlament, con los asientos vacíos de los *diputats* disconformes, que se ausentaron de la Cámara antes de la votación y dejaron *senyeres* y banderas españolas en sus escaños. El Govern y los *diputats* independentistas cantan en pie el himno de Cataluña, *Els segadors.*[113] Aunque el canto es de lucha, sus rostros están serenos, la emoción embridada. Están viviendo el minuto «cero+uno de una ensoñación milenaria».

También ese día, 27 de octubre de 2017, el Senado ha aprobado la aplicación del 155.[114] Como primera medida, todo el Govern está cesado. Queda disuelto el Parlament, aunque se mantenga provisionalmente la Diputación Permanente. En la plaza Sant Jordi, entre el ayuntamiento y el Palau no cabe un alma. La gente aplaude, canta, vitorea febrilmente «Visca Catalunya!». La exultación es emotiva, pero calmada. Tal vez los helicópteros de la Guardia Civil sobrevolando el ámbito de la plaza hacen conscientes a todos de que mañana no se despertarán en la arcadia feliz que soñaron.

Uno del gentío pregunta:

—¿Y no arrían la bandera española?

Otro, a su lado, responde:

—¡Deja, tú, deja, no forcemos la cosa!

Puigdemont ha convocado para las seis de la tarde al Govern cesado. Será la primera reunión de la república. Nadie duda de que será la primera y la última. Posiblemente discutan sobre el práctico y ahora, ¿qué? ¿Cada uno se va a su casa y organiza su propia seguridad?, o ¿montamos la Operación Castell que habíamos diseñado?

La Operación Castell era una quimera numantina: encerrarse en el Palau y resistir todos juntos, pero habría que cerrar las calles adyacentes con la fuerza de la masa popular, hasta forzar al Gobierno central a reconocer la república catalana o a iniciar algún tipo de negociación. Pero en este momento, nadie la reclama, es una temeridad. Los audaces que acudan a rodear el Palau, jugándosela, tendrán que defenderse de las fuerzas del orden y el conflicto será inevitable, y descompensado: los ciudadanos no tienen medios para afrontar un ataque antidisturbios, presumiblemente armado y contundente. Tampoco pueden pedir ayuda exterior, porque la Unión Europea, la OCDE y la OTAN se han decantado ya del lado del Gobierno y por la unidad de España, miembro de esas tres superorganizaciones. El plan Castell cae como lo que era: un castillito de naipes. Y también caen otros, muy imaginativos, pero sin sustento real:

—Estamos cesados, no somos Govern en ejercicio —dice Puigdemont, pisando tierra—, no podemos contar con los funcionarios, ni con los escoltas, ni con los vehículos oficiales. Nuestra firma no está reconocida en los bancos, por tanto, no disponemos de un euro, ni de un folio, ni de un lápiz que sea de la Generalitat... A partir de ya, con estos bueyes hay que arar. *Què fem?* Pensemos con sentido común y actuemos con prudencia.

Van aportando ideas algunos *consellers* y dirigentes de Junts pel Sí:

—Olvidémonos de poner en marcha los 42 decretos que habíamos previsto para que echase a andar la república.

—Y no icemos la *senyera.* ¡Nada de gestos triunfalistas desde el balcón! Actuemos con naturalidad.

—¿Naturalidad? Yo pienso que hay lo que hay y que esta noche nadie debería dormir en su casa. Es muy previsible que vengan a detenernos. Y no se trata de dejarnos atrapar como conejos.

—Pero, si no ocurre nada extraño ni nada violento —dice Puigdemont—, el lunes 30 deberíamos venir a trabajar al Palau como un día más.

No todos están por esa opción de fingida naturalidad. Clara Ponsatí, con enfado y con actitud de reproche a «los que no han previsto nada para esta situación» les anuncia a bocajarro que se va a París: «Ya he hablado con unos amigos de allí». Carme Forcadell anuncia: «Mi abogado me ha aconsejado que esta noche no duerma en mi casa de Sabadell». Ese es el clima. Empieza la espantada. Para más inri, Junqueras no asiste a la primera reunión de la república recién proclamada.

—¿Y si activamos el plan B?

El plan B lo tenían previsto como último recurso, pero ahora es el que está sobre la mesa: que todo el Govern salga esa misma noche o mañana muy temprano hacia unas casas rurales cerca de Prada, en la Cataluña Norte. Estar allí, como en un escondite seguro pero provisional, tres o cuatro días; y de ahí, partir a un destino definitivo. En un momento equis, los encargados de organizar ese plan B les darán todas las indicaciones a los que hayan optado por el exilio. Los que prefieran quedarse en Barcelona o en cualquier casa de Cataluña y afrontar la cárcel, que lo hagan. Y que nadie reproche a nadie por qué te vas o por qué te quedas. Cada uno debe calibrar sus razones políticas, personales, familiares…

Se palpa el miedo, los nervios delatan. Quien más quien menos se ve ya esposado por la policía. Varios *consellers* son partidarios de salir cuanto antes de Cataluña, para evitar que el Govern sea encarcelado: «Si nos meten a todos en el trullo, no podremos hacer nada. Y ¡se acabó el *procés*!».

Alguien levanta la mano:

—No estoy de acuerdo. Yo en esto pienso como Oriol Junqueras, «si toca cárcel, toca cárcel». Siento que él no esté aquí ahora, pero le hemos oído un montón de veces que desde la prisión se pueden hacer muchas cosas…, porque casi todo el resto de la gente afín queda fuera y libre. Existe el «mando a distancia» y existe la disciplina de partido y existe la ilusión de la república, que acabamos de tener en las manos, aunque haya sido un instante, aunque nos la hayan querido machacar con el 155 y el poder del Estado; pero sabemos que no solo es posible, sino que es real, que existe. Lo importante es que nosotros no nos rajemos y la mantengamos viva.

Puigdemont ha escuchado a todos y luego se pronuncia él:

—Yo permaneceré este fin de semana aquí, bueno, en Girona, en Sant Julià de Ramis, saliendo y dejándome ver. Son las fiestas de Sant Narcís y habrá mucha gente por la calle. Y no descarto ir a ver el partido Girona-Real Madrid en el estadio Montilivi y hacerme la foto del palco con Florentino Pérez... Al día siguiente, en portada a toda plana.

—Pero, *president*, puede parecer demasiada provocación..., demasiado bestia —interrumpe un *conseller*.

—Ya lo sé. Y no me importa, al contrario, transmitirles la idea de que no me considero cesado ni acepto el cese de todo el Govern. Eso sí que es «demasiado bestia». Además, el capitán del barco no debe ser el primero que salte a la lancha salvavidas. Pero la realidad es la que es. Así que luego me exiliaré a otro país. Aún no sé, estamos tanteando y a la espera de una respuesta. Posiblemente será en Bélgica, con el apoyo del Gobierno y de la NVA,[115] la Nueva Alianza Flamenca, donde nos den acogida y no solo a mí, sino que poco a poco todo el Govern podamos reunirnos como un Govern que sigue tomando decisiones y representando a la república catalana desde el exilio. No es una huida, eh, es resguardarse para salvar a la recién nacida república, instalándonos en el país que nos ofrezca seguridad y libertad de acción. Lo que yo no puedo consentir, por dignidad, como *president*, es que unos *mossos d'esquadra* me detengan y me pongan las esposas.

Como avestruces asustados

Ese mismo 28 sábado, después de comer fuera con Marcela y las niñas, al volver a casa tiene ya noticia de las gestiones en Bélgica. «Hay posibilidades —le dice su enviado tanteador—. Un asilo político a todo el Govern sería más complicado; pero si ya estáis allí, no es fácil que os extraditen así como así.»

En esos momentos, los *consellers* ya están en Francia, en una casa rural de la comarca de Conflent, Villafranca de Conflent, en los Pirineos Orientales y a menos de una hora de Perpiñán en coche. No saben nada de la decisión «Bélgica» y barajan entre ellos otras opciones. Raül Romeva, responsable hasta entonces de Exteriores, del Diplocat, la «diplomacia catalana» con sus pequeñas embajadas, sugiere cuatro países que podrían acogerlos: Suiza, Noruega, Bélgica y Uruguay.

A primera hora de la tarde, ya con noticias optimistas de Bélgica, Puigdemont convoca una reunión secreta en el municipio ampurdanés de Vilaür, en Girona, en casa de una persona de su confianza, comprometida con el soberanismo. Recomienda a cada uno que se movilice con discreción y extreme las precauciones. Se encuentran allí, por ERC, la secretaria general, Marta Rovira, y Sergi Sabrià; por el PDeCAT, el presidente David Bonvehí; por la ANC, Agustí Alcoberro; Marcel Mauri y Jordi Bosch, por Òmnium Cultural, y el empresario Oriol Soler, amigo de Puigdemont. Opinan sobre los siguientes pasos a dar. Pese a la tensión e incertidumbre del momento, ninguno de ellos está por tirar la toalla.

Puigdemont expone su punto de vista sobre cómo hay que proceder a partir de entonces. Defiende que el lunes 30, transcurrido el fin de semana, los miembros de su ejecutivo no deben esconderse, sino actuar con naturalidad, ignorando que han sido destituidos por el Gobierno de Rajoy, ¡ni caso!, como si nadie temiera una detención a causa de la DUI. La idea es reivindicar que el Govern Puigdemont sigue siendo el legítimo, a pesar del artículo 155.

—Algunos pensarán que somos avestruces que escondemos la cabeza bajo el ala para no ver lo que no nos interesa...

—Pues que lo piensen.

Antes de despedirse en Vilaür, Puigdemont comenta en un aparte a Marta Rovira la información que acaba de recibir de Bruselas. Es la primera vez que habla de la opción del exilio a un destacado miembro de ERC, a sabiendas de que Junqueras y muchos de ERC están dispuestos a quedarse en Cataluña, ser interrogados en la Audiencia Nacional y apechar con lo que les caiga. Sabe que Marta tiene una hijita que necesita de su madre: «Es tan pequeña que depende de mí, no puedo dejarla en manos de nadie y eso me impide lo que sé bien que como militante debería hacer: ir a la cárcel con mis compañeros de lucha y de partido..., por eso debo irme, probablemente a Suiza».

Concluido el encuentro, Rovira cruza la frontera francesa para reunirse con todos los *consellers* que permanecen agazapados en la casa rural de Conflent. Allí solo faltan Oriol Junqueras y Carles Mundó. En cambio, se han añadido el *conseller* Toni Comín y dos miembros de la Mesa del Parlament, Anna Simó y Ramona Barrufet. Marta Rovira les transmite la instrucción acordada en Vilaür: «El lunes, todo el mundo a sus despachos». No dice nada de que ella se está despidiendo... sin despedirse. Por otra parte, esa misma noche se trasladarán a dormir a Prada, muy cerca. Lo que quieran hacer lo decidirán entre ellos o a solas con la almohada: por seguridad, nadie tiene móvil. Varios *consellers* prefieren regresar a Barcelona el lunes, recoger sus efectos personales y documentos en sus despachos de la Generalitat y, hablándolo con sus familias, decidir exilio o cárcel. Ni media palabra a ningún abogado.

Toque de alarma en las verjas del fiscal Maza

Muy entrada la noche del viernes 27, rayando la madrugada del 28, Ortega Smith, abogado de Vox y miembro de la acusación popular en la causa del *procés*, aparca su coche muy cerca de la entrada trasera de la Fiscalía General del Estado. Se acerca. Las altas verjas están cerradas. Las mueve, más que por forcejear, por hacer que suenen. Al instante aparecen dos guardias civiles. Smith se identifica y les entrega un sobre tamaño folio.

—Perdonen, ya sé que no son horas, pero se trata de un asunto grave y de la máxima urgencia... Es muy importante que este sobre llegue a manos del fiscal general esta misma noche.

—Pero es que ahora, aquí ya está todo fuera de servicio...

—Lo entiendo y lo siento. —Ortega Smith, desde el lado de la verja que da a la calle, abre la cabecera del sobre, saca con cuidado unos folios grapados en cuyo encabezamiento pone con mayúsculas de cuerpo grande: «DE LA MÁXIMA URGENCIA». Y le indica a uno de los guardias:

—Por favor, aquí arriba, con sello estampillado, registren la fecha de entrada del documento.

Mientras le sellan el folio primero, reitera:

—Es un asunto importante, grave y urgente. Y no se preocupen por molestar al fiscal a estas horas, yo también intentaré localizarlo esta misma noche.

En cuanto puede, Ortega Smith da el aviso verbalmente al fiscal Maza:

—He tenido información solvente, de Guardia Civil de Fronteras y del Complejo Central Egara, el que tienen los *Mossos* en Sabadell: están saliendo de unas masías del Pirineo francés y preparándose para huir posiblemente mañana o en este fin de semana... Puigdemont también, claro. En varios vehículos. Ignoro destino, lo cierto es que huyen.*

Sin perder un minuto, Maza expide instrucciones urgentes al Tribunal Superior de Justicia de Cataluña ordenando a la Policía Nacional y a la Guardia Civil, como Policía judicial, para que «procedan a la detención inmediata de todos y cada uno de los miembros del Parlamento y del Gobierno autonómico de Cataluña, por haber organizado, incitado, votado y aprobado la declaración unilateral de independencia de Cataluña».

A partir de esa orden, una señal de alarma preconvenida cambia los planes de los que estaban escondidos en el Pirineo. Unos regresan a Barcelona y otros toman la ruta por carretera hacia Bruselas. Pero a Puigdemont la alerta le ha llegado antes. Se precipita la fuga, aunque sin dar sensación externa de anormalidad. Uno de los *mossos* de escolta del *president*, el de mayor confianza, es quien se entera de que en la Central Egara ya están al cabo de la calle y le da la noticia:

—*President*, si tiene que irse, váyase hoy, ahora mismo. Mañana ya no podrá ser.

---

* Relato del abogado Ortega Smith a la autora, a quien entrega copia del documento con sello de fecha de entrada. Fue de madrugada.

La fuga

Se acabó la historia del partido de fútbol en el palco del Montilivi, la reunión del Govern el lunes 30 en el Palau, incluso despedirse de sus hijas. De un modo un poco enrevesado, logra que den recado a su amigo Jami Matamala, que pensaba acompañarle, a Bélgica, para que adelante el plan y llegue lo antes posible al chalé de Puigdemont.

—Jami, ¿puedes venir? —le dice uno de los *mossos*—. Te has dejado el cargador del móvil y tendrías que venir a buscarlo.

Matamala lo entiende sin preguntar nada. Partirán enseguida, pero en coches distintos, y se encontrarán en la primera área de servicio, pasada la frontera de La Jonquera.

Pero previamente ha de organizarse su propia salida desde el chalé donde vivía antes con su familia, cuando era alcalde de Girona, en Sant Julià de Ramis. Lo fijan para ese domingo, 29, a medio día, entre las 12:30 y las 13:30, hora de estar comiendo o tomando el aperitivo todo el mundo.

El sargento 2684 introduce en el garaje el Skoda Octavia con los cristales tintados, particular de Puigdemont, para ir metiendo ahí los libros, documentos, ordenador portátil y una maleta con ropa, útiles de aseo, etc. Pero antes ha hecho una salida en el Skoda diciendo a sus compañeros y al jefe del operativo ese día, cabo 5431, «voy a llevar la basura al contenedor, que desde aquí queda un poco lejos».

A cincuenta kilómetros de allí, en Llinars del Vallès, vive un matrimonio formado por un cabo de la Brigada Móvil y una subinspectora de Tráfico. Ese domingo ha ido a visitarlos un agente muy amigo, destinado también en la escolta de Puigdemont. El sargento 2684 se presenta en la casa sin saber que tienen visita.

Son casi las seis de la tarde. Se disculpa, y pide al matrimonio que le presten «un coche discreto, para un asunto relacionado con el servicio».[116]

El sargento no da más explicaciones, pero pide a los dos hombres, el cabo de la Brigada Móvil y el *mosso* que estaba de visita, que vayan con él. Al *mosso*, compañero del equipo de escoltas, le indica que se ponga al volante del coche oficial del *president*. Al cabo de la Brigada Móvil, que los siga con el vehículo que el matrimonio les ha prestado, un todoterreno marca Mazda blanco:

—Vamos al domicilio donde vivía antes el *expresident*.

Nadie hace preguntas. O eso dijeron más tarde, en la investigación de Asuntos Internos.

A un par de kilómetros de la urbanización Golf de Girona los vehículos se detienen. El sargento se monta en el vehículo oficial y pide a sus dos compañeros que esperen en el todoterreno. Son casi las ocho de la tarde cuando el sargento dice a los *mossos* que custodian el domicilio de Puigdemont:

—Tengo que entrar al garaje con el coche oficial para dejar unos paquetes.

En la entrada, da paso a otro coche que sale. Lo conduce Marcela, la mujer de Puigdemont. Después, entra el sargento con el Skoda. Y a los cinco minutos, vuelve a salir del garaje con el Skoda. Los agentes del dispositivo no ven que nadie lo acompañe. Sin embargo, cuando el sargento llega al punto de encuentro con sus dos compañeros, que aguardaban en el Mazda, quien desciende del Skoda oficial es el *expresident*. ¿Y…?

Marcela Topor había regresado a casa enseguida. Los investigadores que poco después quisieron descifrar el jeroglífico de los coches sospecharon que Puigdemont salió oculto, tumbado en el suelo del coche junto a los asientos traseros, en el vehículo de su esposa, no en el Skoda que conducía el sargento. Luego, en un sitio acordado, Puigdemont subió al coche de su mujer y ella pasó al Skoda oficial y volvió a dejarlo en el garaje de la casa. Hecho el cambio, desde ahí, Puigdemont, conduciendo de nuevo el sargento, llegó al lugar donde estaban los dos *mossos* que se habían quedado a la espera en el todoterreno Mazda.

Antes de desaparecer con el *president* en el Mazda, el sargento 2684 pide a sus compañeros un último favor: que devuelvan el Skoda oficial al Complejo Central de los Mossos, en Sabadell. Lo pueden hacer esa misma tarde o al día siguiente. Deciden hacerlo al día siguiente, así que regresan con el Skoda a casa del cabo de la Brigada Móvil y su mujer, en Llinars del Vallès.

Estación de servicio en Francia, 23:20 horas. Una vez en su casa, el cabo recibe una llamada del sargento 2684:

—Oye, perdona por la hora... No, no ha pasado nada, solo que el todoterreno no lleva la documentación en la guantera... Sí, he mirado bien. Ya sé que es un coñazo, pero, por favor, necesito que me la acerques a la primera área de servicio que te encuentres ya en Francia, después del paso fronterizo de La Jonquera.

Entre tanto, en el mismo Skoda oficial de Puigdemont, el matrimonio se pone en camino y llegan al lugar acordado: área del Village Catalan, cerca de Perpiñán.

Al llegar se acercan al todoterreno, pero el sargento 2684 no está acompañado de Puigdemont, sino de un hombre alto, fuerte, que les resulta conocido como un amigo del *president*, los han visto juntos en otras ocasiones. Es el empresario Josep Maria Matamala; ha debido de aparcar su vehículo por el área de servicio para que Puigdemont aguarde dentro y el matrimonio de agentes no llegue a verlo. Poco después, Matamala aparecerá con frecuencia en imágenes de la tele que muestran a Puigdemont en Bruselas, durante los primeros días, cuando el safari emocionante de los periodistas era perseguirlo y cazarlo.

Aprovechando esa pausa, ya en territorio francés, Puigdemont pidió al sargento 2684:

—Si tienes que ir al servicio, haz de paso una llamada por un fijo, a tal número: es una masía de Vilaür, en el Alt Empordà. Solo di que llamas de mi parte, según lo previsto.

Como habían acordado el día anterior, cinco *exconsellers* esperaban en la masía ese aviso telefónico: Toni Comín, Meritxell Borràs, Joaquim Forn, Dolors Bassa y Meritxell Serret. La llamada era la señal. Rápidamente, los cinco emprendieron viaje con el mismo destino: aeropuerto de Marsella y avión a Bruselas.

—Me voy a Bruselas —les dijo el sargento 2684 a la pareja de agentes—. Gracias por todo. Y una última petición —ahora se dirigió al cabo—: llama mañana al jefe y pídele unos días de permiso para mí.

—¿Así, sin más? ¿El inspector jefe del Àrea d'Escortes sabe que te vas a Bruselas?

—Sí, hombre, está al tanto de todo. Lo que ni él ni yo sabíamos exactamente era a qué lugar tenía que dirigirme. De todos modos, en cuanto yo llegue a Bruselas le llamaré, bien temprano.

Este inspector, declarando ante Asuntos Internos, negó saber que su subordinado viajaba hacia Bélgica: «Pero, es verdad: el sargento 2684 me telefoneó a las 7 de la mañana del lunes 30 para que nos viéramos cuanto antes y yo no me paré a preguntarle qué quería. Después, al encontrarnos en persona, me lo contó todo y me enteré de lo que había ocurrido».

Una vez enterado, el jefe de escoltas informó de la fuga y el paradero de Puigdemont a sus superiores, el comisario Joan Carles Molinero, jefe de Coordinación Central, y a Ferran López, el nuevo mayor de los Mossos. Este ordenó la apertura inmediata de una información reservada a la División de Asuntos Internos (DAI). Agentes que no estaban de servicio le han facilitado la huida, prestándole incluso su vehículo familiar. En cambio, los cuatro escoltas que tenía ese día para su vigilancia no lo han visto ni entrar ni salir de su domicilio. Es el más exacto resumen.[117]

El mayor Ferran López aparta de sus funciones, al menos temporalmente, al sargento 2684. Y todos los *mossos* destinados a la escolta de Carles Puigdemont son relevados de sus puestos. Debe de ser lo que se les da mejor y la historia inmediata lo ha confirmado: desde el relevo del mayor Trapero, entre 2018 y 2022, se han sucedido seis cambios, seis, en la jefatura de los Mossos d'Esquadra. Los agentes de un servicio de seguridad, vigilancia e información ven, oyen, se enteran de qué hacen, a dónde van y con quién están los altos dignatarios día tras día; conocen sus amistades, sus conversaciones privadas por el móvil desde el coche; sus aficiones y sus debilidades. El cerebro de cada agente es un cofre de conocimientos sensibles. Por eso resulta tan estúpido como peligroso tratarlos como peones de quita y pon.

Ese mismo 30 de octubre, cuando Puigdemont lleva veinticuatro horas fugado y cinco *consellers* con él, el fiscal general Maza presenta una querella por rebelión contra el expresidente y todos sus *consellers*: los que se han ido y los que permanecen en España. El 3 de noviembre, la jueza de la Audiencia Nacional Carmen Lamela ordena la detención de los seis.

Amortajados con sus togas

2 de noviembre por la noche. Ingresan en Estremera, en régimen de prisión preventiva, Junqueras y ocho *exconsellers.* Más adelante los llevarán a Lledoners. Y allí esperarán el juicio. ¿El resto? Cuatro se han fugado. Y el decimotercero, Santi Vila, dimitió días antes de la DUI. Declaró ante el juez, pagó una multa y quedó libre.

Ellas, las dos *conselleres* no huidas[118] y Carme Forcadell, fueron trasladas a Soto del Real. Días después, a otras cárceles, según sus propias peticiones.

Unos encerrados y otros enterrados. Ocurrió en noviembre, mes de nieblas y brumas. A la vez que unos, encausados por el *procés*, eran encerrados en prisión preventiva otros, los encargados judicialmente de la persecución de ese mismo *procés*, eran enterrados, y no en fase preventiva sino definitiva. Tres destacados juristas, tres magistrados, en activo y en pleno ejercicio profesional, murieron, uno, otro, otro, con una cadencia que, más que sorpresa, produjo estupor. *Requiem aeternam.*

El día 4, Juan Antonio Ramírez Sunyer, juez del n.º 13 de Barcelona, que desde que entró en su juzgado la primera denuncia del *procés* se encargó por oficio de ordenar todas las diligencias, escuchas, entradas domiciliarias, registros… Murió estando en plena instrucción de esa causa, con unos cuarenta imputados.

El día 18, asistiendo a un congreso profesional en Argentina, falleció por envenenamiento o infección repentina el fiscal general del Estado, José Manuel Maza, autor de la gran querella contra Puigdemont y sus trece *consellers* y contra Carme Forcadell y los miembros de la Mesa del Parlament. Asimismo, citó a declarar a los más de setecientos alcaldes catalanes que colaboraron en la organización del referéndum soberanista del 1 de octubre.

La Sala de lo Penal, presidida por Marchena, encomendó a Pablo Llarena la instrucción del caso del *procés* independentista.

El día 27, noviembre, siempre noviembre, falleció José María Romero de Tejada, fiscal del Tribunal Superior de Justicia de Cataluña, también en activo. Los tres «de la carrera», como dicen los hombres de toga, que con más intensidad venían promoviendo la investigación penal de los hechos independentistas de Cataluña.

Romero de Tejada presentó las querellas por delitos de desobediencia, prevaricación y malversación contra Puigdemont y su Govern cuando aprobaron el «decreto del referéndum del 1O» y contra Forcadell, presidenta del Parlament, y los miembros de la Mesa por aprobar las «leyes de desconexión». No eran estas sus primeras querellas contra el proceso de secesión. Desde su puesto de fiscal del TSJC, impulsó la querella contra el *president* catalán Artur Mas y las *conselleres* Irene Rigau y Joana Ortega, por convocar la consulta del 9N. Asimismo, cinco días antes del 1O, envió al mayor Josep Lluís Trapero la primera orden para que los *Mossos* actuasen contra la preparación del referéndum del 1 de octubre, reprimiesen la previsible violencia e impidieran la votación. Y esto es lo que Trapero, acompañado por varios mandos de la policía autonómica, trasladó personalmente al *president* Puigdemont, al *vicepresident* Junqueras y a Forn, *conseller* de Interior:

—No cuenten con nosotros el día 1, porque no obedeceremos más órdenes que las del fiscal del TSJC. Tal como están los ánimos y con la presencia en Cataluña de siete mil guardias civiles y unos tres mil policías, lo previsible es que ese día haya violencia. Si me admiten un consejo, o una opinión, yo que ustedes desconvocaría el referéndum.

—Pues, si hay violencia, habrá independencia —fue la respuesta de Puigdemont.[119]

Ciertamente, cada uno de los magistrados muertos padecía una dolencia; pero eso no les impedía seguir en activo: trabajar sin decir basta, la mesa cada día más atestada de papeles, legajos, informes…; pasar más horas en el despacho que en casa, recibir visitas, hacer interrogatorios, desplazarse para inspecciones oculares, llevar una vida normal cuando caía un día más tranquilo, viajar, incluso cruzando el charco, como José Manuel Maza.

«Estos hombres no estaban para morirse», fue el comentario de Miguel Durán con otros colegas de la abogacía. Su bufete había presentado el 27 de enero de 2017 en el juzgado de guardia de Barcelona una denuncia sobre los discursos que los jueces Santiago Vidal y Carles Viver iban pronunciando en público. No sabían los Durán, tío y sobrino, abogados del mismo bufete, que con esa denuncia estaban apretando el gatillo del pistoletazo de salida para la persecución judicial del independentismo catalán, el *procés*. Esto hizo que se entrevistasen en distintos momentos con el fiscal general Maza, con el fiscal jefe del TSJC, Romero de Tejada, y con el juez del n.º 13, Ramírez Sunyer, a quien por reparto le correspondió la instrucción de esa denuncia.

En noviembre de ese mismo año, al morir inesperadamente los tres magistrados, Durán comentó con algunos colegas su «asombro y extrañeza», dada la impresión de «normalidad y de vitalidad» —así lo dijo— que le habían producido cuando estuvo con cada uno de ellos pocos meses antes:

—Yo, al ser ciego, para relacionarme con personas a quienes ni las veo ni las he visto nunca, y sobre todo al tener que tratar con desconocidos que me llegan como clientes, me guío por la voz: si está tenso o relajado, si vacila al escoger las palabras o si habla con aplomo, si intenta ocultarme detalles o si se explaya con confianza... Otro elemento importante para mí, en este conocer sin ver, y no solo con clientes, sino con cualquier persona, es cómo me da la mano al saludar o al despedirse. Hay quien casi te la oprime; otros te la dan blandamente, deslizando solo las puntas de los dedos; otros te la estrechan con vigor, un saludo de esos que duran, que transmiten cordialidad, sintonía... y fuerza. Yo, en Maza, por su tono de voz y su modo de expresarse, percibí que era un hombre jovial, lúcido, abierto, expansivo, fortachón. Y al dar la mano, te la encajaba con fuerza. Hombre, no es que me dejara mis bíceps vibrando por el apretón; pero, vaya, que estaba fuerte.

»Y tanto de Maza como de Romero de Tejada como del juez Ramírez, no es que pueda decir que estuvieran exultantes por perseguir un golpe de Estado, pero sí los noté vibrantes, dinámicos, con una clarísima decisión de actuar con eficiencia, volcándose y... transmitiendo ánimo. Y eso mismo opinó mi sobrino, que como socio me acompañó en esos encuentros.

»¿Que, al parecer, Ramírez Sunyer tenía un tipo de cáncer de esos de larga duración? Vale, pero estaba en ejercicio y más que en ejercicio, desbordado de trabajo: acumuló todo el *procés*. ¿Que Maza tenía el colesterol alto y Romero de Tejada anemia? Los médicos sabrán más, ahora bien, los tres estaban en plena actividad, con las ideas muy claras de lo que debían hacer, decididos y con empuje. Por eso, no podía creerme que cayeran uno tras otro... ¡y justamente ellos![120]

Aunque la prensa fue respetuosa y no trató con morbo las tres muertes en serie, sí llamó la atención que, en el caso de Maza, no se le practicase la autopsia, pese a que su muerte se produjo por envenenamiento, o infección galopante, después de un almuerzo o una cena.[121] Que les había llegado su hora, la indefectible, la que nadie atrasa ni adelanta y solo la conoce el Señor del Gran Reloj, es innegable. Como innegable es que se trataba de tres casualidades sospechosas, o al menos tres extrañas coincidencias. Y que a noviembre le sobraron días para que tres hombres, empeñados justo en esa importante y compleja indagación, fueran barridos de la escena del delito, del *locus criminis*, como el viento barre las hojas de otoño.

Quizá por obvio esté de más preguntar: *qui prodest?*

7

El reo que mira al juez, que mira al reo

Marchena no mordió la manzana de Eva

El titular de los periódicos y digitales del 20 de noviembre de 2018 era llamativo y rotundo: «Manuel Marchena renuncia a ser candidato para presidir el Tribunal Supremo y el CGPJ y reivindica su independencia». El presidente de la Sala de lo Penal se rebelaba así al amaño PP-PSOE que, sin contar con él, habían negociado su proclamación para ocupar la cúspide de la Justicia: «Jamás he concebido la función de juez como instrumento al servicio de una u otra opción política», afirmó en una carta, firmada y rubricada y hecha pública, neutralizando el pacto urdido a sus espaldas. Juzgará el *procés* y será ponente de la sentencia sobre la secesión unilateral de Cataluña. En un ambiente de confianza colegial, dijo a varios magistrados del Supremo: «Lo siento. Que se jodan los que pretendían utilizarme; pero tendréis que aguantarme en mi puesto unos años más».

En un gesto insólito, el magistrado Marchena desdeñó la tentadora manzana de Eva y se adelantó no solo a renunciar sino a que llegasen a proponer su nombre para la más alta magistratura del Poder Judicial, marcando distancia tanto con el Gobierno socialista como con el Partido Popular. Dejaba vacío el escaque del ajedrez judicial que los negociadores habían reservado para el «presidente rey», y reafirmaba su independencia y ajenidad a cualquier tejemaneje político. En su carta publicada sin un minuto de demora anunció su «decidida voluntad» de no ser considerado candidato a esos cargos.[122]

Marchena decidía permanecer como presidente de la Sala de lo Penal y continuar al frente del tribunal que un par de meses después juzgaría a los exmiembros del Govern catalán y a la presidenta del Parlament acusados de promover la secesión unilateral de Cataluña. Su salida de la Sala de lo Penal, de haber prosperado el acuerdo político alcanzado entre socialistas y oposición popular, habría supuesto unos cambios importantes en la composición de la sala que debía afrontar el macrojuicio del *procés*.

El pacto Gobierno-PP no solo genera un reparto descarado de las vocalías del Consejo General del Poder Judicial —el órgano de gobierno de los jueces y del que depende la elección de los cargos judiciales y sus destinos—, sino que también incluye —bajo cuerda— la predeterminación del «candidato» a presidente al que los nuevos consejeros han de votar. Esto no era nuevo: con mayor o menor disimulo, había ocurrido con los anteriores presidentes del CGPJ. Pero nunca se intentó con tan torpe ostentación, anticipándose incluso a la propia elección de los vocales. Obscenamente, lo guisaban los políticos entre sí, dando razón a los ciudadanos y a los propios jueces que con todo derecho reclamaban un Poder Judicial independiente.

El colmo de la situación fue el wasap del portavoz del Grupo Popular en el Senado, Ignacio Cosidó, en el que el político del PP se jactaba del logro que para su formación suponía el acuerdo con el PSOE y exhibía, con un déficit de prudencia y talento político, el dominio judicial que el PP tendría sobre el CGPJ. «Ha sido una jugada estupenda. Nos jugábamos las renovaciones futuras de 2/3 del Tribunal Supremo y centenares de nombramientos en el Poder Judicial», escribió Cosidó en ese wasap enviado a todos los senadores del PP. En referencia a Marchena, Cosidó se apuntaba el tanto de que «ponemos un presidente excepcional [...] Y además, controlando la Sala Segunda desde detrás». No necesitaba explicitar lo que todos en el Partido Popular sabían: que tenían un grave *pendiente* de proceso judicial por corrupción: el Caso Gürtel; y que, por el fuero de varios de los investigados, sería juzgado en la Sala de lo Penal del Supremo.

Pero en cuanto Marchena supo lo que se estaba muñendo dijo: «Yo no me presto a esos juegos». Ni siquiera entró a dialogar. Se puso ante el ordenador y escribió su tajante respuesta a los rumores:

«Jamás he concebido el ejercicio de la función jurisdiccional como un instrumento al servicio de una u otra opción política para controlar el desenlace de un proceso penal», afirmó Marchena en un comunicado de respuesta a «las noticias divulgadas en los últimos días acerca de mi hipotética designación como presidente del Tribunal Supremo y del Consejo General del Poder Judicial», saliendo al paso de un acuerdo político urdido a sus espaldas y que podía poner en entredicho algo que todo juez estima tanto como su alma: su independencia profesional.

«Mi trayectoria como magistrado ha estado siempre presidida por la independencia como presupuesto de legitimidad de cualquier decisión jurisdiccional», decía en su comunicado, añadiendo que «el examen de las resoluciones que durante estos años he dictado como magistrado del Tribunal Supremo —de forma especial, como presidente de la Sala de Admisión de las causas contra aforados— es la mejor muestra de que jamás he actuado condicionando la aplicación del derecho a la opción política del querellado o denunciado».

«Por todo ello, anticipo públicamente mi decidida voluntad de no ser incluido, para el caso en que así fuera considerado, entre los candidatos al puesto de presidente del Tribunal Supremo y del CGPJ.» Punto redondo y ni media palabra más.

Con todo, el inoportuno wasap de Cosidó pudo crearle a Marchena la necesidad de sobreactuar en algunos momentos del juicio para alejar toda apariencia de proclividad con la formación política de la derecha.

Los que tienen que estar... y los que faltan

Ya están todos los que tienen que estar en la sala noble del Tribunal Supremo, la de las paredes tapizadas en rojo y el mobiliario de buen maderamen cargado de historia. Bueno, todos no, faltan los siete fugados.[123] Faltan los que, por no tener fuero, están procesados en otras instancias judiciales. Y faltan los que colaboraron, los que conspiraron y han guardado silencio, conscientes de que eran la necesaria masa humana, tan anónima e imbatible como injuzgable. Están los dirigentes de la conspiración o sedición o rebelión. Los jefes del alzamiento. Pero no están, no pueden estar, los alzados, los corifeos «tumultuarios» que secundaban la sedición o rebelión en actos públicos revestidos con la estelada; los que ocupaban calles y plazas protestando o recitando eslóganes, los que hacían huelga, pero gastaban ese tiempo «libre» en cortar vías férreas, autopistas y carreteras...

Atrás, al fondo, pero dentro de la sala, sobre una especie de tribuna entarimada, casi a ras de suelo, los invitados, autoridades, familiares, amigos, compañeros de partido, algunos observadores internacionales… A ambos lados, dos hileras de pupitres: según se entra, a la derecha, la bancada de los acusadores: cuatro fiscales;[124] la abogada del Estado,[125] como acusación particular; y dos abogados de Vox,[126] que fueron los primerísimos denunciantes y son la acusación popular. Frente por frente, a la izquierda, la pupitrería de los letrados defensores. Diez. Tres de ellos, mujeres. Diez fusileros, solemnes con sus togas negras y parapetados tras montones de dosieres, cuadernos y folios. Dos barricadas, perfecta geometría de un enfrentamiento, dispuestas a librar un combate difícil que durará cuatro meses. Un combate en el que se dirime la culpa o la inocencia de doce mandatarios políticos o jefes de movimientos sociales, a quienes la Fiscalía, tras una minuciosa investigación y un potente aparato probatorio, les imputa los delitos más graves que se pueden cometer cuando se es autoridad en un Estado democrático: a seis de ellos, el delito de rebelión agravado con malversación de dinero público; a tres, el de rebelión; y a los otros tres, los de desobediencia grave y malversación de caudales públicos. La Abogacía del Estado, ya antes de iniciarse el juicio, rebajó sus acusaciones de rebelión a sedición. Es un órgano de la justicia y obedece lo que su ministra, Dolores Delgado, le ha mandado. Y punto. En cambio, la acusación popular, Vox, agregó a los delitos más graves el de haber constituido una organización criminal. Están en juego, pues, honra, prisión, dinero a restituir al erario e inhabilitación para ejercer cargo público. El juego limpio exige que ambas bancadas dispongan de igualdad de armas; y el juego serio, no recurrir a indicios, sospechas y conjeturas, sino a pruebas sólidas. La carga de la prueba compete a la acusación.

Al fondo, en el frontispicio, una gran mesa corrida para el tribunal sentenciador. Los siete jueces. Estos, con toga y puñetas o vuelillos de encaje Richelieu, accedieron por una puerta lateral, excepto Manuel Marchena, que apareció en la sala desde una portezuela casi oculta tras su sillón presidencial, que tiene algo más de altura y oropeles que los de los otros magistrados juzgadores.

Cesa de pronto la algarabía de espera, comentarios, saludos, últimos mensajes de móvil y los «te dejo, que esto empieza ya». Sonido en modo avión. Los últimos en entrar son los doce procesados. Y ya están ahí. La víspera, uno de los defensores, Javier Melero, el más veterano y ducho en litigios de sala, les recomendó cómo debían ir vestidos: «Olvidaos del chándal, la sudadera y los vaqueros. Id bien. La impresión que causéis como gente respetable puntúa sicológicamente en vuestro favor. Hombre, ni vais de excursión ni vais de boda». Solo Oriol Junqueras y Jordi Cuixart decidieron ir descorbatados, como suelen. Secuela del *sanscravatismo* revolucionario francés.

Entran en bloque para ocupar los asientos —tresillos tapizados de terciopelo granate oscuro— en la nave central. Serios, a lo suyo, soslayando saludos y pulgares en alto de los invitados. No se sabe si se sienten un escuadrón de guerreros vencidos, luchadores desarmados por el enemigo. Esposados, *emmanillats*, sin corbata, ni cinturón ni cordones en los zapatos…, así los trajeron apenas amanecido, en un furgón de cristales entintados, desde la cárcel de Soto del Real hasta el Supremo. Un escuadrón de presos-políticos-presos. Y el jefe, huido. Pero, una vez que les han devuelto el cinturón y la corbata y han podido atarse los zapatos, entran en la sala conscientes de ser los protagonistas: firmes, erguidos, la mirada al frente, la mandíbula tensa y el mentón desafiante. Tampoco se sabe si, por el contrario, se sienten un escuadrón de mariscales despojados de galones, entorchados y quincalla de condecoraciones; pero seguros de que en la retaguardia hay otros escuadrones armados, potentes y prepotentes, ávidos de lanzarse al barro del combate. Aunque ha habido filtraciones y los periódicos se han hecho eco por rellenar espacio, los imputados desconocen cuántos años de pena les caerán. De lo único que están seguros es de que habrá un relevo de escuadrones, por mucha cárcel que les espere. No está todo perdido. Su intento de sublevación para separarse de España no se acaba con lo que ocurra en esta sala.

No hay vértigo ni miedo en sus ojos. En algunos, cierta altanería. Ya están ahí, sentados, compareciendo ante una empalizada de jueces a los que desprecian, «funcionarios aplicaleyes, obedientes al Estado que les paga». Irritados por tener que claudicar ante toda esa liturgia de una Justicia que se empavesa con ceremonias rancias y que no consideran ni justa ni suya. Hace tiempo que le dieron la espalda. De la Constitución —para ellos, más que ley madre de leyes, ley madrastra y mordaza— llevan años haciendo mangas y capirotes. Ni ley ni rey. «El derecho penal del enemigo», irán diciendo uno tras otro sus abogados defensores, a medida que les llegue el turno. Y así se sienten ellos, guerreros detenidos en plena hoja de ruta y apresados por la fuerza del Estado opresor, del Estado enemigo, del Estado omnipotente que les descerrajó un balazo calibre 155, capaz de abatir a un Govern, a un Parlament, a unos *Mossos d'Esquadra*: a todo un pueblo que persigue un sueño, a todo un pueblo —dicen— cuyo delito es soñar... Un sueño de libertad, de independencia, un sueño de ser identificado y reconocido siendo como se es. Un sueño ancestral, desde hace mucho tiempo, muchos años, ¡se pierde en la memoria...! Un sueño transmitido como una herencia valiosa de generación en generación, bisabuelos, abuelos, padres, hijos. Un sueño que se ha mamado como la leche de la teta madre. Y luchan por lograrlo, porque les sale del alma, del corazón... y de los mismísimos adentros. [127]

«Peró... ho tornarem a fer!», dice unas veces en susurro y otras en voz alta Jordi Cuixart, el agitador muevemasas de Òmnium Cultural, con un brillo de brasas ardientes en sus ojos. No es un brillo malicioso, de felino al acecho. No, no, es un brillo chispeante como el de Dom Pérignon cuando «inventó el champán». ¿Ilusionado o iluso? Los más serios en la sala piensan «un histrión, no podía faltar en la comparsa». Cuixart sonríe. Es un idealista de la paz y cree en Gandhi, en Luther King, en Rosa Parks y en Jesucristo. Un revolucionario que medita y reza. El único que no tiene la mirada torva ni la pose grave de circunstancias. Incluso, a veces —a lo largo, muy largo del juicio— parecerá divertido con el cruce de preguntas, respuestas y desplantes... Juguetón, inquieto, cambiará de posturas en su sillón de reo o se trasladará al asiento que hay detrás de su abogado defensor, Benet Salellas. Todos los acusados tienen permiso del presidente Marchena para ubicarse junto a sus letrados, cuando no estén declarando.

Cada uno ha ubicado ya la cámara que captará su imagen, porque se va a transmitir por *streaming* «a la ciudad y al mundo». No solo a Madrid y a Cataluña. A España entera. Y a la entera Europa. La independencia de Cataluña suscita intereses buenos y malos en Estados Unidos, en Canadá, en la ciudad fantasma de Belice, en Rabat, en El Cairo, en Johannesburgo, en Arabia Saudí y no digamos en Latinoamérica, o en países africanos todavía coloniales, o territorios desgajables del dominio de China o del yugo de Rusia, donde un juicio por un atisbo de golpe es puro morbo, ya sea consumado o abortado, rebelión, sedición o guantelazo. Si clandestinamente pudieran captarlo, se pasmarían. En un país occidental, civilizado, con un rey constitucional y una democracia parlamentaria consolidada, ¿cuántos años ya, desde que en una cama del hospital La Paz se murió el general dictador? ¿Un intento de golpe de Estado? Increíble. Hasta Al Jazeera ha enviado a un corresponsal y conectará cada dos por tres con lo que ocurra en la sala.

El juicio al *procés* catalán promete ser la «autopsia en vivo» de un golpe separatista. Y además civil, no militar. Sin sangre derramada. Un golpe de terciopelo, a media luz. Y lento. Más importante que el 23F, cuyo juicio además no se transmitió. El Ejército o el Cesid o la Zarzuela lo prohibieron. De aquel juicio de guerra en Campamento no salió ni una grabación sonora —aunque furtivamente alguien lo intentase— ni una fotografía. Los gráficos se apañaron con dibujos sobre la marcha a carboncillo. Más importante, dónde va a parar, que el macrojuicio de la colza, o el de Matesa, o el del 11M, o el del caso Nóos, la firma ganancial de Iñaki Urdangarin y la infanta Cristina de Borbón... Más importante y más grave, porque aparte las penas que estén en juego, lo que los cabecillas pretendían era la ruptura, el divorcio, la amputación de un territorio de España, apropiarse de una parte de la inescindible soberanía nacional.

No cabe dudar que varios de los procesados aprovecharán su cuota de pantalla gratis, unos para proselitismo de su ideario político, otros para *profit* de su campaña electoral. Sin ir más lejos, Oriol Junqueras, Jordi Sànchez —con acento grave, a la catalana Josep Rull y Jordi Turull, que además de soñar, diseñan su próximo después con cargo y mando.

Pero la decisión de que se grabase y emitiera en directo por *streaming* fue del magistrado Marchena. Le interesaba mostrar, a quien quisiera enterarse, que en España la justicia es garantista y no ajustadora de cuentas; que no prejuzga, juzga, y aplica la ley sin artimañas ni componendas; una Justicia que persigue hechos y no ideas ni personas; y, sobre todo, que se rige por la verdad y la transparencia. Verdad y transparencia, dos palabras que, extrañamente, no figuran en ninguno de los innumerables documentos fabricados por los juristas y políticos redactores de las hojas de ruta y las leyes ilegales del *procés*.

Marchena y los seis magistrados jueces (Andrés Martínez Arrieta, Antonio del Moral, Juan Ramón Berdugo, Luciano Varela, Ana Ferrer y Andrés Palomo) que se sientan en el mismo estrado sospechan —no nacieron ayer— que todos los alegatos de los interrogatorios de los letrados defensores van a estar dirigidos, más que a convencer al Tribunal Supremo de la inocencia de sus representados, a que los magistrados del Tribunal Europeo de Derechos Humanos (TEDH), en Estrasburgo, y los del Tribunal de Justicia de la Unión Europea (TJUE), en Luxemburgo, se lleven las manos a la cabeza en cuanto persuadidos del perverso doble fondo de los jueces españoles y de la naturaleza dictatorial de ese Estado represor que en España llaman «Estado social democrático de derecho».

¿El derecho penal del enemigo?

12 de febrero de 2019. Comienza la vista de la causa 20907/2017 con la lectura de los supuestos delitos por los que comparece cada uno de los procesados. Después, Marchena explica que, aunque en unas jurisdicciones el turno de palabra es de quince minutos y en otras de treinta, él suma ambos tiempos y concede 45 minutos a cada interviniente. Gesto de largueza, y aún se quedará corto.

Turno de alegaciones o cuestiones previas. Hablan los abogados defensores.[128] Rompe el fuego Andreu Van den Eynde, holandés, no hay más que ver su apellido, y *jazzista* porque le da la gana y sabe. Debe defender a Oriol Junqueras y a Raül Romeva. Lleva un texto larguísimo, rotundo, brillante, esmaltado con un sinfín de citas de juristas prestigiosos y de sentencias que sentaron jurisprudencia. Un discurso más adecuado para lucirse en un simposio de filosofía del derecho o en una ponencia sobre el derecho penal democrático y el derecho penal del enemigo, que para defender a dos acusados en un plenario judicial donde se trata de reconstruir los hechos, los concretos y tozudos hechos que se juzgan, y convencer al tribunal no solo de lo que realmente ocurrió, sino de la ausencia de culpa en sus representados. Y también es la ocasión de manifestar, si las hubo, restricciones de derechos, indefensiones…

Van den Eynde consumió su tiempo y lo sobrepasó convirtiendo la defensa en un ataque a todo el proceso al *procés*. Un ataque podría no ser mala táctica, pero su alegato fue un pimpampum de denuncias de «las múltiples excepciones, vulneraciones, restricciones de garantías judiciales y derechos fundamentales de los acusados, que ponen muy en duda el que hoy estemos ante un juicio justo». Naturalmente, toda la sala se puso en tensión. Los magistrados jueces, que parecían impávidas figuras de cera, avivaron su expresión y clavaron la mirada en el audaz fusilero.

Van den Eynde, joven, elegante, rostro esculpido, virilmente guapo, expresión adusta, verbo afilado y tono contundente, fue enumerando perjuicios ocasionados a todos los acusados y, por supuesto, al independentismo en sí. Su texto denunciante era tan amplio, o tan ambicioso, que parecía el abogado defensor de todos los procesados, menos de Junqueras, a quien no mencionó en ningún momento. ¿Se habría olvidado de él? Su empeño era señalar perjuicios para la tutela de los imputados:

—Aquí, más que los hechos, se ha investigado a las personas, y en razón de sus ideologías políticas. Además, esa indagación se ha realizado en secreto y desde diversas instancias: todos investigaban los mismos hechos, pero aplicando la lupa a sus diversos autores: el Juzgado de Instrucción n.º 13 de Barcelona, el Tribunal Superior de Justicia de Cataluña, la Audiencia Nacional, el Tribunal Constitucional y, obviamente, este mismo Tribunal Supremo, que asumió el caso y encomendó la instrucción al juez Pablo Llarena; más la investigación que, siguiendo directivas del fiscal Javier Zaragoza, viene siguiendo desde hace años la Guardia Civil. ¡Hasta seis o siete jurisdicciones distintas, indagando los posibles delitos de una misma realidad! Y, claro está, acumulando una ingente documentación: seguimientos personales, intervenciones telefónicas, postales y telemáticas, grabación de conversaciones, registros domiciliarios... Todo ello, blindado bajo el secreto de sumario, de modo que ni los acusados ni los defensores hayamos podido acceder a ese material, incluso ahora, cuando están afrontando un juicio oral, lo cual ha generado una imponente indefensión. No se ha respetado la igualdad de armas: a los acusados se les deniega conocer de qué se les está investigando, mientras que la Fiscalía tiene puerta abierta en todos los procesos.

Pausa. Sorbo rápido de lo que llevara en su termo personal de color cuero y mirada de soslayo a los jueces. Lo escuchan muy serios, aunque alguno piense que es una pedantería su continuo espolvoreo de citas cultas, como dando lecciones de derecho:

—Y no lo digo yo, eh, lo dice Raimondi, o es la tesis de Jakobs, o ahí están los magníficos comentarios de Cancio, Zaffaroni..., etcétera.

»Esa fragmentación de las investigaciones, separadas y paralelas —continúa—, sin articularse en una sola causa, “la causa madre", es como un vodevil procesal en el que, buscando objetivos idénticos, se toman decisiones contradictorias, ¡¡¡con gran perjuicio para la tutela de los derechos de los acusados!!! ¿Alguien puede entender que la Fiscalía haya extendido sus diligencias hasta to-das las al-cal-dí-as de Ca-ta-lu-ña? —lo dice silabeando—; ¿o que se encomendara la investigación a la Guardia Civil, como Policía judicial, en exclusiva?

Da la impresión de estar pidiendo explicaciones a los fiscales que tiene enfrente. ¿Acaso pretendía el holandés que los Mossos d'Esquadra investigaran a sus propios jefes del Govern, para que todo se quedase en casa? Y esto lo decía al mismo tiempo que acusaba de «falta de imparcialidad» al tribunal juzgador, que todavía no había enjuiciado nada. O se quejaba de «las fatigosas dificultades probatorias que hemos padecido» y a la vez reclamaba más pruebas, «incluso las que pueda aportar el rey Felipe VI... Ya, ya sé que no está obligado a declarar como testigo, pero si su testimonio o su opinión arrojan luz, ¿por qué no convocarlo? Podría ser de interés más presencia de testigos, la personación de más observadores internacionales...». Más adelante, el abogado Jordi Pina insistirá también en reclamar el testimonio del rey.

Aunque los jueces permanecían impasibles, sin mover un músculo facial, las expresiones de los fiscales reflejaron un asombro inaudito: ellos sabían bien la costosa factura endosada a Hacienda, 390 000 euros, por los viajes y estancias de tales observadores internacionales. Un mal dato este de Van den Eynde, pues esas presencias foráneas apuntaban en directo a las indebidas gestiones de la «diplomacia paralela» catalana, el Diplocat que dirigía su otro defendido, Raül Romeva, buscando en casi todas las ocasiones ayudas financieras, respaldos políticos en la Unión Europea, propaganda internacional de la futura República de Cataluña... Y la comprensión y el apoyo «fraterno» de personajes como Jone Goirizelaia, conocidísima abogada de los presos de ETA, invitada también en el grupo de los observadores «internacionales».

Dentro de su jeremiaca enumeración de vulneraciones de derechos y garantías judiciales, Van den Eynde señaló «la protección de testigos, cuya identidad aún no conocemos, y ese anonimato crea inseguridad». En ese instante, el presidente Marchena activó su micrófono y lo interrumpió, por si el abogado pensaba seguir sobre ese argumento:

—Para su información, señor letrado, y la de todos: aquí no hay ningún testigo protegido.

—Gracias, señoría.

Cruce de miradas oblicuas entre los abogados defensores y los acusados. Bisbiseos entre Junqueras, Romeva y Forn, sentados juntos en el primer banco de los acusados. Se tiene la convicción de que algún *mosso d'esquadra*, incluso algún comisario de los Mossos, pasó datos importantes a la Policía judicial. Y varios *exconsellers* sospechan que su compañero de Govern, Santi Vila, no se libró de la prisión provisional por haberse descolgado a última hora de la decisión independentista, sino porque tal vez cooperó con la Justicia ofreciendo información al fiscal. A lo largo de las sesiones se irá percibiendo que el resto de sus colegas acusados no le dirigen la palabra. Y fue muy delator que Gabriel Rufián, cuando concluyó su declaración como testigo, al pasar junto a Santi Vila le escupiese un despectivo «155... monedas de plata».

—Abreviaré: esa fragmentación revela que no ha habido propiamente instrucción, sino acopio de pruebas de Barcelona. Pruebas que, como no han podido ser contradichas, no son fiables. Son unas, pero podrían ser otras... Los acusados no han tenido oportunidad de defenderse en ninguno de esos procedimientos, ni conocen sus contenidos, ni lo que les pueda favorecer o perjudicar, no pueden pedir prueba en descargo... Hasta este momento, ha habido tan clara vulneración del derecho al juicio justo, al proceso con todas las garantías, que debería conducir a la nulidad del proceso... Sí, y su retroacción, para permitir el acceso a la información acumulada en todas las diligencias informativas que se han seguido sin saber que estaban siendo investigados los que ahora comparecen aquí como imputados.

Proteger la crítica al poder

Los folios de apoyatura de Andreu Van den Eynde no tenían final. Al parecer, pensaba hacer una especie de enmienda a la totalidad de la justicia española. Iba enjaretando elementos de queja, con frases lapidarias:

—Protestar y contestar a la política, a las autoridades, es esencial para la democracia y sin ese derecho ningún otro derecho podría ser protegido frente al autoritarismo. Pues bien, señorías, lo que han hecho y hacen los catalanes es protestar y esa protesta es legítima, sobre todo porque la población está políticamente excluida de determinadas decisiones. Se estará o no de acuerdo con las demandas, pero a los ciudadanos se les debe dejar protestar.

Nadie recordaba haber visto a Junqueras protestando a pie de asfalto, pero... Van den Eynde insistía:

—Hemos de proteger la crítica al poder público. Protegerla, incluso estimularla, y no castigarla. ¿Por qué siempre, contra la protesta, se activa el derecho penal? ¿No podemos explorar terrenos intermedios? Justamente, los derechos políticos son el paradigma de los derechos de todo ciudadano: ¡te convierten en ciudadano! En cambio, quitarlos te convierte en ese «otro» o «enemigo» del poder político, te hace ser el que no puede opinar. Dicho con otras palabras: la exclusión de los derechos políticos te excluye de la sociedad. —Varias personas en la Sala de Plenos se estarán preguntando: ¿a dónde nos quiere llevar?—. Esto ya lo determinó tiempo atrás el TEDH en su famosa sentencia Hirst... Y me viene a la cabeza cuando pienso en que la presente causa se fundamenta en la idea de que en el Parlament no se podía hablar de independencia o de que no se podía votar en referéndum... Pero, señorías, ¡si los derechos fundamentales son las promesas que las mayorías hacen a las minorías de que siempre serán respetadas, incluso cuando ataquen al bienestar colectivo mayoritario!

Se vio y se oyó como el magistrado Luciano Varela se mesaba las barbas resoplando, harto quizá de escuchar lecciones de democracia, que poca o ninguna incidencia tenían en el caso a juzgar.

Pero Van den Eynde estaba terminando de cuadrar al morlaco antes de clavarle el estoque:

—Los derechos fundamentales son «triunfos» que arrasan con todo lo demás. La presente causa no puede dar lugar a una situación, ¡que ahora mismo se está produciendo!, en la que se impida hablar de independencia. Eso es lo que hizo el Tribunal Constitucional con el Parlament. O que se impida dar una opinión política, o simplemente ¡votar!

»Dice el profesor García Rivas que "la ilegalidad que supone pretender la secesión del Estado debe resolverse por medios jurídicos no penales"; y coincide con el doctor Juan Carlos Sandoval,[129] cuando en escritos suyos sobre el delito de rebelión afirma que "la decisión de adjetivar el alzamiento como 'violento' se fundamenta en el deseo oculto de cerrarle el paso a un posible uso autoritario de la rebelión". Al hilo de estas defensas bien fundadas, algo habrá que decir sobre la necesaria desaparición del delito de referéndum y algo habrá que reconsiderar sobre los elementos que pueden integrar o no el delito de rebelión.

La cuestión —es de suponer que el disertante Van den Eyden lo sabe— no era el reproche penal por convocar un referéndum, concretamente el del 1 de octubre de 2017, sino la pregunta que planteaba y... a dónde conducían las respuestas a esa peligrosa pregunta.

—No digo que en esta causa se han violado todos los derechos, pero sí que se han restringido todos, empezando por la presunción de inocencia, con criminalizaciones banales, hechas a la ligera por personajes investidos de autoridad.

Y cita al fiscal general Maza, en cuyo borrador dactilográfico de la gran querella, arranque de esta causa, apareció la frase «más dura será la caída». Luego, un tuit reproduciendo palabras de la vicepresidenta Soraya Sáenz de Santamaría: «Hemos descabezado...», seguida de «golpista». Después, a Rafael Hernando, portavoz del PP en el Congreso, que en febrero de 2018 se refirió a los acusados como «cadáveres políticos, que han cometido delitos muy graves». Más adelante, al eurodiputado Carlos Iturgaiz, que el 12 de marzo de 2018, en el Parlamento Europeo, los llamó «delincuentes golpistas». A la vicepresidenta del Gobierno de Sánchez, Carmen Calvo, diciendo de los acusados que «son personas que han cometido delitos».

—Y la realidad es que ha cuajado la idea, el prejuicio, de la culpabilidad de estos acusados, años antes de venir a este juicio. ¡¡¡Esta es la realidad!!! La presunción de culpabilidad ha devorado a la presunción de inocencia, que es un derecho constitucional, convencional, internacional y regla específica del derecho derivado de la Unión Europea.

Un guiño y un brindis con burbujas para los togados del TEDH.

—Si dependiera de la voluntad de los jueces —continúa—, no sería necesario evitar la criminalización pública de los acusados. Tendríamos una barrera última: la confianza en la palabra del juez que dice «no se preocupe, a mí no me influye nada».

«Señorías, otro juicio igual, pero en libertad»

Van den Eynde consulta su reloj, apura otro sorbo de lo que quiera que haya en su pequeño termo marrón y anuncia:

—Dejamos para el final uno de los derechos más importantes que esta causa restringe indebidamente. Vamos a hablar de lo más sagrado: la libertad.

»A veces hay que hacer esfuerzos para entender de qué hablamos cuando hablamos de "derechos políticos"; en cambio, todo el mundo sabe qué es "no tener libertad". El abuso de la prisión provisional ha sido el síntoma más evidente de la consideración de mis mandantes como "enemigos".

Se palpa un silencio denso.

—Alguien podría entender que nos pidan doce años de prisión por organizar un referéndum de independencia. Complicado, pero... bueno. Incluso, que la Fiscalía pida veinticinco años, ¡toda la vida! O que una organización política, Vox, pida setenta y seis años. Pero lo que no se entiende es que tengan que afrontar este juicio, como inocentes, mientras no se demuestre lo contrario, desde una prisión: presos preventivos después de más de un año. Sin acompañar a sus familias e hijos. Sin poder preparar debidamente la defensa, cuando todos ellos, todos, acudieron al llamamiento de este tribunal. Esta prisión «por si acaso» es un gravamen innecesario, perfectamente sustituible por medidas de vigilancia. El juez Llarena lo entendió así, al inicio. Y no nos olvidemos de que esta situación jurídica nace de una citación urgente, inesperada, de la Audiencia Nacional para que se presenten en veinticuatro horas. Y lo hacen. Viajan desde Barcelona a Madrid, comparecen ante la jueza... Y de ahí, a una prisión. Sin tiempo para defenderse. Sin abogado. Sin argumentos...

»¿Y en qué se fundamenta el que estas personas, procesadas y todavía no juzgadas, sigan en prisión? Se fundamenta en la reiteración delictiva, vinculada a su acción política. Es decir, su acción política es la "razón" de que permanezcan encerrados en la prisión de Lledoners. No hay otra razón.

Dice eso, pero seguro que sabe que estos acusados arrastran el lastre de la fuga de Puigdemont y varios compañeros más. No es precisamente una garantía de fianza y confianza.

—Señorías... —Ha cambiado el tono. Se lleva al pecho la mano abierta y tanta blancura sobre su negra toga hace inevitable el asombro: ¡es idéntico al *Caballero de la mano en el pecho* del Greco! —, mañana podríamos tener aquí otro juicio, en el que se juzgara a unos políticos que hicieron política y a la ciudadanía a quienes representan. Otro juicio igual, pero en libertad. Sin subirlos a un furgón, esposados. Piénsenlo, porque pueden decidirlo en cualquier momento. Nosotros solo invocamos la lesión del derecho a la libertad y a la defensa efectiva.

»Esa decisión es valiente y es un reto apasionante: es decidir si los derechos fundamentales son "triunfos" en este juego o si aquí rigen otras reglas.

El silencio se ha concentrado. No se oye ni una respiración. Nadie esperaba este final.

«¡Sean jueces, no salvadores de la patria!»

En esa sesión dedicada a las alegaciones de las defensas fueron tomando la palabra todos por su orden. Con discursos más concretos y jurídicos, pero coincidiendo ellas y ellos en presentar la «factura» de faltas de garantías, derechos no respetados, inaccesibilidad a las pruebas, el ser juzgados en el tribunal top y, por tanto, sin «doble instancia» a donde alzar un recurso o una queja... El clima era tranquilo y pudieron expresarse con entera libertad. No buscaban lucimientos de oratoria, iban más a cuestiones prácticas con incidencia jurídica en favor de sus representados. Por supuesto, las denuncias buscaban dar en la diana en el TEDH, por esencia sensible a las vulneraciones de derechos humanos. No faltó el victimismo. Comprensible. Y tampoco —aunque menos esperado— el alegato vibrante del letrado Jordi Pina, grandullón, pelambrera rizosa alborotada, hombre abierto y empático, ojos muy expresivos enmarcados en sus gafas de concha, que de pronto, dirigiéndose a los jueces, soltó entre admiraciones: «¡¡¡Sean ustedes jueces, no salvadores de la patria!!!». No solo había dado un titular, sino una cápsula preventiva para que la asimilaran los magistrados y eliminasen, si les asaltaba, la tentación de salvapatria o de guardián del centeno, dada la grave materia sobre la que tenían que deslindar dónde terminaba el ideal y dónde empezaba el delito. Una delgada línea roja.

Deuda de Pedro Sánchez con Junqueras

A más de uno de los presentes, o de los televidentes que siguieron la sesión por *streaming*, debió de extrañarles que Van den Eynde dedicase su largo alegato a dar una lección sobre los derechos humanos de todos los encausados, no solo de sus dos defendidos, y sin mencionar ni una sola vez a Junqueras. Como si hubiera renunciado a defenderlo o como si entre ambos hubiesen pactado que Junqueras comparecería, pero no como inculpado. De hecho, cuando llegó el día de su declaración sentado a la mesa de acusados cara a la hilera de jueces, fue meridiano:

—Yo no he cometido ningún delito. Yo soy un preso político, por mis convicciones, por mis ideas, por mis aspiraciones... Por tanto, no tengo nada de que defenderme. Y me acojo a mi derecho a no declarar ni a ser interrogado. Pero como llevo mucho tiempo encerrado en prisión, de lo que tengo ganas es de hablar... Y eso voy a hacer: emplearé mi tiempo disponible en hablar. Hay muchas cosas de las que me gustaría hablar...

En efecto, renunció a dar la imagen de un preso que se defiende y soltó un mitin en el que habló de su pacifismo, del derecho a la autodeterminación, la voluntad de las mayorías, como argumento de ley; del derecho a votar: «Votar no es delito —dijo—, pero impedir una votación, sí lo es». Quería decirlo y no se privó. Expresó su amor a Cataluña y también su amor a España. Una hora, sin que nadie lo interrumpiera. Y llevando la cháchara por donde a él le convenía, astutamente consciente del multimillonario auditorio que lo escuchaba.

Su renuncia a la autodefensa y su soltura para hacer en aquel imponente Salón de Plenos lo que le salía de las meninges se debían, quién lo duda, a la seguridad bien atornillada de haber comprado ya su futura libertad, por fases o a plazos, que es término más mercantil: acceso al tercer grado antes de tiempo, salidas, fines de semana en casa, permisos para hacer campaña electoral desde la cárcel, ausentarse de Lledoners tres o cuatro días y personarse en el Congreso de los Diputados para retirar el acta; y en su momento, cuando el paisanaje esté distraído, el indulto; después, pero muy pronto, la rebaja del tiempo de inhabilitación, porque su deudor Pedro Sánchez reformará el Código Penal y no solo retirará el delito de rebelión, sino que aminorará las penas de sedición y la devolución de dinero malversado. Todo a su tiempo. Tenía su aquel aquella foto en el hemiciclo, Junqueras en la escalerilla tendiendo la mano a Sánchez y este sentado en su escaño azul y reprimiendo el gesto instintivo de ponerse en pie para saludar a su prestamista. Todo a su tiempo. Y el delito que fue, ya no será. Porque ser, ser, fue, cuando se urdió y se cometió. Ser, ser, fue, cuando se instruyó. Y, qué cosas: ser, ser, es también ahora mientras se juzga. Pero un buen día, ¡alehop!, no será.

Hay lavanderías de dinero y lavanderías de imagen y lavanderías de delitos. Y votar no es delito. Y querer ser república independiente no es delito. Y reformar el Código Penal «para homologarnos con algún avanzado país de Europa» ¿cómo va a ser delito? Al final, resultará que Junqueras no mentía diciendo «señorías, yo no he cometido ningún delito». Está de más tanta seriedad en los magistrados juzgadores. Y a Junqueras le entran ganas de hacerles el *spoiler* de la película, aterrizarlos y contarles el final. Todo esto del solemne juicio es una representación teatral, un ser y dejar de ser, una *performance* que convierte al villano en héroe; lo que en el día de autos fue, mañana deja de ser; la reconstrucción de un delito del que no quedará más memoria que la que dejen algunos plumillas empeñados en «contar la verdadera historia del *procés,* para que conste». Por eso Junqueras está tranquilo, desinteresado incluso de lo que en estos momentos ocurre en los interrogatorios. Se ha instalado en el asiento de detrás de Van den Eynde, al fondo, para que no lo capten las cámaras, se ha calado unas gafas del año del foxtrot y no para de escribir. También están tranquilos los procesados *consellers* de su estado mayor, unos pocos en quienes confía. Y el trueque no le ha salido caro. Los votos de ERC y los de Junts pel Sí lograron para Sánchez la moción de censura que desalojó a Rajoy y el imponente regalo de la presidencia de Gobierno sin pasar por las urnas. Y esas deudas se pagan. Y se cobran. Todo a su tiempo.

Carme Forcadell, en clave de no

En los interrogatorios, doce acusados y quinientos testigos, ocurre de todo. Desde el que comparece con nariz roja de payaso hasta la licenciada en Filosofía que tiene pendiente un café con Cuixart y no puede testificar porque aquel día 1O sufría migraña y no se enteró de nada. Se lleva un escamón de Marchena «porque, vamos a ver, señorita: ni su café pendiente ni su migraña aportan nada a este tribunal..., puede usted retirarse». Ocurre de todo: desde el que si no declara en catalán no declara, y Marchena vuelve a encender el micro y le suelta lo del «castellano como primera lengua oficial». O Lluís Llach, presentándose como «demócrata, independentista y homosexual». «A este tribunal —Marchena mordiéndose el genio— no le interesa en absoluto su orientación sexual. ¡Seamos serios!» O el *exconseller* Jordi Turull, queriendo desembarazarse de la pertinaz indagación sobre las urnas: «No sé nada de las urnas, ni de dónde salieron, ni quién las compró, ni quién las pagó, ni cómo llegaron a los colegios»; pero algo sabía, pues fueron Junqueras, Romeva y él quienes presentaron al público las urnas en un local que les prestó Roures, el de Mediapro. Algo sabía porque, como *conseller* de Presidencia, le incumbió organizar o supervisar todo el tinglado del referéndum del 1O. Y necesariamente tuvo que estar presente en lo que llaman «aperturar las urnas», ya que pudo sacar las papeletas, contarlas, separar las inválidas y certificar el número de votos emitidos, 2262424.

En el interrogatorio ocurría de todo. Carme Forcadell, en clave de no, insistía en que a ella se la estaba juzgando por su trayectoria política, no por ser presidenta del Parlament, cuando justamente la pieza clave del *procés* de desconexión, la base de leyes para declarar la independencia, hacer legal un referéndum ilegal o estructurar la fase de transitoriedad hasta erigir el Estado independiente con todas sus estructuras..., todo eso y tantísimo más, se fabricó en el Parlament y bajo su presidencia. Era ella quien admitía a trámite, a debate y a votación, lo que los parlamentarios proponían y sus propios asesores le decían «presidenta, *això* es inconstitucional», y lo era. Carme les respondía: «Esta casa es el templo de la palabra, aquí se puede hablar de todo, proponerlo todo, yo no debo cerrar puertas, ¿quién soy yo para no admitir?».[130]

Con Forcadell y la sustancia explosiva que tenía entre manos, el Tribunal Constitucional, tan paquidérmicamente lento, reaccionaba a velocidad de vértigo enviándole un aviso urgente de que no; pero Carme, ni caso, la proposición de ley se convertía en ley. Y al poco, el TC se la anulaba. En ese juego de «yo tramito leyes y ustedes me las tumban» se pasó toda la legislatura. Para ella, el TC no era nadie. Interiormente, había hecho su personal desconexión de las instituciones del Estado español. A pesar de las múltiples advertencias del Constitucional para que se abstuviera de tramitar iniciativas que vulneraban la Carta Magna, no solo desoía esos requerimientos del TC, sino que, como presidenta de la Mesa, votó una y otra vez a favor de la admisión, uniéndose a la mayoría parlamentaria y permitiendo que se tramitaran resoluciones y normas, tendentes a crear el andamiaje jurídico necesario para construir la república catalana. Papel tras papel, ley tras ley, su rol presidencial de la Cámara fue una pieza imprescindible a la hora de poner en marcha el proyecto de independencia, dotándolos de una «apariencia» legal cara a los catalanes, empezando por los funcionarios de las diversas *conselleries* que, de haber sabido que el *procés* era nulo de pleno derecho, y delictivo, no se habrían arriesgado a cooperar.

Las continuas advertencias del TC, prohibiéndole admitir resoluciones y propuestas de ley, y la tenaz desobediencia de Forcadell llevaron al TC a deducir testimonio al fiscal, que le asestó al menos dos querellas criminales[131] ante el Tribunal Superior de Justicia de Cataluña, dando lugar a la incoación de las diligencias previas 1/2016.

Los interrogatorios —y fueron cuatro meses, día y noche, de acusados y testigos sometidos al «tercer grado»— son cajas de sorpresas. Los procesados tenían derecho a callar o mentir en su legítima defensa, o por no perjudicar a familiares directos. Y algunos mentían o alteraban la verdad. La fiscal Consuelo Madrigal se empeñó en sonsacarle a Josep Rull los dineros públicos apoquinados en el referéndum. Y Rull no salía de la misma retahíla: «No ha costado ni un euro, ni un euro, ni un euro». Así estuvieron un rato. Seguro que Madrigal insistía porque había visto números. En cambio, la perspicaz fiscal no le preguntó por algo inexplorado y que Rull debía de conocer. Todo el tema de Desperdicios dependía de su departamento: Territorio y Sostenibilidad, dos nombres que sugerían todo y nada. Cajón de sastre... Pues la pregunta del millón hubiera sido: «Al día siguiente o al otro del 1O, unos *mossos*, varios, transportaron en un vehículo desde

Desperdicios hasta la incineradora de Sant Adrià de Besòs unas cajas, muchas, para destruir su contenido. Y se movían con rapidez. Señor Rull, ¿qué había en esas cajas?». La expresión de Rull podría ser como la de cuando «ni un euro, ni un euro», o «sí sabe, pero no contesta». Lástima. Madrigal no le hizo esa pregunta, pero el hecho era cierto. Los *mossos* tenían orden de desembarazarse de documentos, si no incriminantes, sospechosos: se trataba de no dejar ni una brizna de ceniza de aquella carga de papeletas y actas electorales que no tenían que estar allí. Y algo aún más difícil de explicar: documentos, fotos, anotaciones de espionaje y seguimiento a políticos y financieros. ¿Era ese, y no el orden público, el menester de los Mossos d'Esquadra? ¿O tenía el Govern un servicio secreto de inteligencia paralelo, un Pegasus B por su cuenta, sin constancia en los presupuestos, sin «existencia oficial»? Desperdicios podía ser un buen escondite. Y, como diría Gonzalo Boye, abogado del prófugo Puigdemont, «ahí lo dejo». *

Arde Barcelona

Si el dilema era sedición o rebelión, la incógnita a despejar era ¿hubo o no hubo violencia?, ¿fue tumultuaria?, ¿fue masiva?, ¿fue coordinada?, ¿fue esporádica?... A esas preguntas se aplicaron los fiscales en sus interrogatorios. Y cabría decir que sí, que hubo violencia, que la hubo espontánea, de ataque y defensa, que la hubo

* Título del libro de Gonzalo Boye, en el que relata desde la fuga de Puigdemont hasta sus enrevesados contactos con juristas, letrados defensores, fiscales y jueces en tribunales y bufetes de media Europa. Además, cuando Boye se cansaba de abundar en una narración, echaba el cierre con un: «Ahí lo dejo».

coordinada y programada, que hubo concentraciones masivas y tumultuarias, ambiente que propició empujones, codazos, golpes altos o bajos, empellones, acciones violentas…, sin llegar la sangre al río. Moratones, heridas superficiales, botellazos. Lesiones a mano, sin armas. Insultos, escupitajos y, según reseñaron varios testigos, «miradas de odio». Algún columnista frívolo preguntaba con sorna: «¿Cómo son las miradas de odio?». La respuesta es fácil: con odio. *Homo homini lupus.* Desde Caín y Abel. ¿Tendrá que ser así siempre?

Y esa maldita panoplia de agresividad no fue solo cuando el «alzamiento» de los cuarenta mil bloqueando el edificio de la *Conselleria* de Economía el 20S, ni solo cuando las votaciones del 1O. Que también. Unas veces zumbaban los polis o los civilones —cascos, máscaras, chalecos blindados y porras contundentes—. Y otras veces, muchas más, zumbaban *els pacífics ciutadans de la revolució dels somriures*. Hay sonrisas que hieren.

El incendio del odio y de la furia ya estaba incubado, pero estalló precisamente con el *streaming* de los juicios al *procés.* Cuando los catalanes vieron en la tele de su casa, del bar, del taller, a sus políticos, a sus *consellers*, a sus autoridades…, a su Cataluña, compareciendo ante la hilera negra de los jueces del Supremo, entonces prendieron las hogueras de la ira. No lo hubiera dicho ni mejor ni peor William Faulkner.

Las bandas de los Comités de Defensa de la República, los CDR, monitorizados electrónicamente a distancia y untados con dólares o euros o rublos o bitcoins, se hicieron dueños de Les Rambles, de la Universidad, del Eixample, de Sarrià… Era una *kale borroka* en Barcelona.

Contenedores, mobiliario urbano, coches, buzones de correos, marquesinas, escaparates…, todo ardía en Barcelona.

Con el 1O no terminó, continuó y continuó el acoso a la Guardia Civil y a la Policía Nacional. Obstáculos materiales y humanos, para que no pudiera atracar el barco militar donde se alojaban. Después, escraches a diario en el hotel que les permitió pernoctar. Querían que se fueran. No eran «compañeros», eran «los otros». Ni con un coordinador —y de eso sabe Pérez de los Cobos, que lo sufrió— consiguieron que los *mossos* se entendieran y trabajaran con ellos. *Far West*: «Yo que tú, forastero, cogería el petate y… ¡largo! Aquí no te ha llamado nadie».

Después de los juicios en el Supremo, cayeron las sentencias: trece, veinte, veinticinco años… Se hizo irrespirable el clima insurreccional. Empezaron con huelgas, mientras ardían las fogatas. Una la convocó Taula per la Democràcia, con el apoyo de ANC, Òmnium Cultural y sus masas. Después se adhirió el Govern. Quim Torra, otro que no pasó por las urnas, tenía el mando. ¿El Govern en huelga? ¿Entonces, a quién le protestamos? ¿Dónde está la autoridad? ¿Y aquí quién trabaja? ¿Aquí quién manda? Muchedumbres con esteladas marchando a tapar la calle y al frente Quim Torra. Repito, ¿dónde está la autoridad? Unos empiezan a cortar vías férreas, otros levantan barricadas. Colapsos de tráfico en pocos minutos, porque cien personas han cortado la AP-7 en ambos sentidos y unas cuatrocientas bloquean la AP-7 en la zona sur de Barcelona. Y otros grupos hacen lo mismo en la A-2. Algunas barricadas arden, otras solo humean y apestan a goma quemada.

Entre el 20 de septiembre y el 28 de octubre se registran ochenta incidentes de enfrentamientos, peleas y agresiones. 47 actos de acoso en cuarteles de la Guardia Civil y otros veintitrés en comisarías de Policía y edificios públicos del Estado. Once en alojamientos y hoteles de funcionarios policiales. 47 ataques a sedes del PSC. La Universidad cerrada y el campus convertido en un inmenso basurero de latas de cerveza, botellines rotos, mondaduras de fruta, colillas. Asco. Gritos de furia, protestas indignadas. Insultos al viento, pero el viento no escucha. Un alzamiento incívico y estéril con el fin de arrancar a «dentelladas secas y calientes» la ambicionada secesión.

Viéndolo desde el televisor común de las presas de El Catllart, llora en silencio con una amargura infinita la reclusa Carme Forcadell: «¡Así no, así no lo hicimos nosotros! Así no llegaréis, así es el viaje a ninguna parte. Cuando me comunicaron mi condena, no lloré. Apreté los dientes, pero no lloré. Soy fuerte. En cambio, ahora, al ver este caos, estos destrozos, este salvajismo en la tierra que tanto quiero y por la que tanto he luchado, solo puedo llorar».

Sí, Cataluña lloró. Pero también España lloró. Las lágrimas, si son de veras, son espontáneas, no cuestan. Brotan. Es fácil llorar cuando el llanto no es fingido, cuando nace del hondón donde el dolor es criadero de lágrimas. La entraña donde duele una herida.

Cataluña se había herido a sí misma. Y España sintió que sus catalanes, sus propios catalanes, sus esenciales españoles catalanes, la apuñalaban. Y ahora piensa ¿quién será el sanador que cosa y recosa y ponga ungüentos suaves en la herida catalana, en la herida española…? Porque son, tienen que ser, la misma y única herida; y con el paso del tiempo —el tiempo vuela—, la misma y única cicatriz… Y sin reproches, ni rencores ni desconfianzas, como en una familia común donde hubo un pleito, pero un buen día lo conlloraron juntos, pasaron página y sin palabras pactaron el olvido.

Hojas de ruta… a ninguna parte

Ah, pero esta historia no termina aquí. No puede terminar aquí. La herida todavía no ha cicatrizado. Y además, hay cosas buenas y malas por ambas partes que están sin resolver y sin narrar.

Cosas que no se han aclarado y reclaman luz. Todo ese «viaje a ninguna parte», que si tenía sus hojas de ruta era porque había un destino a donde llegar y ese destino pasaba por la ruptura con la metrópoli; y si todo estaba pagado era porque había un mecenas o un oligopolio de mecenas que soltaban los millones de dólares y de euros… La Operación Atlantista euroamericana era la madre del carrusel. En este libro se ha contado. Pero falta por contar los negocios y pactos con la Operación Antiatlantista, el juego de los catalanes con los rusos, las mafias de negocios, el alcance de la Operación Voloh y las redes de espías que obedecían, informaban y cobraban de los aledaños del Kremlim; jefes de los servicios de inteligencia civiles FSB y militares GRU en tránsito o fondeados en Barcelona; agentes comerciales, abogados y diplomáticos actuando como emisarios directos de Vladímir Putin, porque poner una pica en Cataluña y sustraérsela a la OTAN era tanto o más valioso que recuperar Crimea o el Donetsk. Y lo mismo que no hubiese sido honesto ocultar las interesadas inversiones en Cataluña de Soros, Gates, Rothschild, Bezos, Zuckerberg, Rockefeller y otros megarriquísimos, tampoco sería honesto esconder las ofertas en bitcoins del zar Putin a un Puigdemont pensionista de quien mantenía Waterloo y funambulista en el alambre enjabonado, sin amarre donde apoyarse y necesitado de que alguien costeara —y dirigiera— su futuro.

Es peligroso anunciar que voy a contarlo. Pero ya está contado, escrito y entregado… El custodiador que lo bien custodie, buen custodiador será.

Cuando se tiene una hoja de ruta, una sola, pero cierta, y un GPS con datos, nombres, fechas y lugares, sin escenarios quiméricos, entonces los viajes sí llevan a alguna parte.

Moleskine

En los registros judiciales del 20 de septiembre de 2017 y en el domicilio de Josep Maria Jové, secretario general de Vicepresidencia de la Generalitat en aquellas fechas y mano derecha de Oriol Junqueras, fueron confiscadas dos agendas Moleskine en las que Jové había transcrito, como testigo presencial, cuanto se dijo en las reuniones conspirativas y secretas mantenidas entre el 12 de febrero de 2015 y el 11 de noviembre de 2016 en la *Casa dels Canonges* y en la llamada *war room*, convocadas y presididas por Puigdemont y con asistencia de diversos miembros del Govern, dirigentes de ERC y de la CUP; Carme Forcadell como presidenta del Parlament; Artur Mas, ya defenestrado de la presidencia, pero cabeza del PDeCat, y otros políticos como Josep Rull o Jordi Turull, que posteriormente serían nombrado *consellers*.

El valor de esas agendas, manuscritas en catalán y con letra apretujada de gusanillo por Jové, es el de unas auténticas actas sobre lo que unos y otros dijeron acerca de las «estrategias para avanzar en el procés independentista». Se debatieron medidas de coordinación, leyes de desconexión del Estado español, de transitoriedad hacia la república, protocolos de desobediencia al Gobierno. Obviamente, la celebración del referéndum era un tema clave, y firme la decisión de Puigdemont —mencionado siempre por las siglas MHP, de *Molt Honorable President*— sobre su celebración «o pactado con el Gobierno o no pactado, lo haremos igualmente». Consta en esas anotaciones que «avanzar hacia la ruptura social y nacional es la herramienta imprescindible» y «el apoyo a movimientos ciudadanos, como instrumento indispensable para lograr la secesión». De ahí la necesidad de «encontrar un equipo impulsor, Òmnium Cultural + ANC, que cree una gran plataforma donde se produzca el debate y la participación ciudadana, porque se ha de lograr que la gente salga a la calle».

Este documento, incorporado al sumario, demuestra que existió un concierto de políticos independentistas, líderes sociales y expertos juristas dispuestos a ejecutar el plan de la secesión sin cobertura legal.

En cuanto al *escribidor* de lo hablado en tales reuniones, Jové, fue muy significativo que se negara a someterse a la prueba caligráfica.

VII ZONA GUARDIA CIVIL

POLICÍA JUDICIAL

GRUPO DE DELINCUENCIA ECONÓMICA Y TECNOLÓGICA

ANEXO - 8

AGENDA PERSONAL MOLESKINE

JOSEP MARIA JOVÉ LLADÓ

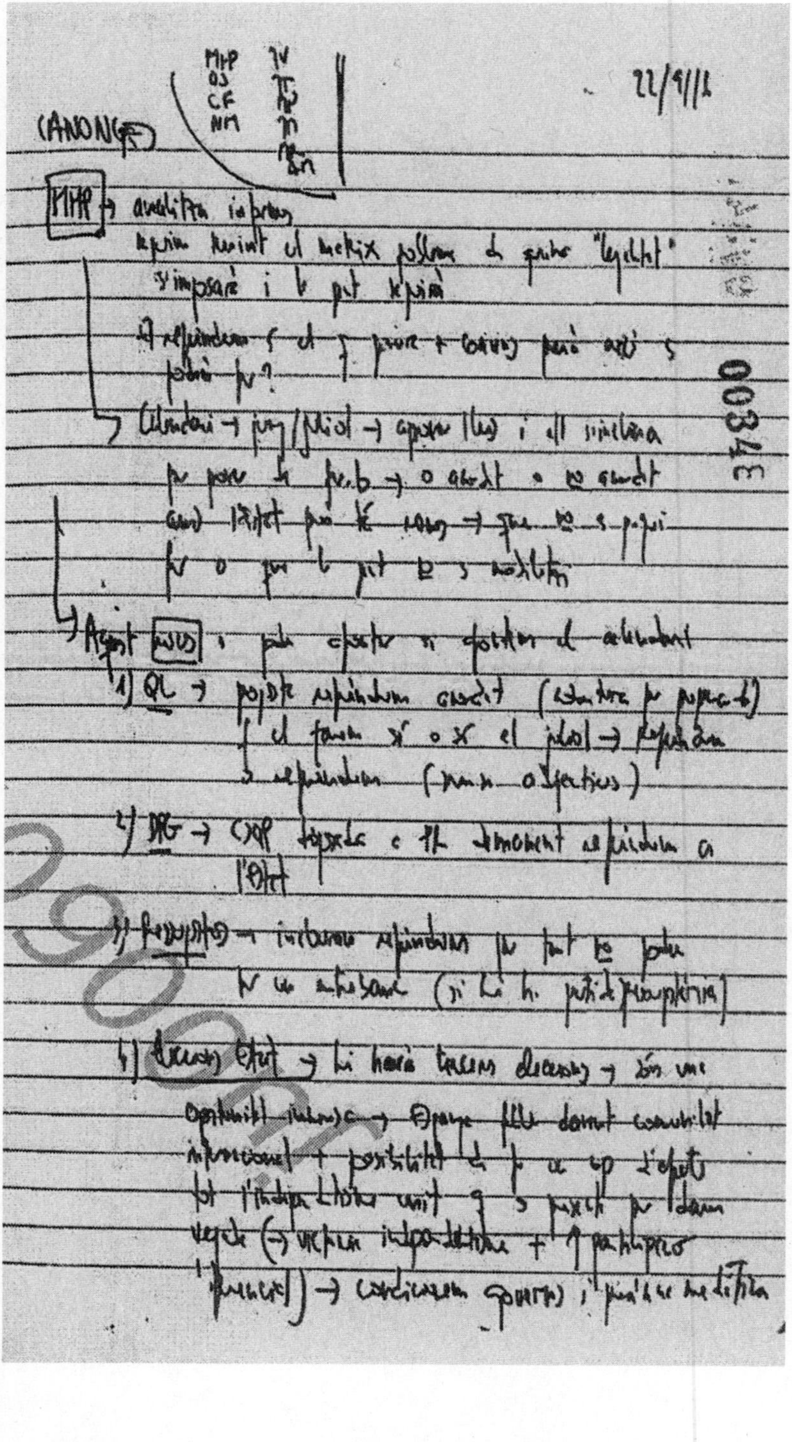

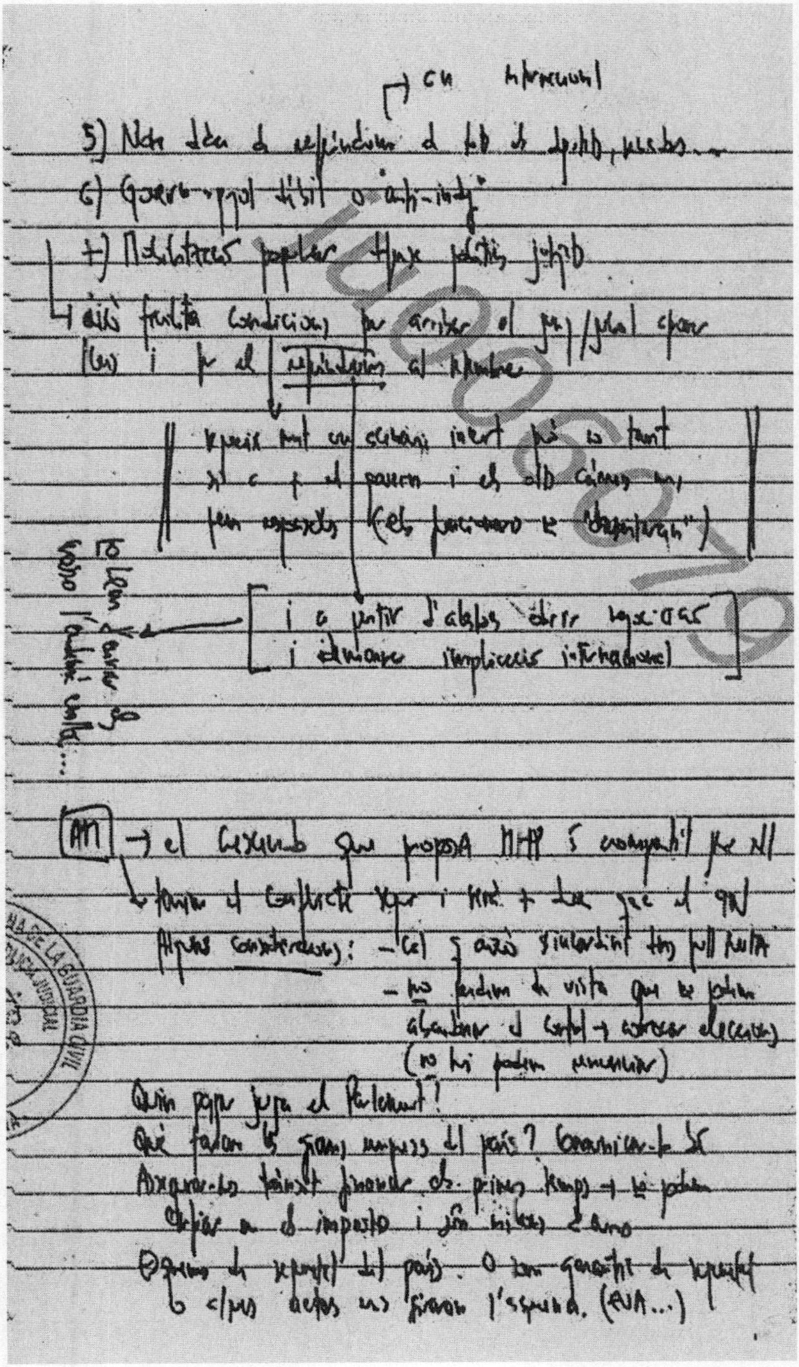

6) Govern espanyol dèbil o anti-indep.
i a partir d'aquí
implicacions internacionals
Alguns consideracions:
(no hi podem renunciar)
Quin paper juga el Parlament?
Què faran les grans empreses del país?
(EUA...)

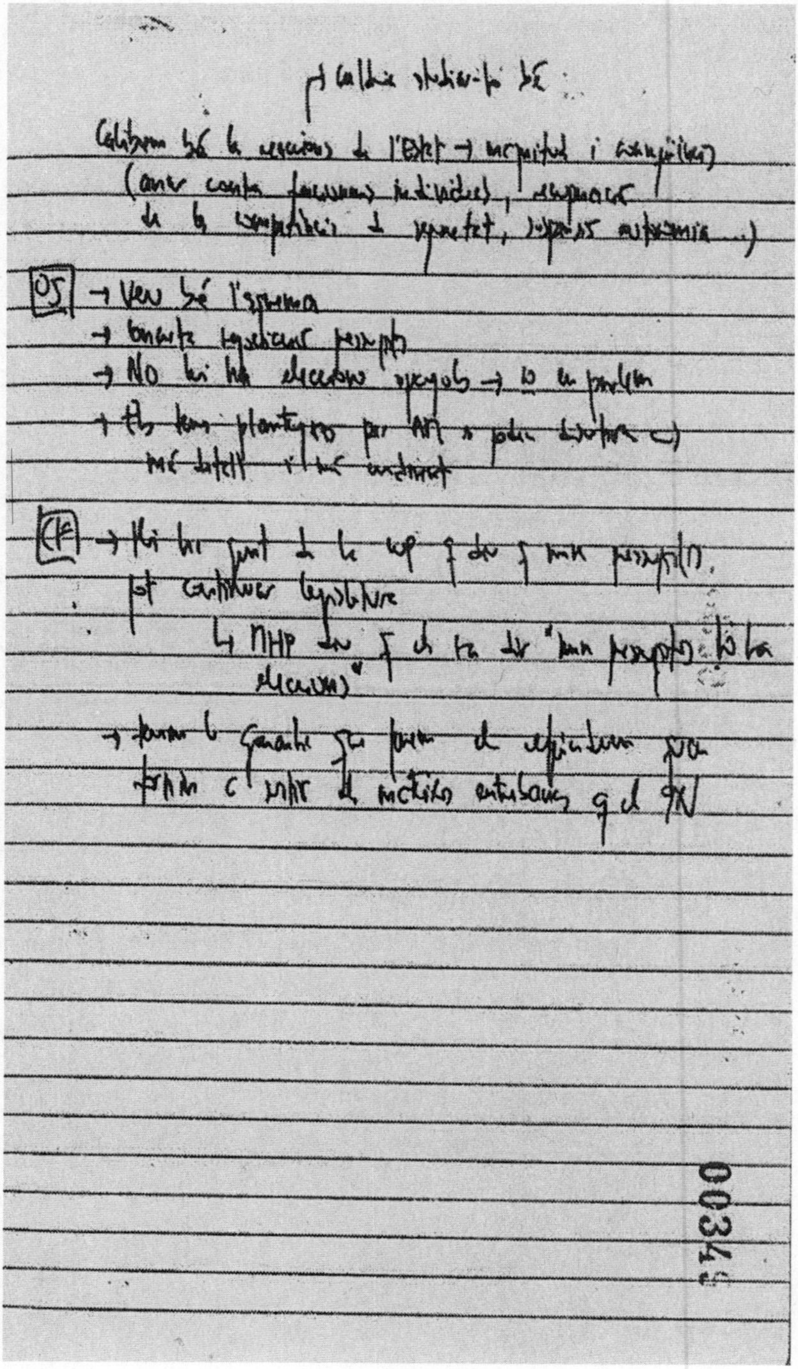
OS
→ Veu bé l'esquema
CF
0034

Transcripción de la Moleskine por la Guardia Civil

Eulàlia (Se infiere que se refiere a Eulàlia REGUANT). Estudio fiscalidad.

Nos reunimos si hay alguna cosa nueva.

22/09/2016 CANONGES MHP, OJ, CF, NM, JV, JT, MP, JM, MR, AM

Figuran las siguientes anotaciones:

MHP.- Analiza informes. Seguimos teniendo el mismo problema de qué "legalidad" se impondrá y la gente seguirá.

El referéndum es lo que genera más consenso pero ¿se podrá hacer?

Calendario Junio/julio. Aprobar leyes y él se inclina por probar de hacerlo. O acordado o no acordado con el Estado pero tiene riesgos. Que no se pueda hacer o que la gente no se movilice.

Estos meses se pueden afrontar si afrontamos el calendario. 1) QC propuesta referéndum acordado (cobertura para prepararlo) que lo haremos sí o sí en julio. Referéndum o referéndum sin adjetivos.

2) DPG: CSQP dispuesta a pedir referéndum al estado.

3) Presupuestos.- Incluirán referéndum (si hay partida presupuestaria).

4) Elecciones Estado. Habrá tercereas elecciones. Son una oportunidad inmensa. España falla ante comunidad internacional más posibilidad de hacer un golpe de efecto todo el independentismo unido que se presente por última vez (victoria independentismo más incremento participación diferencial).- Condicionamos govern y presencia mediática.

5) A nivel internacional nueva idea de referéndum.

6) Govern español débil o antiindependentista más movilización popular difundida políticos juzgados.

Eso facilita condiciones para llegar a junio/julio aprobar leyes y hacer el referéndum en septiembre. A partir de entonces abrir negociación y solicitar implicación internacional.

Sigue siendo un escenario incierto pero no tanto si además el govern y los altos cargos se hacen responsables (los funcionarios se "ausentarán")

00408

AM.-Lo que propone MHP es compartido por él. Tenemos el conflicto seguro y será más duro que el 9N. Algunas consideraciones: Cabe que eso se incardine dentro hoja de ruta. No perdemos de vista que no podemos abandonar el control.- Convocar elecciones no podemos renunciar.

¿Qué papel juega el Parlament? ¿Qué harán las grandes empresas del país? Comunicarlo bien. Aseguramos tráfico financiero los primeros tiempos. No podemos confiar en los impuestos y son millones de euros.

Esquemas de seguridad de país. O hemos garantizado seguridad o algunos actores nos girarán la espalda. (EVA...)

Calibremos bien las reacciones del Estado (habría que estudiarlo bien).- Magnitud y consecuencias (ir contra funcionarios individuales, recuperación de competencias de seguridad, suspensión de autonomía...).

OJ: Ve bien el esquema. Concreta negociación presupuestos. No hay elecciones españolas. No hablamos del tema. Los temas planteados por AM se pueden discutir con más detalle y más adelante.

CF: Hay gente de la CUP que dice que sin presupuestos puede continuar la legislatura. Tenemos la garantía que haremos el referéndum cuando vuelvan a salir los mismos que el 9N.

27.09.2016 REUNIÓN SG+DS+AJ+IG

Figura lo siguiente:

Informes conjuntos:¿ Tiene sentido? Son muy difíciles de hacer si los informes son contradictorios. Acuerdo de gobierno de 2012 modificación estatutos, entidades...

Informes que sean de sí o no y que cada uno informe de lo que le competa. Preceptivos/vinculantes.

Expedientes: ¿cuáles al Fórum? ¿Qué informes anexamos? ¿Presupuestos?¿IG? Cuando sí y cuando no

Subvenciones y Tesorería. Si no podemos pagar porque las convocamos.

Listado tipos informes que hay que hacer y cuales no. Informe conjunto. Acuerdo 2012 creación entidades. Modificar. Fijar plazos y procesos internos. Calendario y listado.

44

Lo real deja huella

Tienen los catalanes una costumbre festiva, el *castell.* Una *colla*, un grupo de fortachones *castellers* —hombres y también mujeres—, adiestrados para unir fuerzas entre sí y soportar a otros compañeros sobre sus hombros, para formar una torre humana de varios pisos. Abajo, a pie de calle, el grueso más numeroso de la *colla,* bien enlazado, aguantará el peso de todos.

Sucesivamente, nuevos grupos de *castellers* van escalando pisos. Se sujetan entre sí, apoyándose descalzos en los hombros de los de abajo, y reciben a su vez a otro círculo de *castellers,* que sube sobre ellos y se mantiene sin perder el equilibrio.

La torre va adelgazándose, haciéndose puntiaguda a medida que los círculos de *castellers* menguan su número. Y así se elevan los pisos hasta alcanzar ocho, nueve y hasta diez niveles. Todos prietos, agarrados y unidos, mientras un *casteller* joven, ágil, un mozalbete peso pluma, pero diestro en la trepa rápida, en cuestión de muy pocos minutos, segundos casi, sube y sube, apoyándose en la firmeza de los demás. Ese trepa es *l'enxaneta.* Corona la torre escalando a sus compañeros hasta lo más alto. Una vez arriba, sintiéndose seguro sobre los hombros de un *casteller* musculoso que lo mantiene en la cumbre, alza un brazo y levanta la mano —a ese gesto triunfal lo llaman hacer *l'aleta*— y así se queda un momento sin apenas sujeción, como señal de que se sostiene por sí mismo. Desde allá arriba, *l'enxaneta* escucha los aplausos del público, la música que lo festeja... Vive su momento de gloria.

Ah, pero el jefe de la *comunidad* que forma la torre humana, el *cap de colla,* hace saber al muchachito: «No te ufanes: coronaste el *castell* gracias al esfuerzo, al aguante y a la unidad de todos nosotros. Nos debes tu triunfo».

Fin de la metáfora.

Las deudas se pagan, antes o después o durante... Comprometen, obligan, maniatan, esclavizan. El *do ut des,* más que una ensoñación de éxito, se convierte pronto en una pesadilla. Sea en negocios, sea en prestigio, sea en logros políticos, el hombre encaramado y mantenido en lo alto del poder con las ayudas prestadas de otros sabe que, si no paga, lo dejarán caer. Vive en el vértigo y va pagando a plazos: grandes promesas y pequeñas entregas.

Pero el tiempo apremia, el insomnio avejenta y el acreedor, el que amalgamó y le prestó equis diputados de su *colla* y de otras para tejer una moción de censura que derribase al rival y volvió a prestarle el *quorum* de diputados que lo alzaran hasta la Presidencia del Gobierno y lo mantuvieran en la cumbre del *castell* día tras día, empieza a aumentar los intereses de la deuda. El *do ut des* se va sustanciando en una mesa secreta de negociación, en una mesa donde a *l'enxaneta* se le recuerda cómo se lo aupó y cómo puede precipitarse abajo.

Entre esas pequeñas entregas, todo el mundo vio que de la rebelión se pasó a la sedición. El cumplimiento de penas de los líderes secesionistas juzgados y condenados se abrevió vertiginosamente al pasar en un abrir y cerrar de ojos del primer grado de prisión al tercero, con generosas salidas de tiempo; realmente, una semilibertad. A renglón seguido, y sin que ninguno de los condenados reconociera su culpa ni pidiera perdón ni mostrase arrepentimiento, se les concedió el indulto.

En otro orden de cosas, hasta en la Unión Europea lo advirtieron y pidieron explicaciones: no parecía ni justo ni transparente el reparto comunitario de los fondos FLA*, en descarado beneficio de Cataluña.

Pero quedaban obstáculos por remover, ambiciones por aplacar: el *cap de colla* reclamaba en favor de sus presos, y de sí mismo, «arreglar cuanto antes lo de la inhabilitación, la malversación y la pena de prisión». El inexorable pagaré del *do ut des.* Y el eco del *ho tornarem a fer*, que resonaba pertinaz como un amenazante «te hemos mantenido ahí arriba; pero si no cumples te dejaremos caer».

El 10 de noviembre de 2022, *l'enxaneta* trepadora anunció, como un rey Midas repartidor de fortunas, la reforma del Código Penal, que al día siguiente se registraba en el Congreso. Sin vuelta atrás. Reforma a la medida de las necesidades del *cap de colla*: suprimir el delito de sedición y modificar el de malversación rebajando las penas en beneficio de los políticos independentistas condenados por el *procés*. Y toda la tramitación, en menos de un mes, antes de que acabase el año, porque a cambio, la *colla* facilita-

* El 25 de enero 2022 Cataluña copa ya el 45 % del reparto estatal del FLA, un récord a ritmo de 1600 millones al mes. Para diciembre de 2022, Cataluña ya ha utilizado 108 061 millones procedentes del FLA: https://www.eleconomista.es/economia/noticias/12080364/12/22/Cataluna-ya ha-utilizado-108061-millones-procedentes-del-FLA.html

ba al Gobierno sacar adelante los presupuestos. Cabal. *Pacta sunt servanda*. Y Junqueras exigía la habilitación, puente de plata para ser presidente de la Generalitat. Y aún más: poco después, declaró que «los presos del procés pedirán al Supremo su absolución, toda vez que ha decaído el delito de sedición». Patente de inocencia, página en blanco y sin pasar por ningún Jordán.

Otra cosa es que los mismos que desenterraron del Valle de los Caídos al generalísimo dictador —realmente aquel no era su sitio, pues Franco no cayó en combate, sino que vivió cuarenta años como un rey— hayan vuelto a enterrar, y más hondo, a Montesquieu, barón de Secondat, y a su *Espíritu de las leyes*, pisoteando la división de poderes; utilizando desde el Ejecutivo al Legislativo como sicario mamporrero para intervenir sin respeto en el territorio del Poder Judicial; y dejando al respetable pueblo confuso y perplejo, pues lo que desde hacía siete años estaba siendo un delito grave de intento de sedición, de conspiración para desgarrar la unidad de España, dicho con palabras claras: un crimen de Estado; y cuanto se debatió, se persiguió y se juzgó, por mantener la integridad nacional —no por nostalgia ni por atavismo, sino por democracia constitucional—, en cuatro semanas había dejado de tener razón de ser. Los catalanes, algunos, menos de un tercio, habrían vivido una ensoñación; pero los dos tercios restantes, y España entera, habían vivido una falacia: el montaje caprichoso de un delito de quita y pon, la historia de un crimen que nunca existió.

Se habría equivocado el fiscal general del Estado, José Manuel Maza —muerto en servicio activo—.

Se habría equivocado el juez de instrucción del n.º 13 de Barcelona, Juan Antonio Ramírez Sunyer —muerto en servicio activo—.

Se habría equivocado Pablo Llarena, juez instructor del Tribunal Supremo.

Se habría equivocado el fiscal superior de Cataluña, José María Romero de Tejada —muerto en servicio activo—.

Se habría equivocado la juez Carmen Lamela, de la Audiencia Nacional.

Se habría equivocado la Policía judicial en todas sus intervenciones sobre el *procés*, obedeciendo órdenes judiciales.

Se habrían equivocado los fiscales del Supremo Javier Zaragoza, Jaime Moreno, Consuelo Madrigal y Fidel Cadena.

Se habrían equivocado la acusación particular y la acusación popular, durante el juicio al *procés* en el Supremo.

Se habrían equivocado los siete magistrados que componían el tribunal juzgador de la Sala Segunda del Supremo, al decir en su sentencia «debemos condenar y condenamos», en lugar de decir «debemos absolver y absolvemos.»

Se habrían equivocado el Gobierno de Mariano Rajoy y el Pleno del Senado al aplicar el artículo 155 de la Constitución a la Autonomía de Cataluña.

Se habría equivocado el rey de España al descalificar públicamente el ataque de las autoridades de Cataluña a la unidad de España.

Se habría equivocado George Soros invirtiendo millones de dólares y de euros en la Revolución Amarilla de secesión catalana.

Todos se habrían equivocado para que tuviera razón el presidente del Gobierno Pedro Sánchez al anular de un plumazo el delito sedicioso con efecto retroactivo.

La agenda Moleskine, acta manuscrita de dos años de reuniones conspirativas para lograr la independencia de Cataluña, no habría sido más que un invento redactado en mala prosa por

Josep Maria Jové, secretario general de Vicepresidencia y de Economía.

El documento *Enfocats*, el Libro Blanco de la república catalana, las leyes de Transitoriedad y del Referéndum, ¿prosa de entretenimiento?

La gente que acudió a votar el 1O, ¿eran zombis sonámbulos, soñando con unas urnas que nunca existieron?

Para que *lo que fue no haya sido,* habría que resetear no solo la memoria colectiva, sino la terca realidad…, que suele dejar huellas.

Notas

1. De los dietarios recientemente publicados del escritor ampurdanés que no incluyó en sus *Obras completas*, ni siquiera después de la muerte de Franco.

2. Se refiere a los acusados Carles Mundó, Santiago Vila y Meritxell Borràs, en libertad provisional y pendientes de juicio. Entraban al Supremo a pie por una de las puertas laterales de la fachada principal. Antes, en la explanada exterior, sus fans lazoamarillo los rodeaban y jaleaban palmeándoles las espaldas. Y a ellos no parecía desagradarles ni lo consideraban «exposición al espectáculo».

3. «No miedo, no, pero sí un poco de acojonamiento.»

4. «Conforme a lo dispuesto en el artículo 61 de la Ley Orgánica del Poder Judicial, esta sala está formada por el presidente del Tribunal Supremo, los presidentes de Sala y el magistrado más antiguo y el más moderno de cada una de ellas.»

5. Detrás de la hilera de asientos de los letrados defensores había otra larga bancada y el Tribunal autorizó que los acusados, después de declarar, pudieran sentarse detrás de sus respectivos abogados, si lo deseaban.

6. Cf. entre otros a Javier Barraycoa, vicerrector del Abad Oliba CEU de Barcelona; http://www.grandesbatallas.es/batalla%20de%20la%20fiesta.html.

7. Así lo comenta el historiador catalán Joan Campàs Montaner, profesor titular de Estudios de Artes y Humanidades en la Universitat Oberta de Catalunya.

8. Cf. Manuel Peña Díaz, catedrático de Historia Moderna, *Una historia no oficial de Cataluña*, Crónica Global Media, Barcelona, 2019; José Enrique Ruiz-Domènec, *Informe sobre Cataluña: una historia de rebeldía*

(777-2017), Taurus, Barcelona, 2018; http://www.raco.cat/index.php/Pedralbes/article/viewFile/101623/167474.

9. Josep Burgaya, «Jordi Pujol, con él empezó todo», *Crónica Global*, 25 de julio de 2019.

10. Cf. Josep Antoni Duran i Lleida, *El riesgo de la verdad*, Planeta, Barcelona, 2019, p. 419.

11. *Ibidem.*

12. Carme Forcadell a la autora, durante una larga conversación, cristal través, en la cárcel Mas d'Enric, El Catllar (Tarragona), el 5 de noviembre de 2019.

13. Mientras se redactaba este libro, el juez José de la Mata, titular del Juzgado Central de Instrucción n.º 5 de la Audiencia Nacional, ya había instruido y redactado su informe sobre el caso Pujol, con sus diferentes piezas separadas. Las diligencias policiales ocupaban por entonces una plataforma informática de más de once mil folios.

14. Semanas después del 1O, la Guardia Civil fotografió a Xavier Vendrell reunido en el hotel Pulitzer de Barcelona con el dueño de Unipost, Pau Raventós, y el director de Patrimonio de la Generalitat, Francesc Sutrias. Unipost era la compañía contratada para repartir las papeletas de votación el 1O.

15. La catedrática Teresa Freixes, que se mostró de acuerdo con otros artículos del nuevo Estatuto y disconforme con que el Tribunal Constitucional los hubiera tumbado, hizo esta revelación en un almuerzo informativo con los corresponsales extranjeros, organizado en abril de 2018 por Societat Civil Catalana (SCC) en Madrid, en el Centro Riojano. Cf. *La Vanguardia*, 29 de abril de 2018. «Una catedrática revela que Carles Viver reconocía que el *procés* era inconstitucional: "Vamos a ver si cuela".»

16. Fue en la Sala de Plenos, el hemiciclo. Guerra estaba al pie de la tribuna, solo. La autora se acercó para preguntarle algo y pudo oír esas palabras, que después comentaron.

17. *Los periodistas estábamos allí para contarlo*, Teófilo, Pontevedra, 2018. Libro colectivo, de 150 periodistas testigos de los trabajos parlamentarios de la Constitución de 1978. Artículo de Pilar Urbano, pp. 165-170, «La noche más larga de la Constitución».

18. Alfonso Guerra, *Una página difícil de arrancar*, Planeta, Barcelona, 2013. Cf. pp. 495-498.

19. *Ibidem.*

20. Maragall: «Ustedes tienen un problema y ese problema se llama el tres por ciento». «Mas: ¡Usted ha perdido completamente los papeles! O

retira inmediatamente, ¡ahora mismo!, esas palabras o la legislatura se va a hacer puñetas». Maragall: «Accedo a su petición».

21. Duran i Lleida, *El riesgo de la verdad,* Planeta, Barcelona, 2019, p. 426.

22. La reforma que el PSOE-PSC, IU-ICV y CiU llevaron a cabo en la Ley Orgánica del Tribunal Constitucional, popularmente conocida como «enmienda Casas», establecía la prórroga automática de la presidencia del Tribunal mientras no se procediera a la renovación de los magistrados cuyo mandato hubiera expirado; si bien el artículo 160 de la Constitución española indicaba que debía elegirse presidente de TC cada tres años. Hubo protestas, pero la enmienda salió adelante. Quedó recogida en el art. 16.3 de la Ley Orgánica del Tribunal Constitucional (LOTC) y declarada conforme a la Constitución en la sentencia del propio TC 47/2008, de 9 de abril.

23. Cf. Ana Martín Plaza, «José Montilla, "el increíble hombre normal" que no pudo con Artur Mas», www.rtve.es, 29/11/2010.

24. En 2020, después de tres años de laboriosas pesquisas policiales, David Madí fue detenido, junto con Xavier Vendrell y Oriol Soler, en una macrooperación de la Guardia Civil por desvío de recursos públicos para financiar el procés y por el supuesto uso de influencias sobre el Govern para hacer negocios. También se le suponía implicado en el Tsunami Democràtic. Su nombre y su voz aparecían, tiempo atrás, en las conversaciones grabadas durante la investigación de la Operación Voloh, de desvío de fondos para el procés.

25. Duran i Lleida, *op. cit.,* pp. 379-380.

26. De conformidad con el FJ 12 de la STC 31/2010, de 28 de junio.

27. De la STC 31/2010, de 28 de junio.

28. Para una valoración crítica y negativa de la sentencia TC, desde el punto de vista catalán, sobre el *Estatut,* en opinión de politólogos e historiadores, cf. Jordi Amat, *La conjura de los irresponsables,* Anagrama, Barcelona, 2017; Jaume Claret, Manuel Santirso, *La construcción del catalanismo. Historia de un afán político,* Los Libros de la Catarata, Madrid, 2014, pp. 222-223; Ignacio Sánchez-Cuenca, *Años de cambios, años de crisis. Ocho años de gobiernos socialistas, 2004-2011,* Los Libros de la Catarata-Fundación Alternativas, Madrid, 2012, p. 97, y del mismo autor, *La confusión nacional. La democracia española ante la crisis catalana,* Los Libros de la Catarata, Madrid, 2018, pp. 115-123.

29. En Europa, el precedente más cercano es el de la breve República de Crimea, que declaró su independencia de Ucrania tras un referéndum celebrado el 16 de marzo de 2014, antes de su anexión a Rusia. El referén-

dum no fue reconocido por Ucrania ni por Naciones Unidas, al ser ilegal de acuerdo tanto a la Constitución de Ucrania como a la de Rusia, y estuvo sujeto a muchas irregularidades.

30. Cuando Isabel II ascendió al trono, en 1952, no solo se convirtió en reina del Reino Unido, sino también de quince países más en todo el mundo, debido a que muchas de las antiguas colonias británicas optaron por la monarquía constitucional como régimen político, al obtener la independencia, y decidieron conservar a la reina británica como su monarca y jefa de Estado. En total, Isabel II fue reina de dieciséis países, incluyendo Canadá, Australia o Nueva Zelanda. También de varios Estados insulares del Caribe, como Antigua y Barbuda, Bahamas, Barbados, Belice, Granada, Jamaica, San Cristóbal y Nieves, Santa Lucía, San Vicente y las Granadinas; y otros Estados en el Pacífico como Papúa Nueva Guinea, las Islas Salomón y Tuvalu.

31. Cf. Xavier Solano —politólogo y asesor catalán del grupo parlamentario del SNP en el Parlamento de Escocia—, en su libro *El mirall escocès*, RBA - La Magrana, Barcelona, 2007.

32. Ferran Casas, Eduardo Suárez, «Crónicas desde Edimburgo». Véase también «La masonería medió para que Carod se reuniera con el primer ministro escocés», 20minutos.es, 25/6/2008.

33. Artur Mas, *Cabeza fría, corazón caliente*, Península, Barcelona, 2020.

34. A. Mas, *op. cit.*

35. A. Mas, *op. cit.*, pp. 39-40, 45.

36. A. Mas, *op. cit.*, p. 46.

37. A. Mas, *op. cit.*, pp. 47-48.

38. A. Mas, *op. cit.*, pp. 62-63.

39. A. Mas, *op. cit.*, pp. 62-63.

40. A. Mas, *op. cit.*, pp. 62-63.

41. Carta del rey don Juan Carlos, publicada el 18 de septiembre de 2012 en la página web de la Casa Real.

42. Elmundo.es, Madrid, 20/9/2012.

43. A. Mas, *op. cit.*, p. 83.

44. Josep Antoni Duran i Lleida, *El riesgo de la verdad, op. cit.* Passim entre pp. 429 a 462.

45. Cf. crónica de Josep Garriga sobre una conferencia de Mas: «Artur Mas defiende el derecho de Cataluña a decidir su futuro», *El País*, edición de Barcelona, 21/11/2007. Véase también *El Siglo*, n.º 891, 2/6/2010, cuya *Tribuna* titulada «Derecho a decidir» ofrece un artículo de Francesc Homs i Molist donde hace expresa referencia a este derecho de los catalanes a deci-

dir su futuro: «Mas ya lo advirtió solemnemente en una conferencia, en noviembre de 2007». No eran, pues, suspicacias de Duran i Lleida, sino datos reales desperdigados en su memoria.

46. Duran i Lleida, *op. cit.*, p. 441.

47. Resolución 5/X, 23 de enero de 2013.

48. Constitución Española, 1978. Título Preliminar, artículos 1.1 y 2.

49. Bajo los auspicios del abad Oliba, en 1027 se celebró en Toluges —ciudad de Francia, entonces Cataluña— la primera asamblea de *Pau i Treva*, Paz y Tregua de Dios, un movimiento impulsado por los payeses y la Iglesia para poner freno a la violencia y voracidad feudal. De algún modo, ahí están los orígenes de la vocación pactista y de convivencia de la sociedad catalana. Aunque la Unesco fija «el origen del sistema representativo parlamentario actual y de la democracia» en las Cortes de León celebradas en 1188, reinando Alfonso IX, es de justicia histórica decir que la Corte Condal catalana precedió en más de un siglo a la de León.

50. *La Vanguardia*, 14/12/2011, «157 poblaciones catalanas integran la Asamblea de Municipios por la Independencia». Constituida en Vic, agrupa las entidades locales de cargos electos (ayuntamientos, comarcas, diputaciones y otros), sean del partido que sean, pero unánimes en la defensa de la independencia de Cataluña. En poco tiempo, la AMI creció en afiliados —electos— y se extendió territorialmente hasta abarcar las cuatro provincias catalanas. En 2017 estaban adheridos 787 municipios catalanes de un total de 948.

51. A. Mas, *op. cit.*, pp. 176-177.

52. Constitución Española, aprobada por las Cortes el 31 de octubre de 1978. Título Preliminar, artículo 1.2.

53. *BOE* n.º 87, de 10 de abril de 2014. Sentencia del TC declarando inconstitucional y nula la proclamación del carácter de «sujeto político y jurídico soberano del pueblo de Cataluña».

54. Constitución Española, artículo 161: «El Gobierno podrá impugnar ante el Tribunal Constitucional las disposiciones y resoluciones adoptadas por los órganos de las comunidades autónomas».

55. Josep Maria Jové Lladó, secretario general de la *Conselleria* de Presidencia y hombre de total confianza de Oriol Junqueras. Su agenda negra Moleskine le fue incautada por la Policía judicial durante los registros de los días 20 y 21 de septiembre de 2017. Sería durante la instrucción del *procés* una importante pieza probatoria.

56. Según la web económica Nasdaq, Soros vendió DXC Technology el 12 de septiembre de 2017. Desaparecía así, con certerísima opor-

tunidad, el rastro de su cooperación en el referéndum ilegal del 1O, pese a haber contratado con la Generalitat, presidida ya por Puigdemont, acuerdos marco que implicaban la gestión de más de 700 servidores, 350 proyectos y 276 aplicaciones anuales, según declaró uno de los empleados. Uno de esos acuerdos estaba directamente relacionado con la campaña de convocatoria del voluntariado para el suceso del 1O. Cf. Juan Antonio de Castro y Aurora Ferrer, *Soros rompiendo España*, Homo Legens, 2018, p. 135.

57. Carme Forcadell, a la autora. Conversación en la prisión Mas d'Enric, El Catllar (Tarragona), el 5 de noviembre de 2019.

58. *El Punt*, Agència Catalana de Notícies, Casa de Cultura de Girona, *Catalonia Today*.

59. Según un detallado informe del propio Govern presentado al Parlament, las plataformas periodísticas que impulsó Puigdemont entre 2004 y 2010 recibieron ayudas públicas por valor de 419 380 euros.

60. *El Mundo*. Manuel Sánchez: Felipe González participando en los desayunos del Fórum Nueva Economía el 23/9/2013. Concluido el acto, añadió que él considera «la vía federalista como una posible solución» y, «sobre todo, que se defienda una idea clara de España; yo la tuve los catorce años que goberné».

61. Jorge Moragas Sánchez, diplomático. Miembro del Partido Popular, era entonces el jefe de Gabinete de Mariano Rajoy.

62. «Testimonio inédito de Rubalcaba: el rey le pidió ayuda al abdicar», Redacción EFE, 19/5/2020.

63. Así lo recogía el *Diari Oficial de la Generalitat de Catalunya* (DOGC) —resolución PRE/265/2014— dando publicidad a las «subvenciones estructurales» concedidas por el departamento autonómico de la Presidencia durante el año 2013. En prensa de papel, *La Vanguardia, El Periódico, El Punt Avui* y *Ara* se repartieron 2,2 millones de euros ese mismo año. Y aparte, ayudas de otros departamentos, aportaciones discrecionales, más la publicidad institucional. El dinero público lubricaba también los digitales de línea soberanista: entre *Ara, El Punt Avui, Vilaweb, Nació Digital* y *E-notícies* se repartieron subvenciones por valor de medio millón de euros aquel mismo año 2013.

64. Conversación de la autora con Jordi Sànchez, presidente de la ANC (Asamblea Nacional de Cataluña), el 1 de agosto de 2019 en el locutorio de la prisión de Lledoners.

65. A. Mas, *op. cit.*, p. 103.

66. Los catedráticos de Derecho Constitucional Enoch Alberti y Joan Vintró fueron miembros del Consejo Asesor que elaboró el *Libro blanco de la transición nacional*.

67. Auto de Procesamiento Causa Especial 20907/2017 Instructor: Excmo. Sr. D. Pablo Llarena Conde. En Madrid, a 21 de marzo de 2018.

68. *Libro blanco*, p. 34.

69. Lehman Brothers quebró en septiembre 2018 y abandonó el proyecto.

70. Un botón de muestra: George Soros invertía mil millones de dólares anuales en 950 organizaciones no gubernamentales —sin ánimo de lucro ni finalidad conocida— distribuidas por distintos países.

71. En un determinado momento, y precisamente para salvar de impuestos buena parte de su fortuna, Soros transfiere, como donación, dieciocho mil millones de dólares a su Open Society Foundation.

72. Dreuz Info, 2018, íntegramente visible en Google o en YouTube.

73. Cf. Santiago Muñoz Machado, *Informe sobre España*, Crítica, Barcelona, 2012; y *Cataluña y las demás Españas*, Crítica, Barcelona, 2014.

74. Cf. Texto de Carles Viver i Pi-Sunyer ante la Comisión de Asuntos Institucionales del Parlament, el 14 de diciembre de 2017.

75. En la redacción de esos tres borradores trabajaron independientemente los jueces Carles Viver i Pi-Sunyer, Santiago Vidal i Marsal, Josep Lluís Salvadó Tenesa y el grupo Constituim. Este último proponía una república presidencialista y unicameral, vetaba el castellano y concedía la nacionalidad catalana a los ciudadanos de Valencia, Baleares, Andorra, la Franja (Aragón), el sur de Francia de habla catalana y el Alguer, en la isla de Cerdeña.

76. Esa frase la reveló más tarde la catedrática Teresa Freixes ante corresponsales extranjeros, durante un almuerzo en el Centro Riojano organizado por Sociedad Civil Catalana. También, según ella, no era la primera vez que, en otras reuniones, advirtió a Viver de los «lapsus» inconstitucionales de la Ley para la Transición Nacional hacia la República de Cataluña, de la que el juez era arquitecto jurídico. Cf. Europa Press, 29/04/2018.

77. Cf. *El País*, Cristian Segura, Barcelona, 26 y 27 de enero de 2017. Cf. también declaraciones de Santiago Vidal ante el titular del Juzgado de Instrucción n.º 13 de Barcelona.

78. Así consta en los documentos de Carles Viver i Pi-Sunyer, entonces juez en ejercicio y presidente del Consell Assesor per a la Transició Nacional, que la Guardia Civil intervino durante los registros practicados el 20 de septiembre de 2017 en Barcelona y después entregó al juez Juan

Antonio Ramírez Sunyer, titular del Juzgado n.º 13 de Barcelona, que investigaba el 1O.

79. Fragmento de conversación entre Josep Salvadó Tenesa y Raül Murcia Tobalo (Muto), registrada por la Policía judicial el 30 de agosto de 2017, a las 16:49:39. Era una llamada interna de un despacho a otro de la Generalitat.

80. En España hay una red de trece EVA, Escuadrones de Vigilancia Aérea, cada cual con su área de cobertura correspondiente; y por tanto, trece potentísimos radares Lanza, formando una malla invisible de detección de vuelos, que cubre todo el espacio aéreo peninsular e insular, y todos ellos interconectados con el Mando Aéreo de Combate del Ministerio de Defensa. Pueden detectar aviones hasta a 470 kilómetros de distancia. Uno de esos radares Lanza está situado en Roses, Girona. En el caso de una DUI, Gavà y Roses se desconectarían y saldrían de esa red, desligándose del Mando de Defensa Aérea. Otra cosa es que el radar en sí y su instalación, con un valor de más de veinticinco millones de euros, lo incautara el Govern, por estar en su territorio.

81. El 21 de diciembre de 2018 el Consejo de Ministros del Gobierno español aprobó el nuevo nombre del aeropuerto, como aeropuerto Josep Tarradellas Barcelona-El Prat, en homenaje al expresidente de la Generalitat de Cataluña. Se publicó en el *Boletín Oficial del Estado* el 1 de marzo de 2019.

82. El aeropuerto Josep Tarradellas, de El Prat de Llobregat, tenía tres pistas de despegue y aterrizaje, dos en paralelo, la 06L/24R y la 06R/24L, y una cruzada, la 02/20, más una terminal corporativa. Luego se construyó otra pista de quinientos metros, más cercana al mar, la 25L/07L.

83. En pleno bostezo vacacional de verano, el 20 de agosto de 2022, el Gobierno de Pedro Sánchez aprobó una ley sobre privatización de la gestión de las torres de control. Ferrovial se interesó de inmediato por la gestión de varios aeropuertos pequeños, aunque las torres seguirían dependiendo del Estado, en concreto del Ministerio de Fomento, y mantendrían su continua vinculación informativa con el Ministerio de Defensa, por salvaguardar la soberanía del espacio aéreo español. Es obvio que la Generalitat de Cataluña, a través de alguna empresa privada, pujaría sin demora para adquirir la propiedad de la torre de El Prat. Como también es obvio, que esa privatización de las torres podría ser una concesión a la tenacidad con que reclamaban su ración de lucro los catalanes.

84. La conexidad por analogía o relación en el nuevo art. 17.3 de la Ley de Enjuiciamiento Criminal. Uno de los principales objetivos de

la Ley 41/2017 fue el de instaurar en la Lecrim el principio de aceleración procesal como revulsivo al endémico problema de la demora excesiva de las causas penales. La nueva regulación de los supuestos de conexidad procesal, y en concreto de la analogía o relación como modalidad de tramitación de distintos delitos en una sola causa, ha supuesto una eficaz herramienta para evitar dilaciones que no pocas veces se ocasionaban por el planteamiento de interminables cuestiones de competencia entre órganos jurisdiccionales de todo el territorio nacional frente a determinadas formas de delincuencia basadas en la casi permanente reiteración de conductas delictivas similares, o en el empleo de técnicas de captación de una pluralidad de víctimas. Se restringían de este modo a lo estrictamente necesario y razonable las posibilidades de tramitar causas unidas por los vínculos de la analogía o relación entre sí.

85. La fiscal general del Estado predecesora de Maza fue Consuelo Madrigal.

86. Esta conversación, mantenida el 1 de febrero de 2017 en Madrid, en la sede de la Fiscalía General del Estado, Miguel Durán Campos se la relató a la autora años después, en 2010, conversando el 4 de enero y el 17 de junio.

87. Ídem.

88. «Lo dicho: o referéndum, o referéndum. Y hace falta hablar.»

89. *Me explico*, libro de relatos y reflexiones de Carles Puigdemont con Xevi Xirgo i Teixedor. Penguin Random House, 2020, pp. 420-421.

90. «10 000 urnas 'made in China' y 'low cost' compradas en Guangzhou», *Diario Sur*, 29/9/2017.

«Domicilios de particulares y una red clandestina para esconder y distribuir urnas», *Abc.es*, 2/10/2017.

«Charlas en clave, imprentas en Francia y urnas en coche: así burló el 1O al Estado», 3/10/2017.

«Campaña del referéndum: urnas escondidas, papeletas clandestinas y censo secreto», *Elplural.com*, 17/9/2017.

«Puigdemont alardea de tener 18 000 urnas escondidas», *El Independiente*, 17/9/2017.

91. *El Punt Avui*, 3/7/2017.

92. *Me explico*, pp. 417, 435-440.

93. *Ibidem*, p. 445.

94. No hay sorpresas. Todos ellos conocen las acusaciones y cargas judiciales que han de afrontar. «Recurso de inconstitucionalidad n.º 4334-2017, contra la Ley del Parlamento de Cataluña 19/2017, de 6 de

septiembre, del Referéndum de Autodeterminación». *Boletín Oficial del Estado.* // «El Tribunal Constitucional prohíbe el referéndum y apercibe a un millar de cargos políticos», Noticias de España, *El Confidencial,* 7/9/2017. // «El T. Constitucional avala en diez sentencias las condenas del Supremo sobre el "procés"», *El País,* 25/3/2022. // «El rey Felipe VI acusa al gobierno de Cataluña de una "deslealtad inadmisible" y califica de "contrario a la democracia" el referéndum independentista», *BBC Mundo*, 3/11/2017.

95. A: Cf. Isabel Serrano/ P. Caro: Agencia Atlas Noticias, 7/9/2017.

B: CSQP, acrónimo de Catalunya Sí Que Es Pot, una coalición de izquierdas creada en julio de 2015, integrada por Iniciativa per Catalunya Verds, Izquierda Unida y Alternativa, Podemos y Equo. Obtuvieron once diputados en el Parlament en 2015. Disuelta el 28 octubre 2017, fue reemplazada por Cataluña en Común-Podemos.

96. Pablo Gabilondo, «Coscubiela (CSQP) irrita al Govern y a sus compañeros de grupo», EFE, 6 y 7 de septiembre de 2017. Cf. también *El Periódico* (Barcelona), en las mismas fechas. Joan Coscubiela Conesa, sindicalista secretario general de Comisiones Obreras de Cataluña, diputado en las Cortes Españolas por Iniciativa per Catalunya-Verds, ha sido militante de formaciones de izquierda como PSUC, ICV, CSQP, ERC, y en sus diversas alianzas políticas.

97. Carme Forcadell a la autora, conversando en el locutorio de la cárcel Mas d'Enric, El Catllar, Tarragona, el 5 de noviembre de 2019.

98. Turull, a Colau: «Menos "postureo" y más poner locales para el referéndum. O se está con las urnas o se está con la Guardia Civil», *La Vanguardia,* 17/9/2017.

«El juez obliga a cerrar la web oficial del referéndum, pero la Generalitat la reabre minutos después», *La Vanguardia*, 13/9/2017. «La Generalitat activa una cuenta de Twitter sobre el referéndum, tras el cierre judicial de las webs».

«Referendum.ninja i Referendum.party, alguns dels clons de la web del referèndum», *Ara* (Barcelona), 14/9/2017.

«Assange ayuda al Govern catalán a crear la web alternativa del referéndum», *Publico.es,* 14/9/2017.

«Puigdemont ensenya la manera fàcil d'esquivar la censura», *VilaWeb*, 16/9/2017.

99. Constitución Española de 1978, Título Preliminar, artículo 8.1.

100. Cf. teniente general Fernando Alejandre, jefe del Estado Mayor de la Defensa (Jemad), en su libro *Rey servido, Patria honrada*, Deusto, 2022.

101. *Ibidem.*

102. La *vetlla* se celebró, según la costumbre, en la noche del 10 de septiembre de 2017 en el Fossar de les Moreres, un «santuario» simbólico del independentismo, donde yacen los caídos en la derrota de Barcelona frente a Felipe V en 1714.

103. Grupo de Intervención Especial (GEI).

104. Cf. *Me explico*, Carles Puigdemont con Xevi Xirgo, Plaza & Janés, 2020, pp. 504-509.

105. Erasmo de Róterdam. Adagio I, IX ,14: «Parturiunt montes, nascetur ridiculus mus».

106. Cf. «Los papeles de los Mossos», Europa Press, 6/3/2018; Fernando Lázaro, «Los Mossos manipularon actas del 1O para engañar a la Fiscalía», *El Mundo,* 7/3/2018.

107. Pilar Santos, «El rey pide al Estado que asegure el "orden constitucional" ante la "deslealtad inadmisible" de Puigdemont», *El Periódico*, 4/12/2017.

Sam Jones, «King Felipe: Catalonia's authorities have 'scorned' all Spaniards with referendum», *The Guardian*, 4/12/2017.

«King of Spain, emergency speech takes him to political front line», *Ft.com.*

108. Se refiere a Jordi Sànchez, presidente de la ANC, y Jordi Cuixart, presidente de Òmnium Cultural.

109. El fiscal Javier Zaragoza en conversación con la autora, noviembre de 2020.

110. Juan José Omella, arzobispo de Barcelona y cardenal.

111. Raphael Minder, corresponsal de *The New York Times*, tuiteó: «Even by the high standards of confusion in Catalan conflict, latest twists and turns set new benchmark: elections were off, on and now off».

112. Cf. Albert García, *El País*, 23/5/2022. //Germán González, *El Mundo*, Barcelona, 9/5/2022.

113. Letra de *Els segadors*, el himno de Cataluña. Autor: Emili Guanyavents, 1899. La melodía proviene de una canción religiosa judía del siglo xv, *Ein Keloheinu*. «Catalunya triomfant tornarà a ser rica i plena, endarrera aquesta gent tan ufana i tan superba. Bon cop de falç, bon cop de falç, defensors de la terra, bon cop de falç. // Ara és hora, segadors. Ara és hora d'estar alerta, per quan vingui un altre juny, esmolem ben bé les eines. // Bon cop de falç, bon cop de falç, defensors de la terra, bon cop de falç. // Que tremoli l'enemic, en veient la nostra ensenya. Com fem caure

espigues d'or, quan convé seguem cadenes. // Bon cop de falç, bon cop de falç, defensors de la terra, bon cop de falç.»

114. Texto del Gobierno al Senado, pidiendo aplicación artículo 155 a la Generalitat de Cataluña, y respuesta del Senado aprobando y especificando la aplicación de las medidas que prevé el artículo 155.

115. NVA, siglas de la Nieuw Vlaamns Alliantie, partido republicano flamenco de centro-derecha que lucha por la independencia de Flandes y su constitución como nuevo Estado de la UE. En aquellas fechas formaba parte de la coalición gobernante en Bélgica, por ello su apoyo tenía peso político.

116. Así lo contaron posteriormente a la División de Asuntos Internos, que abrió una investigación.

117. Los periodistas Marc Martínez Amat (RAC 1), Ferran Casas (*Nació Digital*), Odei A.-Etxearte (*Vilaweb*), Gerard Pruna (*Ara*), Neus Tomàs (*Eldiario.es*) y Roger Mateos (Agencia Efe) reúnen sus investigaciones sobre la fuga de Puigdemont en el libro *Tota la veritat*, de Ara Llibres. Otros detalles, relatados por Carles Puigdemont en *Me explico*, *op. cit.*, pp 642-645. Cf. también Pedro Águeda, «La fuga de Puigdemont: su mujer, cuatro *mossos* y un todoterreno sin papeles», *Eldiario.es*, 29/11/2017.

118. Afrontaron la prisión preventiva Meritxell Borràs y Dolors Bassa. Huyeron Clara Ponsatí a Escocia, Marta Rovira a Suiza y Meritxell Serret a Bélgica.

119. Así lo declaró Trapero, citado como testigo por el Tribunal Supremo durante una de las sesiones del juicio al *procés*. Allí estaban, en el banquillo de los acusados, Puigdemont, Junqueras y Forn, y ninguno de ellos pidió la palabra al Tribunal para desmentirle.

120. Conversaciones de Miguel Durán Campos, primer denunciante del *procés*, con la autora, los días 4 de enero y 17 de junio de 2020.

121. Maza se sintió indispuesto mientras participaba en la Asamblea de Ministerios Públicos Iberoamericanos, que se celebraba en Buenos Aires. Afectado por una infección súbita, quizá agravada por la diabetes que padecía, el fiscal general fue ingresado en la Unidad de Cuidados Intensivos (UCI), donde falleció aquella misma noche.

122. Carta de renuncia de Manuel Marchena a presidir el CGPJ y el Supremo.

123. Carles Puigdemont, Marta Rovira, Toni Comín, Meritxell Serret, Clara Ponsatí, Lluís Puig y Anna Gabriel.

124. Los fiscales Consuelo Madrigal, Javier Zaragoza, Fidel Cadena y Jaime Moreno.

125. Abogada del Estado Rosa María Seoane.

126. Javier Ortega Smith, secretario general de Vox, y Pedro Fernández, vicesecretario jurídico del mismo partido.

127. «Un somni de llibertat, d'independència. Un somni de ser identificat i reconegut sent com se és. Un somni ancestral, des de fa molt de temps, molts anys, ¡es perd la memoria!... Un somni transmès, com un valuós llegat, d'una generació a una altra, besavis, avis, pares, fills... Es podria dir, un somni que s'ha mamat com la llet de la mamella mare. I lluita per aconseguir-ho, perquè li surt de l'ànima, del cor... i dels mateixos collons».

128. Andreu Van den Eynde, Javier Melero, Jordi Pina, Ana Bernaola, Benet Salellas, Olga Arderiu, Mariano Bergés, Judit Gené, Josep Riba y Pau Molins.

129. Se estaba refiriendo a Nicolás García Rivas, catedrático de Derecho Penal de la Universidad de Castilla-La Mancha, experto en el delito de sedición, y al profesor de Derecho en la Universidad de Alicante, Juan Carlos Sandoval Coronado, autor entre otros muchos libros de *El delito de rebelión. Bien jurídico y conducta típica*, Tirant lo Blanch, Valencia, 2013.

130. La Mesa del Parlamento tiene entre sus funciones, conforme al art. 37.3 del Reglamento del Parlamento de Cataluña, calificar los escritos y documentos de índole parlamentaria, y declarar su admisión o inadmisión a trámite.

131. Véase Conclusiones definitivas del Fiscal. Causa especial 3/20907/2017.

Índice onomástico

Un somni de llibertat, d'independència. Un somni de ser identificat i reconegut sent com s'és. Un somni ancestral, des de fa molt de temps, molts anys, es perd la memòria...! Un somni transmès, com un valuós llegat, d'una generació a una altra, besavis, avis, pares, fills... Es podria dir, un somni que s'ha mamat com la llet de la mamella mare. I lluita per aconseguir-ho, perquè li surt de l'ànima, del cor... i dels més íntims endins.